定位投资

商战本质中的价值投资逻辑

赵晓明 著

POSITIONING
INVESTMENT

COMPETITIVE
ADVANTAGE
AND
VALUE
INVESTMENT

机械工业出版社
CHINA MACHINE PRESS

定位理论适用于价值投资中的上市公司分析。在实践中，运用定位理论进行战略规划和运营配称的企业，往往能够在竞争中取得商战的胜利，拥有强大的品牌，占据消费者的心智，有持续的竞争力和成长性，并在股价上得到长期向好的反映。定位理论可以帮助投资者有前瞻性地挖掘有潜力的优质企业。本书系统介绍了定位理论，解读了相关上市公司分析案例，教读者理解并应用商战本质中的价值投资逻辑。

图书在版编目（CIP）数据

定位投资：商战本质中的价值投资逻辑 / 赵晓明著 . —北京：机械工业出版社，2024.1
ISBN 978-7-111-74885-4

I. ①定…　II. ①赵…　III. ①股票投资－研究　IV. ① F830.91

中国国家版本馆 CIP 数据核字（2024）第 046150 号

机械工业出版社（北京市百万庄大街 22 号　邮政编码 100037）

策划编辑：王　颖　　　　　　责任编辑：王　颖
责任校对：孙明慧　牟丽英　　责任印制：郜　敏
三河市宏达印刷有限公司印刷
2024 年 5 月第 1 版第 1 次印刷
170mm×230mm · 19.25 印张 · 1 插页 · 210 千字
标准书号：ISBN 978-7-111-74885-4
定价：69.00 元

电话服务　　　　　　　　　　网络服务

客服电话：010-88361066　　　机 工 官 网：www.cmpbook.com
　　　　　010-88379833　　　机 工 官 博：weibo.com/cmp1952
　　　　　010-68326294　　　金 书 网：www.golden-book.com
封底无防伪标均为盗版　　机工教育服务网：www.cmpedu.com

定位理论可以成为投资路上的望远镜和试金石，
帮助投资者发掘有价值的好公司。

赞　誉

　　《定位投资》的着眼点在于投资的两个方面：一是投资者（股票购买者）如何选择所投资的企业，二是企业如何吸引投资者。这是比营销更高层次的"头脑争夺战"，是投资者的"我"与企业的"我"通过思想形成的密切思维网络。投资者选择投资某企业，使作为客体的企业转化为投资主体"我"的一部分，"我"成为企业的主体；企业在吸引投资时，尚未投资本企业的投资者都是客体，如何让这些可能的投资者认可本企业，进而通过投资成为企业的主体"我"。这两个方面都是复杂的思维过程，定位则是其基本点。企业如何通过各种方式将本企业的产品、理念、特色、经营、管理等通过定位让可能的投资者认可，或者说与可能的投资者的意向定位相统一，是成就投资的关键。晓明在《定位投资》中对此做了系统探讨，对企业和投资者都有启发和帮助。

——著名政治经济学家、哲学家　刘永佶

　　定位决定成败，人人都应该有定位理念，并在学习和应用定位理论与方法中深入理解定位的科学性和艺术性！

——国家杰青、长江学者特聘教授、
浙江工商大学校长王永贵我在股权投资的长期实践中运用定位理论选择目标企业、提供增值服务，充分验证了定位理论的有效性。《定位投资》重点研究在二级市场股票投资中如何运用定位理论选股、择时，令人读后深受启发，值得价值投资者关注。

——天图投资 CEO、《升级定位》作者　冯卫东

商业中最宝贵的资产就是品牌资产，没有一个品牌不是因为拥有前瞻性和有特色的定位而形成。同样的思路，其实在投资中也适用。在投资的时候，要对投资标的有明确的定位，才能最终长期抓住具有成长性的标的。相信赵博士的《定位投资》可以为各位读者提供一个明晰的价值投资上的参考范式。

——东吴证券消费商社行业首席分析师　吴劲草

定位理论在商业领域、经济金融领域都有广泛应用和重要意义。《定位投资》一书从观念、理论和方法层面系统阐述了定位投资与投资定位的诸多环节，尤其是理清了对上市公司进行价值投资背后的战略定位思维和逻辑，是一部开创了定位理论在投资领域系统运用的方法论著作，值得金融投资界的朋友关注。

——河北银行副行长、董事会秘书　赵清辉

2010年底，我的专著《中华股宝》与《定位》中文版在北京一起举办了新书发布会，定位的概念进入了我的视野，随后也融入了我的投资研究。每每去上市公司调研，我的第一句话往往是问：公司的战略定位是什么？近年来，晓明老师在定位研究领域卓有成就，《定位投资》可谓水到渠成。这是一本开启了价值投资研究新视角、新思路的好书，尤其适用于消费类上市公司。相信认真学习定位投资理论

与方法会对投资者精选具有全球优势品牌的上市公司大有帮助，也会对上市公司塑造自身的品牌价值有所启发。未来希望能与晓明老师携手将定位投资理论在中国价值投资领域发扬光大！

——中晴资本总经理　何岩

定位理论自诞生以来，帮助无数企业取得丰硕成果。《定位投资》创造性地把定位理论运用到投资领域，并提出了系统的操作方法，给予投资者一个强大的工具，是定位理论在中国实践的又一个发展方向。

——战斗蚂蚁联创，中国实战派定位专家　赢姐

《定位投资》对定位理论做了新的拓展，读来收获颇丰。我在清华大学的硕士论文就是讨论定位理论在媒体营销中的应用，所以读这本书颇感亲切，同时又被书中新的视角与论述触动。这是一部好书，值得我们在这个充满不确定性的时代反复阅读。

——《非你莫属》等知名电视节目制作人、导演　刘爽

定位投资有望开创价值投资中的一个新"品类"。赵晓明博士在这方面做出了有益的探索，正如书中所言，定位投资让你"和卓越的企业做时间的朋友"。

——《成效管理》作者　侯德夫

熟悉我的朋友都知道，我每年会与上千个客户交流，有创业公司，有成熟公司，也有全球五百强企业，再加上分众传媒千亿元级投放中总结的经验，时间长了就慢慢把思考写成了几本书，有《抢占心智》《人心红利》和《破解增长焦虑》。

其中，我思考的核心是：一个企业竞争的是什么？

我最终思考得出的结论是，企业竞争的是消费者的品牌认知。

有认知就有选择，只要有消费者的指名购买，你就不太容易陷入价格战、促销战、流量战。如果没有消费者的指名购买，不是消费者的优先选项，也不是消费者的默认选项，那企业最多获得工厂利润，不可能享受品牌带来的超额利润。

德鲁克先生讲过，企业有两个核心竞争力：一是开创差异化的产品与服务，二是通过品牌营销成为顾客心智中的首选。

人口增长的红利已经消失了，但是人心的红利正在增长；流量的红利正在消失，但是品牌的红利正在增长。品牌才是长期的红利，品牌持续累积企业才能享受时间的复利。品牌是商业世界里最大的马太效应。从长期看，头部品牌往往会吸走大部分行业利润，品牌集中度会越来越高。

消费者面对不同品牌所呈现出来的强和弱，会下意识地在头脑中形成判断的优先级，在优先级的驱使下，他们会对那些更有名、更强大的品牌，给予更多的关注和褒奖，从而使它们变得更强大。

好品牌就是成为标准，成为常识，成为品类代名词，成为用户心中不假思索的选择。建设很强差异化的品牌认知和讲好能切入消费者痛点、痒点的品牌故事，永远不过时。记住一个公式：

品牌势能＝品牌差异化 × 心智锐度 × 到达强度

品牌不仅要有差异化价值，还要成为某个细分领域的第一选择。就像拥有一颗尖锐的钉子后，用一把强有力的传播媒介的榔头集中高频打击，将钉子钉入用户心智。

人们的需求无法被任何一个品牌全部满足，你永远可以切入一个细分人群，一个细分场景，也可以开创一个全新的功能，成为第一。传统管理学中有个"木桶理论"，说的是一个桶能盛多少水，取决于最短的那块木板。但是查理·芒格认为："能取得大成就的企业和系统没有一个是符合木桶理论的。在商业世界，那些取胜的系统，往往在最大或最小化一个或几个变量上，走到近乎荒谬的极端。"

产品容易被模仿，而差异化的品牌认知一旦进入消费者心智就不容易被模仿。你可以模仿可口可乐的产品，但你不能模仿可口可乐在消费者心智中的位置。盲测中取胜的弱品牌，往往在品牌充分展示出来时会被强品牌轻易地打败。品牌会充分影响人们对产品的感知和体验。

有些企业暂时不赚钱，为什么估值还很高？原因很简单，它在顾客头脑里有一种更值钱的资源，它比资本、土地、劳动力这些传统的生产要素还值钱，我们把它命名为心智资源，即在顾客头脑里拥有独一无二的优势位置。

商业的本质应以"是非"来确定，而不应以短期得失来判断。"是非"决定成败，做"是"的事情就成，做"非"的事情就败。在这个过程中可能会产生焦虑，因为在意短期的得失。做"是"的事情短期不一定得，做"非"的事情短期也不一定失。但只有以"是非"来决策，而不是得失，才能赢得最终的成功。

在资本市场的浪潮中，投资者们常常迷失方向，寻找着那把开启成功之门的钥匙。晓明博士研究定位理论卓有成就，《定位投资》以独特的视角和深入的研究层层展开，颇具启发性，不仅深入探讨了定位投资与投资定位的系统关系，还开辟了价值投资中一个细分品类——定位投资。它如同一盏明灯，为投资者照亮了投资活动中各个要素的位置，指明了前行的道路。本书以定位理论为基石，深入探讨了二级市场股票价值投资背后品牌定位的奥秘。它不仅教会我们如何在纷繁复杂的市场中找到具有潜力的投资目标，还让我们明白了定位理论的价值和重要性，对我们的人生和事业也颇具启迪意义。

我相信，《定位投资》将成为价值投资者的得力助手，帮助投资者在股票市场中建立自己的定位投资体系，实现财富的定位式增长和价值创造。愿每一位读者都能从书中受益，成为智慧的投资者。

江南春

分众传媒创始人、董事长

2024 年 3 月 27 日

几年前，与资深金融专家、中晴资本总经理何岩先生，机械工业出版社华章分社王颖编辑共同确定了"定位投资"这一选题。承蒙王颖编辑的热情鼓励和一再督促，反复修改几次之后，我终于将这个选题撰写成书。

全书分为观念、理论、方法、案例四个部分。

观念，就是股市投资的主体——投资者对股市及其中投资标的（个股）的总的看法和根本观点。主体的行为由意识驱动，行为的性质由观念决定。投资者树立正确的投资观是至关重要的第一步，也是实现投资目的的基石。

观念的形成基于思想，思想则建立在正确的理论和方法之上。股市是一个错综复杂的有机矛盾体，股民必须树立正确的观念，掌握科学的理论和方法，才能做到独具慧眼、拨云见日。

我精研、教授、应用定位理论十多年，也有十几年的股市基础经验，而后再由定位理论切入股票投资，发现这是一次非常有益的尝试，也是一座未被充分发掘的宝藏。探寻好的投资标的需要一定的方法和模式，但依靠模型、指标挖掘出来的股票越来越趋同，这也随之带来了一个问题：这些股票被很多人关注从而导致概念性、泡沫性增强，获利能力降低。要想找到不同的、尚未被充分认知价值的标的，从而获得独特的收益，就需要与众不同的方法论。2017年，在河北金融学院、《证券市场红周刊》领导的支持下，河北金融学院成立了"定略品牌定位研究中心"和"上市公司价值研究中心"。之后我通过与国内知名定位机构、定位学会、智库、企业及机械工业出版社华章分社等合作，推出线上线下活动、讲座几十场，还通过"定略"公众号发布了系列专业文章，出版了《定位理论体系：品牌战略定位的系统方法论》一书，引起了国内众多专家、企业家关注，并将理论应用于实践，作为十余家企业品牌战略顾问帮助企业进行战略定位，推动企业增长。

定位理论认为：现代商战的核心战场在顾客心智而非工厂和市场之中。企业战略的核心就是通过品牌来争夺顾客心智资源，让品牌在顾客心智中占据某个品类的首要位置，以赢得顾客选择。定位理论自50多年前提出后，在世界各地的商业竞争中发挥了至关重要的作用，已成为世界上最伟大的商业思想之一。2001年，定位理论被美国营销学会评选为有史以来对美国营销影响最大的观念之一。从最初的广告传播策略，发展到如今的企业品牌战略方法论，定位理论已成为企业经营管理中至关重要的部分，并且彻底变革了企业制定战略的逻辑。可以这么说，在现代激烈的商业竞争环境中，以定位理论来统领企业发展战略和经营管理，会让企业在同行业中占据极大的竞争优势。

定位理论，作为现代商战的逻辑和依据，天生拥有竞争的战略基因，使得其被广泛应用于各个领域。很多人把它当作广告策划的基础，也有人把它当作市场营销和企业战略定位的根据，甚至它还可以指导个人、组织、国家、地区等在某些领域的竞争中脱颖而出。

定位理论应用于股票投资，更是恰到好处。在实践中，符合定位理论或主动运用定位理论进行战略规划和运营配称的企业，往往能够在同行业激烈的竞争中取得商战的优势。公司拥有强大的品牌，更多地占据顾客的心智，因而可以产生持续的竞争力，并具有成长性，这一切将在股价上得到长期向好的反映。定位理论强调与众不同，是大竞争时代商业竞争的基本逻辑和原则，将定位理论应用于股票投资就具备了一定的战略性预判力，它可以成为你投资路上的望远镜和试金石。

但是，只是学好定位理论并应用到投资标的本身，对于股票投资这样复杂的事情本身还不够。因此，在 2021 年应邀出席"5·11 中国定位日"大会，进行"定位投资"专场讲座前，我又对这个命题进行了系统的构建，拟定了一个逻辑自洽的体系和闭环——"定位投资与投资定位"。这个体系可以系统地解决三个问题：①定位理论为什么能够指导投资；②投资定位定什么、怎么定；③定位投资投什么、怎么投。

投资不外乎三个主要因素，一是投资主体，二是投资客体，三是主体对客体进行投资的理论和方法，这种理论和方法就是连接主体和客体，达成主客体统一的中间连接。定位投资与投资定位系统图如图 0-1 所示。

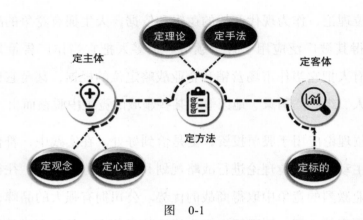

图 0-1

第一是定主体，定主体分为定观念、定心理。

主体就是我们自己，我们作为一个投资者，自己有什么样的观念，这个观念决定了后边用什么样的理论，不同的观念就会产生不同的行为。

此外，投资尤其是股票投资，是一件很复杂的事情，不是有超凡的思维能力就可以了，还需要有比较好的方法、理论，更重要的是心理，所以我们需要定心理。如果在投资过程中过不了心理关，战胜不了自己人性中脆弱的方面，投资往往就会失败。就算给你推荐最好的股票，你买了也会赔钱，再好的股票也会发生亏损，因为买卖的时机不对，操作的时点错了。

第二是定方法。定方法分为定理论和定手法。定理论是定研究方法，定手法是定操作方法。

首先得有一个好的理论方法，这是准确评估企业、选择优秀投资标的的保障。

还有就是操作方法，即手法。在实际买卖股票的时候，需要用一定的操作手法，这种手法不是外部的，它和我们的投资观念、心理和理论相关。我们用手法去具体操作股票这个客体，即投资对象。

第三是定客体。客体就是投资标的，即要买哪些股票。我们通过对股票及其公司进行分析，将一些股票纳入股票池，然后进行相应操作。什么时候买入，什么时候增持，什么时候减持，什么时候清仓，都是针对不同客体的。而且用定位理论选出的这些客体，就是我们所谓的"定位股"，或者叫符合定位的股票，或者是巴菲特所讲的拥有强大的经济护城河的股票。

好的投资，其实我觉得从哲学意义上来讲，就是一种主客体统一。投资者作为主体能够跟客体达到比较好的统一，而不是对立，这应该就是投资成功的一个根本性逻辑。

本书对于定观念、定理论、定标的三个方面都进行了比较详细的论述，对于定心理、定手法没有专门介绍，原因如下：心理和手法虽然是定位投资中需要进行定位的关键环节，但从定位投资这个命题看，这两个环节还不具有足够的理论意义，很多著作、资料也有充分说明，此外每个人都有心理和手法的特殊性，难以用一个尺度去衡量，因此书中不专门论述，此处进行简要概述。

心理关是最难过的，观念、理论怎么都好说，但心理这个东西不容易说清楚，必须在实践中自己不断体会，去改变。有些人一辈子都过不了心理关，不是每个人都适合做投资。我们可以通过以下四个关系来促进"定心理"的实现。

一是收益与风险的关系。风险是投资里面最大的问题，不能控制风险，投资基本都不会有稳健的成果。风险是必须随时随地牢牢记住的，千万不要一高兴就忘了风险。风险是一种心理，是投资里面永恒的要素，是投资永恒的挑战。损失的风险主要归因于心理上过于乐观和积极，对问题怀疑不足。

人有一种倾向，大概就是你一旦买了某个东西，就会认为它是最好的。买股票也是这样，往往你买了这只股票，就觉得买对了，认为这只股票是好的，从而忘了风险。因此做股票投资最根本的一个问题就是，要在控制风险的前提下去获得收益。

还有一个概念一定要了解，就是"风险的反常性"，即人在意识到风险的时候就会拒绝风险，在拒绝和抗拒的过程中这个风险慢慢就降低了，因为在这个过程中原来那些盲目乐观的、积极的因素减少了。反过来看，大家都觉得没有风险才是真正的风险，因为你觉得没有风险了，就会制造各种条件促使风险变得更加极致。

有一个问题，收益与风险二者是正相关的吗？很多人其实在潜意识中认为收益和风险是正相关的，常说风险和收益相伴，风险越大收益才能越高，其实不是这样的。收益和买入价格是相关的，买的价格高了，才真正制造了风险，而且也影响收益。所以尽量在价格低的时候买入，这才是真正控制了风险。

二是价格与价值的关系。这是股票投资中最核心的决策要素，最理想的就是能够在价格低于价值的时候买入，这是最稳妥的。买进的价格越低，投资的安全边际就越大。股票的价格不仅取决于它的内在价值，还时刻受到投资者心理和其他基本面的影响，短期内甚至可能导致股票出现一些极端定价。极端定价往往是机会所在。如果一个行业或是个股出现了突发事件，那你要考察这个事件对企业的影响，是根本性影响还是暂时性影响，如果不是根本性影响，在这个事件出现后，大量投资者由于风险抛弃了这只股票，那么股票的风险可能降得特别低，甚至降到没有风险了；出现行业突发事件之后，往往最终受益的是行业老大，它会积极改进并收获其他中小企业丢失的市场，最终股价得到恢复和成长。所以在出现风险的时候，要意识到买入的机会可能就要来了。

三是心理与周期的关系。投资中最复杂、最不可控的就是心理，心理是影响股价的重要因素。例如，股市指数可以从 1600 点涨到 6100 点，也可以从 6100 点又降到 1600 点，出现这个过程是因为整个社会经济和上市公司都出现了问题吗？不是，往往是因为股价和指数反映出的社会心理效应。投资中最重要的科学不是会计学和经济学，而是心理学，这也是为什么要定观念、定心理。人的心理随群体化加强后会呈现一种总体性的趋势，在股市中于乐观和悲观之间摆动，呈现出一种"钟摆式的周期"。这是股市最可靠的一个特征，要善于利用这种摆动去做投资。股市就是一个循环，不断摆来摆去，在贪婪和恐惧之间循环。巴菲特讲："我就要在别人贪婪的时候恐惧，在别人恐惧的时候贪婪。"

四是共识与洞见的关系。股市存在很强的"二八效应"，80% 的人具有较强的羊群效应。股市上大众的共识叫"第一层次思维"，这是一个浅层次的思维，是单纯而肤浅的，不是从矛盾的本质得出来的，而是从矛盾的表象中得出的简单结论。真正能够赢利的聪明投资者，都具有比较深邃的"第二层次思维"，具有从纷繁复杂的表象中洞察到本质的思维能力。要在股票市场上获利，就要有本质思维，要有洞察力，要有第二层次思维。前面的定位投资与投资定位系统图，可以帮助我们强化第二层次思维。

具体的定位投资操作方法，是最终将观念、心理、理论在标的上实现收益的具体手法。我们可以从三个角度来"定手法"。

第一是精益创业。投资其实也是一个实验，实验就需要试错。不能上来就把所有本金都投入进去满仓操作。要在控制风险的同时练自己、练手，不断磨合与实践投资理念、操盘心理。投资是一个极其复杂又极其考验心理和心智的事业，前期我们要通过"廉价"的失败，一点点地去锻炼自己，从而避免"昂贵"的失败。

第二是多元聚焦。多元是指要经营一个股票池，时常考察、调整池中的备选股票和持有的投资组合。聚焦是指投资不能太分散，持股不能太多，要把有限的资源集中到最有赢利可能和空间的标的上。

第三是逆向投资。投资是一个钟摆、一个循环，大部分人会在两端停留过久，我们需要及时走出来。投资是一场人气竞赛，在人气最旺时买进是最危险的，在那个时候一切利好的因素和观点都已经被计入价格。最安全、获利最大的一种投资方式是在没人喜欢买进时买进，进行逆向投资。

总之，对于投资这个高级且又复杂的事业，很难通过一堂课甚至一本书说清，需要在丰富的"定位投资"及"投资定位"实践中，将观念、心理、理论、手法、标的五个环节定位清晰、磨合良好，更好地达到主客体统一，通过不断提升认知水平，创造并掌控财富。

赵晓明

2023 年 10 月 31 日

目 录

第二篇　理论

第三篇　方法

第四篇　案例

第一篇

观　念

观念一词源于古希腊哲学的"永恒不变的真实存在"，是一个哲学范畴。本书中观念的含义相近于世界观、人生观、价值观中的观念，即主体——人对于某事物总的看法和根本观点。应用于股市投资这个领域，观念就是股市投资的主体——投资者对于股市及其中投资标的（个股）的总的看法和根本观点。主体的行为，由意识驱动，行为的性质，由观念决定。因此对于投资者，树立正确的投资观是至关重要的第一步，也是实现投资目的的基石。

　　观念，由观而生念。观是途径、方式，念是目的、结果。正确的观形成正确的念，反之，错误的观产生错误的念。如果你对股市的观念就不正确，那么结果就"失之毫厘，谬以千里"，大部分投资者亏损的原因就在于此。

　　观念的形成来自思想，思想则建立在正确的理论和方法之上。股市是一个经济矛盾体，是投资价值与股票价格、政策行为与市场行为、不同类型投资者差异、行情波动与心态波动等诸多矛盾构成的错综复杂的有机矛盾体，股民必须树立正确的观念，掌握科学的理论和方法，才能做到独具慧眼，拨云见日。

我们都熟悉一对概念——本质与现象。也都了解，本质决定现象，现象反映本质。现象是能直接看到的，而本质却不是。本质是用抽象思维从纷繁现象中抽离出的理性认识结果，具有间接性。我们都清楚本质的重要性，但在日常却最容易忽视对本质的考察。在股市投资中尤其是这样，绝大部分投资者穷其一生，都做的是股价波动、K线、指标的奴隶，而忽略了股票背后真正的本质——企业本身。

本书的特点就是贯以始终的本质原则，用孔子的话讲就是"吾道一以贯之"，以逻辑推演股票投资的各个本质环节，以实现将科学的投资理论和方法简化呈现。

第一章

股票投资背后的
商业竞争逻辑

本书探讨的范围限定在股市二级市场投资，逻辑起点规定为股票。我们从股票这一概念入手，股票是对象、是客体，主体则是买卖股票的个人投资者。本章的首要任务是厘清股票与企业及其战略、品牌之间的关系，在此基础上洞察股票的本质。理解本章内容之后，你将会从股市"二八定律"中那 80% 投资失败的"韭菜"中脱离出来，事实就是这么简单，因为，真理掌握在少数人手中。

一、股票投资的表象与本质

炒股和投资的本质区别

"炒股"一词，不仅表现出股民操作的形态，还深深折射出股民的心态——股就是用来炒的，就像炒菜一样，时不时得用铲子扒拉几下，一来怕糊了；二来想从"炒"之中高抛低吸赚取差价以博盈利；三来还可以展示自己作为老股民熟练的操作水平，好像不炒几下对不起观众似的。

当你说炒股、做炒股这件事的时候，你就错了，你就把自己和股票对立起来了，你和它就成为敌人。你想从股票身上牟利，可结果恰恰相反，事与愿违，股票比你聪明得多，它背后有你一知半解的实体企业，有众多更聪明的投资者和机构，你怎么胜过它？你输是必然的，而不是偶然的，因为你这是在赌博，玩押大小。

不要把股票看成死的、没生命的东西，事实上它是活生生的、有灵魂的，你玩弄不了它，你要敬畏它。因此，我说炒股的结果就是被股炒，被割韭菜，很多人想玩弄股票于股掌之间，却被股票玩弄的万劫不复。多少血淋淋的事实摆在你面前，你身边有几个朋友是通过"炒股"挣钱的？真正能长期从股市盈利的人，他心里肯定不把自己定位成是炒股的，相反，他会凭借自己摸索出的一套模式藐视其他炒股的"韭菜"。所以，尤其对于作为散户的股民来讲，首先你不能有散户心态，其次你不能有股民心态，别把自己当散户、当股民，一定要从80%投资失败的"韭菜"中跳出来，去做那20%甚至更少的投资者。

什么是投资？投资就是看好一个企业，买它的股票，做它的股东，分享它成长带给你的红利。总结为一句话，和卓越的企业做时间的朋友。这样的话，你和股票之间，以及和股票背后的企业之间，就不是对立，而是统一的了。从对立达到统一，是我们投资成功的必由之路。

当你正确看待和区分了炒股与投资这两个概念的本质区别后，你就知道你应该成为的是一个投资者，而非炒股者。

股票的本质是企业股权

股票是上市公司的股权凭证，那么做股票的本质就是投资，做上市公司的"股东"，获得上市公司分红权。投资就是建立你和上市公司联系的一种方法，让你看好的公司为你"打工"。而且你还有非常灵活的选择权，如果这家公司不再优秀或价格不再合适了，你可以灵活地退出并转换为其他更优秀、价格更合适的公司的股东。

当你真正把自己看作上市公司股东了，那么即使你的资金量没多大，股份没多高，你在心态上就可以不输给那些机构和大股东，和他们站在同一战线了。

案例：格力电器的长期投资价值

以格力电器（000651.SZ）为例，格力电器1996年11月18日上市，开盘价17.5元。如果我们在1996年投入资金17.5万元购买格力电器股票1万股，一直持有到现在，那么26年后的2022年，可以获利多少（假设不扣分红税）？见表1-1。

由表1-1可算得，截至2022年10月28日，收盘价为30.19元。总持股数为77.1524万股，股息加总为1331.56万元。市值为：77.1524万股×收盘价30.19元=2329.23万元，再加上股息这笔投资的价值是：3660.79万元。减去17.5万元的初始成本，净盈利3643.29万元。26年的投资收益达208.19倍，每年平均收益为208.19/26=8.01倍。

表 1-1 格力电器送股分红投资模拟收益表

年份	送股分红方案	持股量（万股）	当年分红（万元）
1996 年	10 送 10	2.0	0
1997 年	10 派 10	2.0	2.0
1998 年	10 转 10	4.0	0
1999 年	10 派 4	4.0	1.6
2000 年	10 派 4	4.0	1.6
2001 年	10 转 5 派 4	6.0	1.6
2002 年	10 派 3	6.0	1.8
2003 年	10 派 3.2	6.0	1.92
2004 年	10 派 3.3	6.0	1.98
2005 年	10 派 3.8	6.0	2.28
2006 年	10 赠 2.7	7.62	0
2007 年	10 转 5 派 4	11.43	3.048
2008 年	10 转 5 派 3	17.145	3.429
2009 年	10 转 5 派 3	25.7175	5.1435
2010 年	10 送 5 派 5	38.5762	12.85875
2011 年	10 派 3	38.5762	11.57286
2012 年	10 派 5	38.5762	19.2881
2013 年	10 派 10	38.5762	38.5762
2014 年	10 派 15	38.5762	57.8643
2015 年	10 转 10 派 30	77.1524	115.7286
2016 年	10 派 15	77.1524	115.7286
2017 年	10 派 18	77.1524	138.87432
2019 年	10 派 21	77.1524	162.02004
2020 年	10 派 22	77.1524	169.73528
2021 年	10 派 30	77.1524	231.4572
2022 年	10 派 30	77.1524	231.4572

资料来源：格力电器 1996～2022 年年度报告。

当然，极少有人能做到这么久地持有一只股票，除非你独具慧眼或撞了大运，这可能比买彩票中 500 万还难。另外，这 20 多年中国的经济有过多次波动，1996 年的 17.5 万元也许还会有更高的机会成本，比如到北京买套四合院等。再者，这个分析中我们也没有考虑当年的 17.5 万元在今天的购买力。但这个分析至少告诉你，中长期投资一家好公司的股票胜过时刻不停地炒股。

投资就是投好公司

当我们说投资，其实就已经与投机划开了界限，投资的对象是企业，也可以说是公司。企业和公司这两个概念其实是有区别的，企业是经济、经营组织，企是企划，业是事业，企业就是企划一项事业；公司则是一个法律范畴，指依法定程序设立，以营利为目的社团法人。因此，从本质来论，投资的对象更倾向于称呼为"企业"，而从股票这个所有权的表象看时，称呼"公司"则更合适。

定位投资属于价值投资范畴。巴菲特说："没有要不要做'价值投资'的问题，不投资有'价值'的公司，难道要投资没有'价值'的公司吗？"

价值投资之父格雷厄姆开创的流派叫烟蒂派，这一流派喜欢投资很便宜的公司。与烟蒂股相对应的另一个极端是巴菲特常说的"伟大公司"，这类公司非常牛，一般公认能为投资者长期持续创造收益，但通常估值也较贵。例如苹果公司、可口可乐、阿里巴巴、腾讯控股、贵州茅台等。但大多数公司处于"烟蒂公司"和"伟大公司"的中间地带。

巴菲特把好的生意看成一个强大的"经济城堡"，企业要掘出又宽又深的"护城河"来保卫其高耸的经济城堡。他说："我最喜欢的公司是奇妙的，由很深、很危险的护城河环绕的城堡。城堡的主人是一个诚实而高雅的人，城堡最主要的力量源泉是主人天才的大脑；护城河永久地充当着那些试图袭击城堡的敌人的障碍；城堡内的主人制造黄金，但并不都据为己有。"之后巴菲特进一步解释："我们根据护城河加宽的能力以及不可攻击性作为判断一家伟大企业的主要标准。而且我们告诉企业的管理层，我们希望企业的护城河每年都能不断加宽。这并不是非要企业的利润一年比一年多，因为有时做不到。如果企业的'护城河'能每年不断地加宽，这家企业会经营得很好。"

成为领导品牌是公司在竞争中保持市场份额还有高利润率最好的护城河。定位理论对领导者有着更精准而深刻的规定：潜在顾客心智中的领导者。基于心智角度规定的领导者才是真正的领导者。"实践证明，第一个进入人们心智中的品牌所占据的长期市场份额是第二品牌的 2 倍，是第三品牌的 4 倍，而且这种比例不会轻易改变。"心智份额最终决定市场份额。此外，领导者通常也拥有这个市场中最高的利润率。基于此，投资就是要投那些拥有牢固的心智领导地位的好公司。

二、企业的本质就是打造品牌、创造顾客

成果只存在于企业外部

1954 年，现代管理学之父彼得·德鲁克在《管理的实践》中指出："如果我们想知道企业是什么，我们必须先了解企业的目的，而

企业的目的必须超越企业本身。事实上，由于企业是社会的一分子，因此企业的目的也必须在社会之中。关于企业的目的，只有一个正确而有效的定义——创造顾客。"

德鲁克进一步指出："在组织的内部，不会有成果出现，一切成果都存在于组织之外。""企业机构的成果，是通过顾客产生的，企业付出的成本和努力，必须通过顾客购买其产品或服务，才能转变为收入和利润。""在组织内部所发生的，只有人工和成本。""组织存在的唯一理由，就是为外部环境提供良好的服务。"如果没有外部成果，内部如何有绩效可言。因此，管理的责任就是整合组织资源，在组织外部取得成果。

企业的成果要通过顾客产生，顾客才是关键，如果没有顾客，那企业的一切付出都是成本。企业存在的目的从自身转变到外部，这是时代的演进造成的。因此，商业竞争的本质其实是人心的争夺战，"得人心者得天下"，经营企业的关键在于经营顾客的认知。

以前的企业只要做好自己的产品，提升组织的生产力，通过精益的管理，就能获得顾客，在市场上立于不败之地。如今，这些管理和生产要素已经从矛盾的主要方面转换为次要方面，当高质量产品、为客户服务成为参赛的基本门槛时，宣扬服务和质量就没有意义了，只能作为竞争的起点。曾经举世辉煌、一度作为商业经典中标杆的顶尖企业，管理做得非常好，在营销和战略上也不能说不够强大，在激烈的竞争中如果不以外部成果为导向，也仍然难逃厄运，如因过度信赖老品牌而轻视新品类而走向没落的柯达、诺基亚、摩托罗拉，因过度延伸老品牌而导致品牌失焦的通用汽车、索尼、日立、松下、东芝等。

与以前相比，现代商业环境发生了巨变，产品数量、品牌数量出人意料地增长，形成了残酷的市场竞争。当广告大战已经让人们的大脑混乱厌烦时，只是一味提高广告投放量的成效也就不显著了。顾客面临着"选择的暴力"，太多的选择与顾客有限的心智形成了矛盾。新的矛盾迫使企业必须把视角从企业内部切换到外部，研究如何使自己的产品通过品牌的链接和顾客心智发生关系，从而具备获客优势并赢得选择。

首先，要从企业外部界定成果，就是你"有何不同"，你要为顾客提供什么样的独特价值，这就是你在顾客心智中的定位。然后，再以定位为导向，界定组织内部绩效如何定义，并由此进行运营配称与资源配置，达到上下同欲、运营同向、资源同步，依据外部成果做好定位传播与认知管理，以确保企业品牌的品类地位与竞争优势。

企业通过品牌连接顾客心智

要了解企业就要了解企业的外部，要了解企业的外部就要从顾客开始，这正是德鲁克管理实践的基本逻辑。德鲁克对于企业的目的给出的唯一答案就是"创造顾客"。

创造顾客和创造盈利往往是硬币的两面，但是创造顾客在先，是根本。这也就是我们看到风险投资不断给持续亏损的创业企业填坑的原因所在。对于创业企业来说，活下去靠的是现金流，而现金流可以从顾客来，也可以从投资人来。能否创造顾客，是判断企业有没有价值，有没有实现经营核心成果的直接有效标准。

企业如何创造顾客？

这条道路就是品牌，关键在于通过准确定位获得顾客心智认同。1969 年，杰克·特劳特提出了定位（positioning）观念，定位就是要在顾客心智中针对竞争对手确定最具优势的位置（position），从而使品牌从竞争中胜出以赢得优先选择权，这就是企业需全力以赴实现的目标，也是企业赖以存在的唯一理由。定位理论为德鲁克提出的组织成果界定和实现提供了科学且行之有效的解决工具。

定位理论创造性地指出：大竞争时代的商战发生在潜在顾客心智之中，竞争的基本单位是品牌。正因为商业竞争是在心智中展开，我们不可能将一个企业实体塞入顾客心智，我们只能将代表企业产品（或服务）的代号——品牌植入潜在顾客心智中，更何况顾客大多并不关心品牌背后的企业究竟是谁。所以，定位的主体不是企业而是品牌，这也就意味着，竞争的基本单位不是企业，而是品牌。

定位理论认为，在顾客心智中，左右着顾客做出选择的，归结为一点就是品牌。毋庸置疑，现在已经进入了一个品牌时代。没有品牌的产品是不能承担起这个桥梁作用的。品牌可以创造顾客，能在顾客心智中实现预售。品牌一端系于企业和产品，另一端系于顾客心智之中。品牌就是企业将内部成本转化为经营成果的"转换器"。任何在顾客心智中没有位置的品牌，终将从现实中消失，而品牌的消失则直接意味着品牌背后组织的消失和其中员工的生计出现问题。

三、品牌战略成为企业商战的核心战略

正确理解企业战略

商业战略出现的时间并不久远，人们对商业战略的认识也众说纷纭，找到最科学实用的商业战略定义，是对商业战略正确认识和应用的前提。

"战略"一词，源自希腊语 Stategos，意为"将军的命令或其所在的地点"。

18～19 世纪，"战略"一词开始被军事理论家使用。法国战略家梅齐乐[○]在《战略理论》中首次使用"战略"："作战的指导""驱动军队抵达决战地点"。

卡尔·冯·克劳塞维茨在《战争论》中指出，"任何一个战略都有它的战略重心""战略最重要而又最简单的准则就是集中兵力"，以便"能够在决定性的地点保持兵力和物质条件上的优势"。

事实上，直到 20 世纪中叶，"战略"一词才被逐渐纳入商业话语体系。20 世纪 60 年代中期以后，"战略"一词才开始在管理学界流行起来。

1962 年，企业史学家戈尔弗雷德·钱德勒出版了《战略与结构》

○ 梅齐乐（Paul Gideon Joly de Maizeroy，1719～1780 年）在战争史中并不出名，但在战略思想史中却有不朽的地位，因为我们现在通用的"战略"这个名词是他所首创。1766 年他出版了《战术教程：理论，实务与历史》的著作中的第一卷和第二卷，1767 年和 1773 年又陆续出版了第三卷和第四卷。1777 年又出版了《战略理论》，书中正式使用"战略"（strategy）这个词，从此战略一词才被各国军方普遍采用。

一书，提出"战略可以被定义成一种长期目标和企业的客观目的，以及为实现这个目的需要整合的资源和采取的行动。"

1964 年，彼得·德鲁克出版《成果管理》，该书原名《商业战略》，只是由于战略一词在当时商界中还很陌生，出版社劝其改名为《成果管理》以利于销售。书中写道："商业活动存在的目的就是在市场和经济中创造结果""商业以获得结果而存在""战略就是定义外部成果"。该书首次把"战略"一词应用到商业和管理中，迄今为止大部分战略管理书籍阐述的问题几乎都源于此书。

1965 年伊戈尔·安索夫出版《公司战略》。提出"战略的目的是使公司的能力与其环境中的机会相匹配"，并罗列了 57 个需要考虑的目标和因素。

而后，众多商业专家对战略进行了不同角度的定义，我们选取以下几个有代表性的进行分析。

著名的商业管理咨询公司麦肯锡认为：战略就是围绕一个目标采取协调一致的行动。

"竞争战略之父"迈克尔·波特认为：战略是用一系列不同活动的组合对运营活动创建一个价值独特的定位。

"全球第一 CEO"杰克·韦尔奇认为：战略就是数一数二。

《战略历程》的作者亨利·明茨伯格认为：战略是计划、计策、模式、定位、观念，战略是一个过程，重在学习和应对。

"定位之父"杰克·特劳特认为：战略就是让你的企业与产品在

潜在顾客的心智中与众不同。

其实，上述定义都是从不同角度对战略的描述，但都具有一种内在的统一性。总的来说有两个关键要素：一是战略目标，二是实现目标的战略手段。

麦肯锡说战略要围绕一个"目标"，再具体化就是杰克·韦尔奇所说的在某行业成为"数一数二"；"数一数二"就是定位学派学者迈克尔·波特和杰克·特劳特所陈述得更加具体化的"价值独特的定位""在潜在顾客的心智中与众不同"，即战略定位。

而要实现这个与众不同的定位目标，就需要围绕战略定位进行麦肯锡说的"协调一致的行动"，具体来说就是迈克尔·波特说的"一系列不同活动的组合"来强化定位，从而占据潜在顾客心智。

战略实则是找到定位并占据定位的过程，这个过程用定位理论所呈现的公式来表示即为：

$$品牌战略 = 定位 \times 配称$$

定位是存在于顾客心智中的能够关联到品牌的一个概念。配称是驱动品牌去占据某个定位的全部运营活动。

而明茨伯格则从比较抽象的层次用几个概念概括了这个"过程"。

商战的基本单位是品牌

商战的基本单位是品牌而非企业，企业用一个或多个品牌分别代表企业的产品或服务在商场进行竞争。因此，上述公式更规范的表述应该是：

$$品牌战略 = 品牌定位 \times 配称$$

错把企业设定为竞争的基本单位是企业家常犯的错误，将导致几个严重问题：一是将企业的规模视为竞争力，相应会错误地采取频繁并购、急速扩张的方式；二是会在设定的规模化战略目标下，分解实施计划，而不论竞争机会是否允许、能否实施；三是缺乏品牌导向，极易引发多元化的战略"骑墙"，不能识别其危机并做出取舍；四是停留在产品经营层面，难以打造出强势品牌并赢得顾客选择，薄利经营。

由于不能正确区分企业和品牌，很多企业盲目多元化，不先研究竞争和心智是否允许就"先战而后求胜"。把联想看成企业，那么联想当然可以既制造电脑又可以制造手机，这很合乎逻辑；但若把联想看成品牌，那么一个代表电脑的品牌怎么能推出手机呢，这是显而易见的判断。因此，明确区分企业和品牌，对于防止企业战略偏航和损失的作用是巨大的。

以企业为竞争单位无法有效创造顾客。因为企业只是一个运营组织，它本身不能有效进入顾客认知。能够有效进入顾客心智并左右其做出选择的只有品牌，顾客几乎不关心品牌背后的企业。人们会认为顾客很关注企业，往往是由于某些企业名称与品牌一致而造成的幻觉或假象。商业竞争的本质是企业以品牌为单位在外部顾客心智战场中展开的竞争，企业只是背后的支持系统和运营的成本中心。如果这个成本中心不能打造出可以赢得顾客选择的品牌，其存在必将越来越举步维艰。

只有品牌才是现代商业竞争的基本单位。企业的确要做大竞争单位的规模，但并非只是企业本身的规模，而是代表品牌强弱的规模，这意味着品牌在顾客心智中的选择力量之强弱。

当企业准备推出一个新品牌时，很可能是在追逐市场，而不是在创建品牌。如果不是以顾客认知和竞争为导向，也难以在顾客心智中具有意义。品牌的力量在于它拥有独特的识别性。本田公司用独立经销体系推出豪华品牌讴歌，同样的方式，丰田公司推出豪华品牌雷克萨斯，大众公司推出豪华品牌奥迪，都是定位清晰的，因此获得成功。而大众公司以系列方式推出的豪华款大众辉腾却是典型的品牌延伸，挂着大众的标志，车型类似大众帕萨特，让人傻傻分不清，最终在 2016 年宣布退市，从诞生到停产的 14 年间，大众亏了 20 亿欧元。

记住，商战的终极战场在顾客心智中，商战的基本单位是品牌。

品牌是衡量经济体强弱的直接标准

《华尔街日报》上曾刊登过定位理论创始人之一艾·里斯的一段话："中国经济的增长备受瞩目，但是假如战略方面没有从商品调整到品牌，这一显著的经济增长也很难维持，未来属于品牌，尤其是属于全球性的品牌。"

世界上最富有的国家的经济是建立在品牌之上而非商品之上，强势品牌对城市经济、地区经济甚至国家经济具有重要的龙头带动效应。因此，在一定意义上可以说，衡量一个国家或地区竞争力的标准是：有多少个全球性或全国性品牌。日本前首相中曾根康弘曾说："在国际交往中，索尼是我的左脸，松下是我的右脸。"同样，一个地区强势品牌越多，它的经济劲头就越强。长三角、珠三角的崛起跟大量中国名牌和中国驰名商标在浙江、江苏、广东不断涌现有直接关系。

一个国家的整体品牌形象在定位理论中被称为"国家心智资源"[⊖]，也会极大促进该国品牌和经济的发展。世界品牌实验室曾研究发现，"国家品牌"对一个企业或产品品牌的贡献率达到了 29.8%，可谓至关重要。譬如，德国的工业制造、美国的科技、法国的时装与红酒等。"德国制造"这一国家心智资源对德国经济增长做出了显著贡献。"德国制造"的商标在国际市场上绝对可以令人们趋之若鹜。而且这不仅是指德国的机械设备或者汽车，来自德国的管理人员也会比来自其他国家的经理更容易得到职位。

强势品牌是企业最宝贵的资产

所有产品都有打造品牌的机会，尽管一些产品存在忽视品牌的现象，也有一些产品走上了渠道品牌或无品牌化[⊜]之路，但是，打造

⊖ 所谓国家心智资源是指每个国家在消费者心智中占据的独特的认知，主要包括国家标签及优势品类，如果一个品牌能够利用好自己国家独特的心智资源，它就更有可能成为全球品牌。在全球化的竞争中，品牌不仅需要依靠自身进入消费者心智，也需要仰赖所属国的国家心智资源。善于利用国家心智资源的品牌将比不善利用或不会利用的品牌占据明显的竞争优势。探索并利用国家心智资源，并将其效用发挥到最大化，恰恰是里斯咨询在过去 60 年商业实践中擅长并坚守的。

⊜ 有些无品牌化的战略恰恰最终实现了品牌化，比如无印良品（MUJI），1980 年创始于日本，是一个杂货品牌，在日文中意为无品牌标志的好产品，口号是"物有所值"。产品类别以日用品为主，从铅笔、笔记本、食品到厨房的基本用具都有。产品注重纯朴、简洁、环保、以人为本等理念，在包装与产品设计上皆无品牌标志。"无印良品"其本意是"没有商标与优质"。虽然极力淡化品牌意识，但它遵循统一设计理念所生产出来的产品无不诠释着"无印良品"的品牌形象，它所倡导的自然、简约、质朴的生活方式也广受人们推崇。

品牌仍然是必要且普遍的。甚至作为中间产品的零件或材料都可以打造为成功的强势技术品牌，比如，英特尔（Intel）芯片的"Intel Inside"[⊖]，衣物防水透气材料 GORE-TEX[⊜]，以及目前更多地作为手机相机镜头出现在顾客面前的品牌徕卡（Leica）等。

品牌对企业具有重要而深远的意义。

1. 识别并赢得选择

品牌的首要、核心作用是识别，即让顾客在众多同类品牌中最容易地识别出自己的品牌进而方便购买。识别，英文为 Identity，也有身份（ID）的意思。品牌就是产品的身份证，不能识别的就不是品牌。当然，可以识别，也不一定是成功的品牌，因为识别的前提是差异化的利益诉求，如果这个诉求不能被顾客认同并选择，那还是失败的品牌。

⊖ 英特尔公司 1991 年发动的"内含英特尔"（Intel Inside）广告攻势，被公认为是建立起英特尔现有品牌地位的成功策略。英特尔公司藉补助个人计算机制造商的广告经费，换得计算机厂商同意在它们的产品及电视、平面媒体和在线广告中，展示英特尔的商标图案。英特尔"合作广告"，堪称这种模式运作的经典，合作广告模式引发了各行业的效仿。如装饰公司为了提高自身品牌形象，会在广告中告诉消费者，本公司装修使用名牌的涂料、电器、瓷砖、地板等。还有一个著名例子，是小天鹅洗衣机与宝洁的合作。在中国一些名牌大学生活区，"小天鹅——碧浪洗衣房"为学生们提供着便捷经济的服务，洗衣机和洗衣粉来自厂商捐助。这是两个顶尖品牌联袂出演的品牌合作营销的经典之作。

⊜ GORE-TEX（戈尔特斯）面料是美国 W.L.Gore & Associates, Inc.（戈尔公司）独家发明和生产的一种轻、薄、坚固和耐用的薄膜，它具有防水、透气和防风功能，突破一般防水面料不能透气的缺点，所以被誉为"世纪之布"。GORE-TEX 面料不仅在宇航、军事及医疗等方面广泛应用，更被世界顶尖名牌采用，制成各式各样的休闲服装系列，因而被美国《财富》杂志列为世界上最好的 100 个美国产品之一，深受推崇。

2. 提高市场占有率

强势品牌拥有一种霸权。联合国的一项调查表明，著名品牌在整个产品品牌中所占比例不足 3%，但著名品牌产品所拥有的市场份额高达 40% 以上，销售额更是超过 50%。强有力的品牌，其产品必然会获得更多关注并享受销售的优先权。这是因为营销的终极竞争力在于品牌，而品牌又是根植于顾客认知的，强势品牌必然吸引更多的顾客。几乎任何一个成熟的行业中，都有一两个品牌占据领导地位，并且总是给后来者造成巨大的进入障碍。有句话说得好，叫"好产品斗不过好品牌"。

3. 获得品牌溢价

品牌是可以带来溢价的，品牌的最大功能就是给产品带来溢价。这取决于顾客的情感价值，是由顾客的消费心理决定的。同样的产品，一个品牌能比竞争品牌卖出更高价格，称为品牌的溢价能力。美国一项调查表明，领导品牌的平均获利率是第二品牌的 4 倍，在英国这一数字高达 6 倍。

索尼彩电曾经在中国一年销售 50 万台，其所获得的利润，超过了中国所有国产彩电品牌的利润之和。2017 年，苹果手机单台的利润高达 151 美元，是三星的近 5 倍，是中国手机厂商均值的近 14 倍。尽管普通顾客会厌恶这种暴利，但人们还是对名牌趋之若鹜，这些事实都无可辩驳地证明了强势品牌的溢价能力。

世界上任何一种产品几乎都可能在一夜之间被模仿出来，但唯一不能模仿的就是品牌。品牌是一个企业可以持久保持竞争优势的最核心因素。因此，李嘉诚说"企业最宝贵的资产是没有列入资产负债表中的那部分资产"，也就是品牌。

可口可乐公司创始人艾萨·坎德勒曾夸下海口："假如可口可乐的所有公司所有财产在今天突然化为灰烬，只要我还拥有'可口可乐'这块商标，我就可以肯定地向大家宣布，半年后，市场上将拥有一个与现在规模完全一样的新的可口可乐公司。"这个假说被"中国版可口可乐"王老吉在现实中完美演绎了一次，广药集团收回王老吉商标后除了商标可谓一无所有，但它们在很短时间就恢复了王老吉的生产和销售，并最终夺回了市场主导权，顾客心智中既已注册的心智资源（品牌名"王老吉" × 视觉锤"红罐"）绽放出了神奇的力量。

巴菲特说投资的秘诀在于区分三种价值。一是市场价值，即通常所谓的市值；二是账面价值，也就是利润、净资产之类；三是内在价值。巴菲特说，他只投资具有内在价值的公司。其实，以定位理论来看，巴菲特所谓有内在价值主要就是占据了定位和心智资源的公司。巴菲特大量投资可口可乐、吉列、美国西南航空，因为它们代表了可乐、剃须刀、低价航空，强势品牌具有封杀品类的能力，能够攫取品类的相当部分利益。

这种在心智中牢牢占据领导地位的品牌，拥有特别的生命力。1923 年 25 个不同品类的领导品牌，到了 77 年后的 21 世纪初，只有 3 个品牌失去了领导地位。这就是领导者的优势所在。领导地位本身就是最有效的营销战略。

第二章

以定性统筹定量
的股票投资分析

一、定量分析的作用及局限性

技术分析是表象分析

人们可以见到很多股民纵横股海多年，对各种 K 线图、指标说得头头是道，但结果却没有盈利，甚至亏损很多，这是一个并不少见的现象。

那么问题的关键在哪里？

还是得回到前边谈到的现象与本质的关系。K 线、指标都是对于股票的外在表现——股价的反映，是对股价波动这个现象从各个不同角度的描述。诚然，我也相信现象是对本质的一种反映和解释，但我们更该清楚地认识到，影响现象的不仅仅是本质，还有很多综合的外在因素，比如市场、政策、行业、机构、心理等。股市上股票的价值与价格之间的关系远比市场上商品的价值与价格之间的关系更为复杂。这就导致了现象对于本质反映和解释的能力和程度远远不够。

分析师们凭什么判断下一刻股价仍将上涨？！

事实上，仅凭每日的 K 线图，人们无论使用什么技术指标，都无法对行情给出一个准确的判断。不断观看阴线、阳线，研究波浪理论的投资者往往忽视了企业本身。

定量分析的作用

股票投资的定量分析主要是指投资者通过各种经营指标和财务指标如销售额、市场占有率、负债率、毛利率、净资产收益率等评估企业运营状况。这一点类似于人的体检，通过各种体检指标来评估人体运行的健康水平。

企业财报和体检报告一样，都是通过量化的指标评估，这在某种程度降低了投资者爱屋及乌的自我感觉良好，增强了投资者对企业实际运行情况的客观把控。巴菲特工作的很大部分时间就是在阅读财报。

定量分析的局限性

有些专家可以从财务角度找到不错的投资标的。巴菲特早期就是纯粹以财务数据捡烟蒂的投资方法，买入的大多是伯克希尔纺织厂这样的经营不善但财务估值便宜的企业。尽管财报很重要，但如果用系统的、辩证的思维来深入思考，就会发现定量分析也有很大的局限性，并且会在很大程度上影响价值投资的质量。这些局限性的克服有赖于定性分析的主导和弥补。

1. 财报数据失真或失准

首先，财报可能失真。上市公司利用盈余管理、关联方交易等方法操纵利润,使得财务报表失真现象时有发生。还有利用财报披露时间窗口隐藏企业财务问题,导致价值投资者经常关注的某些指标问题推迟暴露。其次,一些因素会导致财报失准。类似人体检的前一天熬夜或喝酒导致短期健康指标波动,财务报表也会出现一些临时影响财报准确性的情况。此外,一些公司通过损失短期利润来聚焦资源打造品牌、抢占顾客心智市场份额的举措也会影响财务报表质量表现,而这种举措很可能换来长期的营收与利润大幅反弹。

2. 难以体现企业内在价值

对于卓越的企业来讲,品牌的价值才是企业最核心的内在价值。财报里的商誉是远远不能体现出品牌真正的价值的,所以可口可乐公司创始人艾萨·坎德勒说过即使一把火把可口可乐烧光,他也能半年内凭借品牌重建一个新的可口可乐公司。巴菲特也曾说伯克希尔旗下资产的价值远大于财报净资产的价值。而对于这种无形的品牌价值的估量,则必须使用定位理论这样先进的定性分析手段。你可能拥有和巴菲特一样的财务分析能力,但你可能没有他对无形资产的非凡洞察力。

3. 前瞻性不足

本质上来说,财务分析是后视镜,是对已经发生的事情进行分析,财务报表的定量分析是基于企业的历史数据来分析企业当下的健康状况,而且其对品牌价值和品牌势能的估量本身就是短板,只是部分地界定了企业经营的物质成果,而真正决定企业长远发展的品牌恰恰是财报难以界定的，所以财报的前瞻性必然有局限性。未来可能会跟过去的情形一样，也可能不一样，也就是说财务分析的结论针对未来是不确定的。巴菲特说过："我不会只在意我旗下企业某一个季度或某年的利润，我更加在意我旗下企业的护城河是否越来越深。"从中我们可以发现巴菲特所谓护城河的内涵要远远比企业的财务数据重要，定位理论创始人之一杰克·特劳特对此是这样描述的："定位理论是以顾客对品牌认知的外部视角去界定企业的经营成果。"

二、定性分析是投资决策的主导

从现象分析回归到本质分析

这里并非要完全批判与否定技术分析，而要明确一个投资的原则，技术分析不是主要和主导，而是次要和辅助，还是要从现象分析回归到本质分析。本质分析才是主要和主导，技术分析属于现象分析，具有一定的科学性和解释力，其作用的发挥必须在本质分析的统率下进行。如果放弃对于本质的分析，只盲从于技术分析或消息，那么就相当于是把股市当赌场，赔钱是必然的。

巴菲特并不关心股价每天的变动，他说"比赛的赢家是那些会把注意力集中在竞技场上的人，而不是只会紧盯着记分板不放的人。如果你能在周末不去看股价，那么就该试试在工作日也这样做"。

以定性分析统率定量分析

"经营就像数学。更高明的经营就像更高级的数学。在你学习高等数学时，你处理的不是细节，而是概念。经营也一样。更高明的或策略层面的经营是概念之争，而不是细节之争。你必须看到整个森林，而不要过多关注树木有多少。"企业家的主要责任不是管理企业，而是把握未来。

在这个信息爆炸的时代，企业的问题在于掌握的数据太多而非不够，只有简化才有效用，而这种简化更需要一种洞察力而非计算。高明的领导与数字无关，而与认知有关。领导者必须把主要精力集中在顾客心智上，这关乎商战成败，绝不能依赖下属。

商业本身就是一种矛盾，因此对商业的认识要建立矛盾的思维。商业过程的各种矛盾运动，都呈现为质与量的辩证统一。商业矛盾各环节的性质也都会以一定的量表现出来。商业矛盾各方面的对立统一，也必然体现在量的变化上，量变达到一定程度，又会引起质变，形成新的质、新的矛盾形态。在矛盾中，性质比数量更重要，性质是矛盾的主要方面，数量是矛盾的次要方面。

我们可以得出一个结论，即明确定性分析在定位投资中的主导作用。定量分析尽管重要，但在竞争激烈的资本市场，如果没有定性分析的统率，定量分析如同群龙无首，难以有用武之地。从定性角度判断一个公司是否值得长期投资是可行的，但又取决于我们的洞察力和判断力是否精深。

定位理论是解决商业矛盾的方法论

洞察力和判断力难以测度，但借助适合的理论，就可以帮助我们得到有效的提升。定位理论就是可以帮助我们洞察并判断公司内在投资价值的利器。本书所立论的定位投资理论，就是以品牌战略定位的定性分析为主导，统率经营及财务定量分析的一种方法论。

定位理论可以成为投资者的望远镜和试金石。定性分析着眼于未来空间的规模和可能性，定量分析则着眼于分析这个空间的基础。巴菲特后期也舍弃了捡烟蒂的方法，以"企业定性＋财务定量"的方式，以合理的溢价买入喜诗糖果、可口可乐、吉列、麦当劳、沃尔玛等卓越品牌企业。事实上，巴菲特更多的财富积累来自后期投资。

定位理论以品牌为中心，以心智和竞争为基本点，是解析现代商业矛盾的理论。定位理论认为："品牌之所以有价值，并非品牌具有广泛的知名度，而是因为它成为某一品类的代表。品牌的价值由两个因素决定：首先是品牌在品类中的地位，其次是品类的价值。"

很多人"因为不能正确区分品牌价值的以下两个方面而做出了糟糕的财务决策。这个品牌的知名度如何？这个品牌代表了什么？一个知名品牌如果不代表任何东西（或者代表已经过时的事物），那就没有任何价值。一个品牌即使没有特别的知名度，但只要有所代表，它就是有价值的"。

巴菲特所谓的"又深又险的护城河"会有很多因素，但归结为一点就是牢牢占据顾客心智的领导品牌。以定位理论审视上市公司，你会发现，巴菲特所说的护城河其实是在顾客心智中，只有那些拥有定位的公司才能构建起"又深又险的护城河"。

第二篇

理　论

理论是人们由实践概括出来的关于自然界和社会的知识的有系统的结论，是对某一领域知识系统化的理性认识成果。理论来源于其提出者对于社会实践及前人总结的充分理性思维，"从具体到抽象"总结出一定的原理及概念体系，并进一步指导人们的实践活动。

　　在自然科学中，理论还有一个严谨的前导阶段——假设。如果严谨地讲，社会科学的理论也应该有假设阶段，但实际上很少有人承认自己的学说是假设性的。事实上，只有经过社会认可和实践验证的假说才能称为理论。

　　1969 年杰克·特劳特在其论文《定位：同质化时代的竞争之道》中首次提出"定位"（positioning）概念，用来表述和定义里斯公司的营销哲学。1972 年，艾·里斯和杰克·特劳特在《定位时代来临》等一系列文章中提出"领导者定位""比附定位""对竞争对手重新定位"三种定位方法。20 世纪 70 年代末，随着商业竞争加剧，二人受早年从军经历启发提出"商战"战略思想。80 年代末，美国大型企业在华尔街年复一年的增长压力下纷纷走上多元化道路，却陷入亏损泥潭，二人提出"聚焦"理念。进入 21 世纪，艾·里斯及劳拉·里斯提出"打造品牌最重要的商业力量是分化，企业要获得成功，关键在于开创一个新品类""品类是商业界的物种，是隐藏在品牌背后的关键力量"。而后劳拉·里斯的"视觉锤"及张云、王刚的"品类战略"更使定位理论得以完善和发展。

定位自提出到现在已有半个多世纪时间，经过了美国及世界多国商业实践的充分验证和不断完善发展，可以说目前已达理论阶段。一个理论的形成，是一个长期的理性活动过程。定位理论的形成，标志着对商业矛盾运动认识的一个飞跃，也是对前期各阶段认识的总结，但并非认识的终结。只要商业矛盾还继续演化，理论体系还会不断充实和发展，甚至质变为另一个理论。

刘永佶教授提出，人类学识总体上可以分为四个层次——道、法、术、技，是从抽象到具体的系统。一个理论体系尤其是思想体系也可以如此划分。道，是理论体系的基本原理和规律，也是最抽象的层次。法，是对道的理解和展开，是方法论，进而又是对术、技层次的总体性概括。术，是道、法的展开，也是对技的概括。技，则是最具体的层次，即技能。四个层次既是知识，也是取得知识的方法、技能。四个层次不是隔绝的，区别在于抽象与具体的逻辑关系，抽象层次是对具体层次的概况，并展开于具体层次。定位理论不只是一种商业理论，既关乎战略，又关乎战术，定位之父里斯和特劳特提出"定位"概念的初衷也是为了指导企业经营活动，因此，定位理论是贯通"道法术技"的一个完整知识体系。定位理论重在"道法"，兼容"术技"，"道法术技"实为一体，"术技"层面的运用如果不在定位理论"道法"统率指导下，不仅难以发挥应有作用，还可能有副作用。

　　上篇"观念"是定位投资理论体系中的道层次，本篇属于法层次，是方法论，旨在系统化阐述定位投资的理论基础——定位理论，层层展开商业竞争这个复杂矛盾中蕴藏的理论体系，并以此展开下篇"方法"——定位投资理论体系的术、技层次。

第三章

| 品牌的本质在于定位 |

一、理解品牌的本质

品牌的表层含义

品牌，意为"产品的牌子"，英文为 brand，原为烧灼之意，源于欧洲中世纪时期，最早出现在剑上。彼时彼地民风彪悍，经常发生争端和决斗，剑的品质也就一定程度决定了命运，工艺精湛的铁匠就把自己的标记印在剑上以示与其他产品的不同。因此，品牌从诞生起就和质量、生命有密切的联系。

"品牌"一词在汉语中可以这样解析：品，为品质，这方面在我国由国家市场监督管理总局进行监管，也由此产生其认证的"中国名牌"；牌，为商标，这方面由国家知识产权局下属商标局进行监管，同样也产生由其认证的"驰名商标"。

品牌对于顾客来讲具有重要意义。当技术与市场发展到一定程度，产品之间功能差异逐步缩小时，产品本身的差异已经不够显著，同时这个阶段产品非常丰富，具有美誉度和识别度的品牌往往能够节省客户的决策时间，并且能够在产品质量上有保障。品牌的作用就是向顾客宣告这个产品具有品质保证和某种特性，让顾客在购买的过程当中减少决策时间，减少决策失误，降低购买到劣质产品的风险，获得理想的产品。此外，品牌对顾客还有一个重要的作用，就是对自我的展示，顾客通过使用名牌来彰显自己的品位、身份或地位等。

以上都是品牌的表层含义，但一个几乎无价的商标究竟是如何成为价值连城的品牌的，这背后的本质和逻辑则是我们必须掌握的。

品牌的本质含义

品牌通常理解是企业拥有的，企业不去注册，就没有品牌。不管你的产品如何受欢迎，包装如何精美，顾客如何认同和喜欢，只要不去注册，就不是品牌，你没有所有权。然而这只是基础条件。

实质上品牌更是属于顾客的，没有顾客就没有品牌生存的土壤。品牌仅仅完成注册还只是一个起点。接下来必须完成在顾客心智中的注册。不能在顾客心智中注册的品牌不是品牌。

2018 年，贵州茅台（600519.SH）被判"国酒茅台"商标不予注册[⊖]，但"国酒＝茅台"这个定位已经深入人心，早已完成了心智

⊖ 商标评审委员会在 [2018] 第 95669 号不予注册复审决定中认定，"国酒茅台"中的"国酒"一词带有"国内最好的酒""国家级酒"的质量评价含义，若由申请人永久性地独占使用，容易对公平的市场竞争秩序产生负面影响，因此，"国酒茅台"的申请注册违反了《商标法》第十条第一款第（八）项"有其他不良影响"的规定，决定不予注册。商标局认为，"国酒茅台"中含有"国"字，没有违反《商标法》第十条第一款第（一）项的规定，含有"国酒"，亦未违反《商标法》第十条第一款第（七）项的规定。商标局是以"国酒茅台"具有其他不良影响为由不予注册的。针对"国"字号商标，2010 年 7 月 28 日，国家工商总局商标局发布过一个规定，对将"国 + 商标指定商品名称"作为商标申请，或者商标中含有"国 + 商标指定商品名称"的，以其"构成夸大宣传并带有欺骗性""缺乏显著特征"和"具有不良影响"为由，予以驳回。

注册。茅台也甚至成为具有某种特殊含义的超级现象级品牌——在股票圈中说起某行业龙头就会称其为"××中茅台"。还有爱马仕，人们经常会说某品牌是"××界爱马仕"。

能够在顾客心智中注册的品牌就是拥有了定位的品牌。拥有了定位的品牌是强大的。当然，品牌在顾客心智中的定位程度也有差异。如果某品牌在顾客心智中成为某一品类的首选，甚至成为品类代名词，这个品牌就可以封杀品类，获得极强的心智预售能力和盈利能力。比如巴菲特投资的可口可乐——可乐的原创者，吉列——剃须刀的代名词，邦迪——创可贴的代名词，九阳——豆浆机的代名词，席梦思——高级弹簧床的代名词等。

品牌就是你的产品或服务在顾客心智中的独特概念或认知。一个品牌最重要的特性就是它的独特性。

二、品牌在顾客心智中完成注册的理论根据

对这个问题的解答也具有时代性。

一般来说，品牌要给顾客提供差异化的核心价值，让顾客识别出并明确、清晰地记住品牌的利益点与个性，是驱动顾客认知、认同、认购一个品牌的主要力量，如舒肤佳"有效除菌"，宝马"驾驶体验"。

不同时代有不同的时代背景，孕育着不同的商业环境和商业逻辑，因此必须用符合时代逻辑的理论去解答这个问题。这就涉及三个时代性的品牌理论。由于这三个理论是在美国商业市场中依次产生

的，因此先按其在美国的历史发展来解析，再回到中国现实来探讨其特殊性。

第一阶段：USP 理论时代

20 世纪 50 年代，二战后美国大量军工企业转为民用，消费者也释放出巨大需求。然而流水线作业系统使整个制造行业繁荣发展，导致竞争加剧，产品供过于求，相当多的企业库存增加，濒临倒闭。

此时美国广告大师罗瑟·瑞夫斯（Rosser Reeves）提出了非常有名的 USP（unique selling proposition）理论，译为独特销售主张，运用得当可以把库存的产品变得畅销。这个理论有三个原则：

（1）每则广告必须向顾客提出一个主张。

（2）这个主张必须是竞争对手不能或不曾提出的。

（3）这个主张必须有足够的促销力，能打动顾客。

如果一个品牌能够遵循这三个原则，就会比别的品牌卖得要好。USP 理论的应用使诸多濒临破产的企业转而成为行业老大。M&M's 巧克力，几十年如一日地坚持一个 USP——"只融于口，不融于手"。多芬香皂也只说一个独特的卖点——"香皂里含有四分之一润肤乳"。喜立兹啤酒也凭借"每一个啤酒瓶都经过高温蒸汽消毒"这个 USP 一举获得了市场第一品牌的地位。

中国也有不少知名的 USP 成功案例。乐百氏纯净水凭借"二十七层净化"的独特销售主张，在一两年内成为数一数二的品牌。创维电视凭借一直不变的诉求——"不闪的，才是健康的"获得强劲的上升。此外还有农夫山泉"有点甜"，白加黑"白天吃白片不瞌睡，晚上吃黑片睡得香"，汇源果汁"喝前摇一摇"等。

USP 理论可以帮助品牌在竞争尚不激烈的领域迅速取得突破性成果，但其缺陷在于，产品层面的特性其他品牌也比较容易找到，因此，随着竞争的升级，对手纷纷推出各自的 USP 又会使品牌陷入同质化竞争，顾客在选择时又丧失了独特的理由。

第二阶段：品牌形象理论时代

到了 20 世纪 60 年代，美国的营销环境普遍处于 USP 混乱状态。"许多成功的公司发现，声誉或形象比任何明确的产品特性都更有利于产品销售。"这时，"广告教父"大卫·奥格威在新的商业时代提出品牌形象理论，他认为"每一则广告都是对品牌形象的长期投资"。奥格威发现，当产品趋向同质化，消费经验增加，顾客对品牌的理性选择减弱，开始不注重产品层面的差异，而是倾向于追求感性价值，此时企业的战略在于通过广告为品牌打造一个独特的形象，将这个品牌形象的心理利益附加给顾客并且获得心智识别。

奥格威的品牌形象理论中的品牌形象有两个层面：一个层面是抽象形象，即品牌在顾客认知中的抽象形象及个性；另一个层面则是具体形象，通常为模特、代言人、卡通形象等，这是品牌形象论常用的落地方式。

万宝路香烟就是运用品牌形象理论最经典的一个案例，当把牛仔形象附加到万宝路品牌之上时，它开始腾飞成为世界香烟第一品牌。力士香皂⊖通过塑造"当红女星容光焕发"的品牌形象成为香皂第一品牌。

第三阶段：定位理论时代

历史总是惊人的相似，竞争对手对品牌形象的模仿应用又使得品牌同质化，降低了品牌识别的效率。20 世纪 70 年代美国的大众传播媒介极大丰富，广播、电视、报纸、杂志都基本形成了各自的阵地和规模。在 20 世纪 70 年代，西方主要的现代化传播手段都繁荣发展起来，我们所熟悉的大众传播理论基本上也是在这一时期形成的。媒体与信息开始爆炸式增长，因此对于众多的品牌形象，人们既无力去区分，也懒得去区分。

在商品种类和传播手段都极大丰富的背景下，企业在产品营销竞争和经营上的投资会遇到许多"无效率"或者说"无效果"的困境，此时定位理论应运而生。

艾·里斯和杰克·特劳特发现，"要想在传播过度的社会里取得成功，企业必须在潜在顾客的心智中创建一个定位"，他们提出的定位理论，成为竞争白热化时代品牌制胜的法宝。定位理论的核心是"一个中心，两个基本点"：中心是打造品牌，两个基本点分别是竞争导向和顾客心智。

⊖ 1924 年力士在美国推出第一块美容香皂，现在它已遍布全球 100 多个国家。在进入中国的初期，力士启用大量女明星来代言，胡蝶、阮玲玉等当时流行的明星几乎都曾为力士香皂代言过。这是其在全世界普遍使用的广告方式。

在谈到为何选择"定位"一词来命名这一新工具时，特劳特曾说："《韦氏词典》对战略的定义是针对敌人（竞争对手）确立最具优势的位置（Position）。这正好是定位要做的工作。"在顾客心智中针对竞争对手确定最具优势的位置，从而使品牌赢得优先选择，是企业需全力以赴取得的成果，也是企业赖以存在的基础。

传统观念认为，商业成功的关键在于满足顾客需求，这在过去是正确的。21 世纪是商业快速发展的时代，也是商业竞争愈加激烈的时代。从曾经的"产品为王"时代到后来的"渠道为王"时代，无不体现了商业竞争的激烈性、残酷性。现在的企业几乎都是以顾客为导向的，而问题的关键已经扭转，你的生意来自从别人那里抢来的顾客选择。因此，问题的关键在于如何与商业对手竞争、如何摆脱竞争进入无争地带，这就是当今商业的本质特征。

杰克·特劳特和艾·里斯提出了"定位"观念，将"心智"（mind）概念引入商业领域，在营销史上首次指出"企业竞争的终极战场不是工厂，也不是市场，而是顾客的心智。"2001 年，定位理论被美国营销学会正式评为"有史以来对美国营销影响最大的观念"。如今商业竞争日趋激烈，已经升级进入了心智时代，商业竞争成败的关键取决于顾客心智认知。让顾客在面对众多产品的品牌时达到对某品牌的首选，这就是定位理论要实现的。定位的实质，简而言之就是在顾客心智中建立数一数二的品牌。

从战略层面讲，定位理论要求企业树立外部思维，将企业的经营成果界定为顾客心智中的品牌认知，从顾客对企业品牌认知的角度去思考，即在顾客心智中针对竞争品牌确立一个优势的位置，再回头指导企业内部运营和资源配置，这样才能使企业生产的成果（产品和服务）被顾客接受，从而转化为业绩。

定位理论的运用使得许多公司和组织取得了辉煌的成就，成功树立了独具特色且生命力持久的强势品牌，如杯装奶茶开创者与领导者香飘飘，更适合中国宝宝体质的飞鹤奶粉等，都通过运用定位理论成功将其品牌植入顾客心智，成为品类领导者，成为顾客心智中的首选，从而在激烈的市场竞争中获胜。

定位理论是企业在商业竞争愈加激烈、残酷的"心智"时代，在产品同质化程度越来越高、渠道越来越完善的大竞争时代，解决商业竞争矛盾的关键所在，具有极强的适用性。可以说，只要有竞争存在的领域，就有定位理论的用武之地。

三种品牌理论的逻辑共性与内在关联

三种品牌理论之所以发挥作用，就在于它们有着共同的逻辑——差异（difference）、识别（identity）、占据（occupy）、选择（choose），可以简称为 DIOC 模式。

一个品牌的根本力量就在于它能够产生影响购买行为的能力。由品牌提供的差异信息在顾客认知中因与众不同而产生识别，经顾客识别并确认对其具有价值和意义后，该品牌就会在顾客心智中占据一席之地，当顾客今后产生某种需求时，该品牌在顾客心智中产生预售效应并最终赢得选择。

1. USP 理论与定位理论的内在关联

USP 理论中的独特卖点往往与定位理论中的差异化特性相通，成为定位理论中强调的"特性"，因为定位理论强调"品牌是品类或（及）特性的代表"。只不过，USP 理论强调的特性主要基于产品本身，而定位理论的特性更加强调心智，因此定位理论中寻找特性的范围更广了。USP 理论中的这个特性，也考虑竞争和心智的因素，强调是"竞争对手不能或不曾提出的"，这是在心智中先入为主的前提。

当 USP 理论中的特性强到一定程度并足以在顾客心智中建立品类区隔时，就可以转化为细分品类。

"去屑"是海飞丝的特性或 USP，但当"去屑"这个特性和背后的需求足够强，甚至有清扬等同类品牌参与竞争时，在顾客认知中"去屑洗发水"就成为洗发水中的一个细分品类，海飞丝也就相应成为"去屑洗发水"品类的领导者。从这个意义上说，USP 就转化为定位。

当然，不是所有的 USP 都可以转化为定位。这里的衡量标准是品类概念。能转化为"品类"的 USP 可以转化为或视作定位，而不能转化为品类的 USP 则不能转化为定位。

农夫山泉早期的诉求"有点甜"是一个 USP，但"有点甜"的特性不能发展成一个"有点甜的饮用水"品类，因此，发展到一定程度，"有点甜"这个 USP 则成为农夫山泉继续壮大的瓶颈。为此，农夫山泉放弃"有点甜"这个 USP，在其基础上开创了"天然水"品类并成为领导品牌，推动农夫山泉继续前进并取得更大胜利。

事实上，USP 理论与定位理论是一种进化并质变的关系，当定位理论产生后，USP 理论已然可以看作定位理论的内在要素。

2. 品牌形象理论与定位理论的内在关联

品牌形象理论也和定位理论有深刻的联系并进入定位理论的内在体系。这主要是源于"视觉锤"概念的提出。在《视觉锤》一书出版前，尽管定位理论也意识到了视觉在品牌竞争中的重要性，但定位理论强调"心智靠耳朵（语言）运转"，因此定位仍然是单维度的——以文字形式的"定位概念"占据顾客心智首要位置。

《成效管理》提到，"心智靠耳朵运转"主要是讲语言文字的重要性。当人们想一个词时，首先脑子里得把这个词转换为声音，当人们阅读时，也是"通过大脑里的视觉 / 听觉转化机制把视觉信息转化成听觉语言才能够理解"。

"视觉锤"是定位理论最重要的完善和发展之一，使定位理论补上了视觉形象这个重要的部分。人的大脑由左半脑和右半脑两个部分组成，左右半脑通过胼胝体和神经纤维联通。左半脑处理连续的信息，用语言思考，是线性、系统地工作的；右半脑处理平行信息，用意象思考，"看"全局。

根据视觉锤理论，抢占顾客心智的最好方法并非只用"语言的钉子"，还要运用强有力的"视觉锤"，因为视觉会引起右半脑注意，并向左半脑传递信息，令左半脑去读或听与这个视觉相关的语言文字。视觉形象就像锤子，可以更快、更有力地建立定位并引起顾客共鸣，视觉还具备情感力量，会强化记忆。在生活中，我们也有很多经验支持这一论断，比如一个人的容貌比名字更容易记忆。

视觉锤是把语言钉（定位概念）钉入顾客心智的工具。语言钉是定位的终极目标，而视觉锤拥有惊人的力量使得语言钉钉入顾客心智变得更加容易。视觉本身，是一套独立的编码体系，是一个独立的战场，但又可与语言产生关联，共同构建了顾客大脑对品牌的认知。最终的品牌阶梯"是由语言和视觉两个部分共同支撑的"。

3. USP 理论与品牌形象理论的内在关联

在品牌营销中，有一种不容忽视的现象或技巧，就是将某一特殊的产品包装作为 USP 使用，甚至打造成一个视觉锤，从而成功地将该产品打造成一个核心品项或爆品。这种技巧某种程度上可以说是 USP 和品牌形象理论的一种结合。把包装形象作为一个 USP 从而取得品牌成功的例子很多，绝对伏特加干过，三精葡萄糖酸钙（蓝瓶的钙，好喝的钙）也干过，还有雅诗兰黛小棕瓶、洽洽小黄袋等。

综上可知，三种理论间存在着密切的内在关联，它们之间不是断然无关，而是相生相成的。从一定意义上说，定位理论产生于 USP 理论和品牌形象理论，定位理论不是对前者的否定，而是对前者的继承和突破性发展。

第四阶段：定位理论主导下的融合阶段

在 20 世纪 90 年代初，国内就有了《定位》的中文版，但它当时没有受到广泛关注。经过多年发展，一方面国内的生产制造能力大幅提升且消费需求大幅增加，另一方面国内的媒体形成了巨大的覆盖能力且互联网传播平台兴起，这些促使"定位"系列著作及定位理论开始受到关注。

从国内市场来看，由于相对美国市场具有后发性，也由于国内市场更加广阔且呈现不均衡性，对品牌理论的运用具有系统性和融合性，而不是像美国那样经过了较为鲜明的三个理论时代。另外，前文所论的三种理论的内在关联是这种系统性与融合性的必要前提和基础。

这种融合的品牌理论是对品牌战略和营销活动的一个更丰富、更高级的理论指导。这种融合性主要体现在以定位理论为统率、为主导，以 USP 理论和品牌形象理论为辅助的体系化。我将该阶段称为"定位理论主导的品牌理论融合阶段"。

不同于三个理论的单一性应用，定位理论主导的融合阶段是 USP 理论、品牌形象理论及定位理论的体系化应用，三者互为支持，形成整合营销的品牌合力。

定位理论的主导使得独特销售主张和品牌形象更具目标和方向，独特销售主张的支撑使得品牌定位更加可信并明确，品牌形象的运用使得品牌定位更加具体和形象，同时附加特定形象的个性，巩固了品牌定位。

从分散到融合，系统化的品牌理论是营销实践发展的一个新高度。

案例：瓜子二手车广告战中品牌理论的融合运用

瓜子二手车是一个提供二手车直卖服务的电商平台，它的品牌定位显而易见，就是以"直卖"这两个字抢占顾客心智，做"二手车直卖网"这个品类的领导者，当顾客想要进行二手车交易时，其品牌成为顾客第一个想到的线上品牌。

成功的品牌定位一定需要有利的运营配称及背书，这样才不会空洞无力。瓜子二手车的独特销售主张是"没有中间商赚差价"，并进一步表述为"车主多卖钱，买家少花钱"。这一 USP 和瓜子二手车的"直卖"定位是统一的，以"直卖"定位为统率和主导，对定位产生了积极的支撑和巩固效果。

同时，瓜子二手车还应用了品牌形象理论，创造了鲜明、易记的品牌形象。从品牌名及品牌标识角度来看，"瓜子"这个品牌名在二手车平台这个品类上的应用具有极强的独特性和视觉感，给顾客以耳目一新的感觉，把握了受众对新颖、独特事物的认知规律，更易让受众牢记心中；瓜子二手车的品牌标识更加简约，以绿色为底色，"瓜子"两个大字居中。这样的设计通俗易懂，让受众一目了然，极富冲击力和穿透力。

正是灵活运用了以定位理论为主导的系统化的品牌战略，瓜子二手车的品牌定位，综合运用了 USP、品牌形象以及定位三个阶段的理论，用 USP 和品牌形象助力品牌定位，成功建立了定位，占据了定位，抢先赢得了二手车顾客的心智，使其在诸多二手车电商平台的竞争中脱颖而出，实现了"成交量遥遥领先"的目标。

在以定位理论为主导和统率的理论融合中，USP 理论和品牌形象理论的配称使得品牌定位更加明确、清晰，也使定位理论成功运用的可能性更大，更加能够落地，在广告策划及商战活动中发挥出更大的效力。

三、定位理论的假设、根据、基石、贡献和步骤

一大假设：产品同质化

定位思想起源于广告行业，初期是一种实现品牌有效传播的营销思想。1969 年，杰克·特劳特以论文《定位：同质化时代的竞争之道》开创了定位理论。定位理论就是要解决在产品同质化竞争中如何取胜的问题。因此，定位理论提出："定位并非要改变产品，而是要调整潜在顾客的心智。也就是说，在潜在顾客的心智中对产品进行定位。"

产品同质化这一假设一直贯穿于定位理论的发展，但定位理论并非完全无视产品的创新。一方面，定位理论认为能够创造出颠覆性、杀手级产品的企业并不多见，属于极少数，因此定位理论是为绝大多数企业的生存和发展提供理论支持；另一方面，定位理论提供了两种解决产品同质化问题的路径：一是让产品在顾客心智中与众不同（以品牌与潜在顾客心智相连接）；二是开创新品类。

为了让产品在顾客心智中与众不同，定位理论也支持按照明确好的定位对产品进行一定的改变，比如百事可乐用大包装支撑"年轻人的可乐"定位来攻击可口可乐，能量饮料品牌怪物（Monster）以 16

盎司大罐对立红牛 8.3 盎司的小罐，宝马以较小车身配称"驾驶"定位攻击奔驰的宽敞与适合乘坐，因此有了"开宝马，坐奔驰"之说。

定位理论对产品改变的要求更多是视觉方面的，也有技术层面的，比如沃尔沃为了强化其"安全"定位，不仅应该让车型看起来更硬朗结实，更应该不断研发安全方面的技术和标准。[⊖]

进入 21 世纪后，里斯对前期的品类思想进行了系统发展，出版了《品牌的起源》一书，指出品类是商业界的物种，明确企业唯一的目的就是开创并主导新品类。定位理论中对品类这个概念的规定与企业通常的产品分类不同，是基于顾客心智认知及解决需求的指向概念，两者之间有时会存在错位。

此外，定位理论提倡的开创新品类，也并非发明创造颠覆性产品，而是适合大量企业的一种基于心智的品类创新。比如小罐茶开创的标准化礼品大师茶、江小白开创的青春小酒、沃隆开创的每日坚果、九阳开创的家用豆浆机、今麦郎开创的熟水凉白开、简一开创的大理石瓷砖、瓜子开创的二手车直卖网、瑞幸开创的互联网咖啡等。

两大根据：外部成果、选择暴力

定位理论的产生有两大根据，其一是外部成果，其二是选择暴力。

⊖ 沃尔沃的定位是安全，在安全定位的统领下，沃尔沃发明了三点式安全带（沃尔沃标识的设计原型）、安全车厢笼架、儿童安全座椅、WHIPS（头颈部保护系统）、SIPS（侧撞保护系统）、IC（充气帘）、City Safety（城市安全系统）等专利安全技术。

现代管理学之父德鲁克认为，"资源和企业付出的努力通常会被分配给 90% 的事件，而这些事件实际上创造不出成果。它们会根据事件的数量自行分配，而不是根据成果进行分配。事实上，最宝贵的生产力（即训练有素的人）存在的配置不合理的问题将是最糟糕的。"德鲁克认为企业存在的唯一目的是创造顾客而不是利润最大化，企业的成果不在企业内部而在企业外部，企业内部只有成本。企业成果的取得在于企业的产品或服务被顾客选择。定位理论正是解决顾客选择哪个品牌产品这一问题的。

企业之所以难以有效获得顾客选择，原因在于同质化竞争时代的选择暴力问题。选择暴力问题一方面源于商业社会的巨变，每个品类中可供选择的产品数量发生了惊人的增长，另一方面源于媒体、广告带来的信息爆炸。这两方面因素与顾客心智有限的接收、处理能力形成了显著的矛盾。因此，顾客心智规律成为定位理论的基石，顺应心智规律成为赢得顾客选择的必然要求。

一大基石：心智规律

定位理论的底层逻辑或基石是心智规律，我将其概括为"心智三求"：求定、求简、求新。这六个字解释了心智的两大作用机制——排斥和归类，即心智为什么排斥、排斥什么，心智为什么接收、接收什么。

求定：心智缺乏安全感，心智不愿轻易被改变，因此不要试图强行改变顾客的既有认知，顺应认知是品牌定位的基本要求，违背顾客认知的信息不能进入心智。

求简：心智厌恶混乱与复杂，心智会丧失焦点，混乱与复杂的信息难以进入心智，并且会使心智认知失去焦点，进而削弱品牌力量。

求新：心智容量有限，与心智中已经接收的品牌信息相同的信息难以进入，会被心智排斥；心智分类存储，心智先入为主，与心智中原有认知不同的信息、能够符合顾客心智品类创新的品牌信息可以占据心智空位。

此处仅是对心智规律的简要分析，后文还会进行系统论述。

三大贡献：心智战场、品牌主体、品类思维

贡献一：心智战场。商战的终极战场是顾客心智。营销的竞争是一场关于心智的竞争，营销竞争的终极战场不是工厂，也不是市场，而是心智。

贡献二：品牌主体。商业竞争的基本单位是品牌。品牌是顾客心智与企业产品的链接锚点，顾客心智中的商业战争是以品牌为基本单位展开的。

贡献三：品类思维。品牌是品类及其特性的代表。品类是品牌的内核和根基，成功的品牌都占据了顾客心智中某个品类或该品类某个特性的代表性地位。

总而言之，三大贡献就是一句话：以品牌为作战单位，在商战的心智战场中竞争，成为品类及其特性的代表。这也是定位理论的基本含义。

四大步骤: 竞争研判、明确定位、支撑定位、占据定位

第一步: 竞争研判。在潜在顾客心智中进行竞争环境分析,确定竞争对手。

第二步: 明确定位。避开竞争对手在顾客心智中形成的强势认知,寻求独特性,或利用强势认知中蕴含的固有弱点,或与强势认知产生关联等,确立品牌的优势位置——定位。

第三步: 支撑定位。将找到的定位概念展开,从命名、定位语、视觉锤、品牌故事、信任状等维度对定位概念进行支撑。

第四步: 占据定位。根据定位对企业内部运营配称各方面进行梳理,对定位进行强化;匹配资源,对运营配称、传播进行支持,最终在顾客心智中占据该定位。

有时,还需要根据竞争环境的变化,适时重新定位。

这种重新定位有两种情况:其一是整体品牌定位规划中的阶段调整,一般可以遵循"诉求某个人群青睐,进而诉求热销、诉求领导者"这个过程,比如老乡鸡先定位安徽最大的中式快餐连锁,之后定位全国中式快餐第一。其二是计划外的重新定位,这一般源于市场竞争环境发生较大变化,企业需要对品牌进行重新定位以应对竞争和危机。

比如 IBM,原来是大而全,产品线特别长,硬件、软件、服务器、工作站、芯片都做。但是后来竞争越来越激烈,涌现出一些专业级的竞争对手,使得 IBM 的市场逐渐被肢解。IBM 的软件被微

软、甲骨文打败，硬件被康柏、戴尔、苹果打败，芯片不及英特尔，工作站不及 Sun 公司。后来特劳特为 IBM 重新定位，根据原来的劣势——产品线长，定位为"集成电脑服务商"，从它劣势的背后看到了优势，IBM 从连年亏损又成为非常赚钱的企业。

四、定位之"位"：生态位与心智位

位置：资源的流量入口

何为"定位"？

在这个几乎言必谈定位的商业时代，企业家、定位专家对定位的概念都有多种理解。定位专家从"定位"系列著作中找到根据，说定位就是品牌在心智中的位置，或上升至战略高度，说品牌的战略定位也是基于心智。企业家更多从自身考虑，提出多种类型的定位，企业定位、产品定位、人群定位、价格定位等。

定位，一般的理解就是定位置。"定"，有确定、占定的意思，也表现了定位过程的两个阶段——明确定位和占据定位。

"位"，一般认为有以下几个意思：位置、职位、地位、位次。

在定位这个概念中，"位"首先就是位置。位置有所在或所占的地方、地位的意思，进而可以理解为品牌所占的位置、地位（位次）。对于"位置"的意思，企业经营者会更多从现实中体会，即企业及其品牌所处的区域位置、行业位置、赛道位置、价格带位置等。我将其定义为"**生态位**"。

比如波司登（03998.HK）自 1999 年起始终处于本土羽绒服品牌第一位，原来卖几百元一件，在看到羽绒服品类中上有 5000～10 000元价位的加拿大鹅和 Moncler，下有几百元的鸭鸭、雅鹿、雪中飞等品牌，千元级别价位段还未有强势品牌后，将产品均价定在 1500 元左右，重新启动战略定位并进行大规模的品牌宣传。2017 年，波司登推出了"极寒系列"，零售价为 1899 元。2018 年，其产品价位段达到 1300～1500 元。2019 年，波司登推出了 5000 元以上定价的羽绒服。

位置这个词，还有一个引申词汇——位能，即位置对应的势能。不同的位置具有不同的势能，不同的位序也具有不同的势能。位置的价值越高，势能也越高。因此，从商战和品牌战略定位来看，定位首先就是在商战中占据一个有利的位置，并持续取得商战的胜利，即获得行业、市场中数一数二的位次。因此，可以把商业中的位置定义为：资源的流量入口，不同的位置就会流入相应的资源。比如企业的物理网点、线下渠道、线上渠道及其他的生态位，品牌所占据的心智位置，都成为企业资源流量的重要入口甚至战略资源。

对于生态位的理解，如果不是切实经营过企业的企业家或是做过深度定位咨询的定位咨询师，是不易确切体会到的。因为"定位"系列图书中总是强调定位就是品牌在潜在顾客心智中的位置，这个位置我将其定义为"**心智位**"。

因此，实战中的定位一定是"生态位"与"心智位"的统一。"生态位"是基础，如果企业的产品无法在某个区域、行业、赛道、品类、品项、价格带、人群中寻找到能插入的生态空位，那企业在实际的市场中是难以获取经营成果的，更何谈进一步在心智中赢得一席之地！波司登通过及时研判竞争态势，抢占高端价格带位置，进一步夯实其本土羽绒服霸主的心智位置，并且成功将品牌高端化、国际化、时尚化，股价从 2017 年的 1 元 / 股以下一度在 2021 年上涨到 6.9 元 / 股。

位置公式：位置 = 生态位 + 心智位

从实战出发，可以看到特劳特战略定位咨询公司从 2020 年推出其"大决战"的威力公式：

$$威力 = 位置 \times 兵力 \times 节奏$$

特劳特战略定位咨询公司全球总裁邓德隆在其新著《大决战》中指出"位置是决战的关键"，该书中多次用到"位置"一词，也体现出其对"定位"理解的深化。

在定位咨询实战中，人们都会发现这样一个问题——在不同行业中定位理论的作用是有区别的。比如，定位理论在 to C 的消费品牌的应用大多要好于、易于 to B 的工业品牌，还有房地产行业中位置比品牌更重要[⊖]等。由此可以总结出一个定位的位置公式：

$$位置 = 生态位 + 心智位$$

在生态位和心智位构成的这个商业位置天平上，企业应该根据自

　　⊖ "决定房地产价值的因素，第一是地段，第二是地段，第三还是地段！"李嘉诚的这句话一直被房地产业界奉为金科玉律。

身及行业、竞争等实际情况，确定自己的平衡点，将资源合理匹配，使自身生态位与心智位势能之和最大化，产生互为赋能的最佳态势。尽管有些行业因其特殊性而呈现出生态位重于心智位的状况，但仍不应忽视对心智位的塑造。因为生态位和心智位共同决定了企业或其产品及品牌的位置，这个位置又是其最终"地位"的基础。

案例：美团点评的生态位与心智位

美团高级副总裁王慧文在"对互联网的一点点认知"主题演讲中，分享了他的"AB 分类法"（如图 3-1 所示）。把整个互联网一分为二，A 是供给和履约在线上，如腾讯等；B 是供给和履约在线下，如阿里巴巴等。

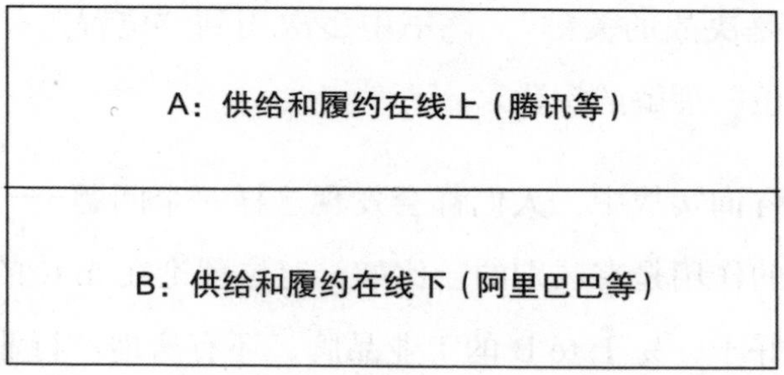

```
A：供给和履约在线上（腾讯等）

B：供给和履约在线下（阿里巴巴等）
```

图 3-1　互联网电商分类图（1）

美团及时洞察到，"供给和履约在线下"的 B 还可以再一分为二，如图 3-2 所示，B1 是实物电商，B2 是生活服务电商。B1 是以 SKU（标准库存单位）为中心的供给，B2 是以 Location 位置为中心的服务。二者的信息组织模式、产品的交互流程、业务经营方法都有非常大的不同。因此，阿里巴巴只做好了实物电商，生活服务电商品类还没有被一个强有力的品牌所占据。

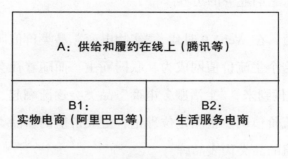

图 3-2　互联网电商分类图（2）

美团进一步发现，B2 还可以再一分为二，如图 3-3 所示，一是异地生活服务电商，如携程等；二是本地生活服务电商。如此，美团从红海中洞察到了一个蓝海市场。

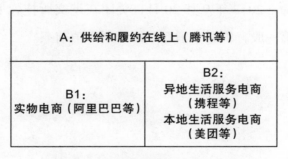

图 3-3　互联网电商分类图（3）

互联网不同品类的商业模式及对企业能力的要求其实有很大的区别。A 的供给和履约在线上，企业的核心能力体现在产品设计上，体现在用户理解上，体现在对于通信、社交以及内容把握上。B1 类企业的核心能力主要体现在对于品类、供应链、定价等方面的理解上。B2 比较共有的特征是对本地生活服务的理解以及大规模的线下团队。

不同的企业核心能力，会不同程度地塑造这些公司之间的关系，也一定程度决定了它们业务的边界。

美团认为，在 Web1.0 时代，"实物电商"品类价值巨大，阿里巴巴通过占据这个主流价值网成为互联网霸主。而随着社会经济发展以及 Web2.0 时代到来，"生活服务电商"品类会逐渐崛起，从边缘价值网跃升为主流价值网。根据定位理论，更大价值的新品类也一定会孕育出更大价值的品类代表品牌。

由此，美团明确了自己的主战场，将战略定位及资源聚焦到"本地生活服务电商"品类。以外卖为核心服务，"美团"逐渐成为"外卖"品类代名词，牢牢占据了消费者心智中"外卖"这个字眼，达到"一词占心智"，服务涵盖"吃喝玩乐"，"帮大家吃得更好，生活更好"成为公司使命。2018 年 9 月 20 日，美团在港交所挂牌上市，成为生活服务电商第一股，稳居中国互联网公司市值前三。

第四章

定位的本质在于
心智和竞争

一、外部思维导向

内外部思维的错位

企业和顾客之间存在着普遍的认知错位，甚至冲突。比如，企业认为"我的产品和别人不同，我的产品更好"，顾客的认知却是"第一个原创才可信""又来了一个跟风的"；企业认为"我的产品好，就理应卖得好"，顾客的认知却是"谁卖得好，谁的产品一定就更好"。

企业关注的往往是原料、技术、质量、管理、团队、供应链、渠道、品牌等方面的优势，而顾客更多关注的是"它是什么""和我有什么关系""解决我什么问题""为什么买它""凭什么信它""别人怎么看待"等问题。

因此，我们可以发现，往往是企业有企业的逻辑，顾客有顾客的逻辑，如果谁都不吃对方的那一套，认知错位和冲突就无法弥合。顾客可以无视企业，因为总有能够打动他的商家，但企业不能继续装睡，因为在重度的买方市场，顾客主宰着企业的成果和生死。

对企业来讲，唯一的选择就是理解并遵从顾客的逻辑——心智认知规律。在买方市场上唯一有效的思维是在潜在顾客心智中运行的"外部"思维。公司管理层是公司导向的，顾客则是品牌导向的。通常顾客关心的仅仅是品牌，而不是公司。在顾客眼中，王老吉就是用来描述那种褐色、甜的液体，而非香港鸿道集团或广药集团的产品。

21世纪，顾客认知成本是企业最大的成本，如何赢得顾客心智成为企业的最大挑战。隔行如隔山，但隔行不隔理。这个理，就是大竞争时代商战的底层逻辑——定位理论。品牌、品类与心智的内在统一及配称系统化是赢得现代商战的终极逻辑。企业在此背景下参与商业竞争，对品牌认知管理要求极大地提高了，而企业决策难以长期保持客观的外部视角，因为使用内部思维（从自身出发看待问题）是人类的惯性。

定位是品牌在顾客心智中的独特认知，因此是一项极需外部思维的工作。使用内部思维的公司将忽视竞争对手的威胁，误读顾客需求的变化，不可避免地错失新的机会。成功企业更是会产生"我们无所不晓"的企业文化，过分自豪会导致自大和盲目自信。因此，企业内部人员很难具备外部思维，他们知道得太多，被"熟悉"所困扰，难以有效识别出问题的"关键"所在。在与某瓷砖品牌老板交流时，他说瓷砖行业业内人士普遍认为大理石瓷砖是比较差的、低档的品种，消费者却认为大理石瓷砖是很高档的。这个认知错位就很典型。

最好的定位概念是显而易见的，因为它可以迅速与顾客和潜在顾客的认知产生联系。只需要很少的投入，它就可以顺利进入顾客心智。内部人员通常崇尚复杂，反对简单，认为那些简单的想法对市场来说不够新颖，或者说那个点子已经"尝试"过了并且没有效果。而局外人具有不了解内情的优势，不了解内部所有的细节，他看待事物的方式更接近潜在顾客。局外人可以帮助企业重新考虑容易被忽略的概念。对企业来讲，配备品牌定位战略专家作为"外脑"至关重要，通过"内外双打"，实现"定位式增长"。

定位存在于客之观中

定位界常说"定位是客观存在的"，这源于特劳特公司全球总裁邓德隆给定位系列丛书写的序言里的一个小标题"定位客观存在"。他的原意是强调定位对于企业的重要性："事实上，已不存在要不要定位的问题，而是要么你是在正确、精准地定位，要么你是在错误地定位，从而根据错误的定位配置企业资源。"特劳特先生本人也说过："企业有且仅有两种存在方式——定位或消亡。"

严格地说，"定位是客观存在的"这句话并不准确，并且存在歧义。通常我们对"客观"一词的理解是"正确、实际""不以人的意志为转移"，进一步可以说是"在意识之外，不依赖精神而存在的"。

还有一种理解，就是相对主观而言，客观是避免了片面、有偏见、错误的一种视角。但这种视角说白了还是另一个人或一群人的主观。因此，不存在所谓的"客观"，因为物不能观所以这个"客"不可能是物，只能是人这个观察的主体。而只要是人在观，其实就是主观。

　　既然都是人在观，都是主观，为何人们还常识性地认为客观是对的，主观是错的？这源于一种个体性与总体性的区别。人们大多认为个体的主观是容易产生偏见的，而总体性的思维结果更加趋近于正确和完满。因此，所谓客观不过是一种群体性主观或总体性主观。

　　因此，定位不是客观存在的，而是存在于客之观中，即存在于顾客这个"客"的主观之中。所以，定位就具有了所谓的"认知大于事实""认知就是事实"等说法，也正如特劳特所说，"记住定位的一条重要法则：没有事实，只有认知"。定位也因此具有了相对性，因为不同的群体的主观认知不同。

　　需要注意的是，"个体的主观是容易产生偏见的，而总体性的思维结果更加趋近于正确和完满"这个常识，在某些情况下往往不能成立，在股票市场中尤其不能盲目遵循，因为股市中群体的共识大多基于表面的见解，不是经过深刻理性分析得到的结论，更易受情绪的影响。股市中的"真理"并不是表面性常识，往往属于少数具有洞察力的投资者。

使用内部思维最易犯的错误

　　内部思维除了不容易识别出真正的定位机会，最易犯的错误就是盲目多元化和肆意进行品牌延伸。

　　当一个新品类的销量不断增加时，可能正是建立新品牌的契机，但企业的逻辑却是"我们做得很好，不需要新品牌"。结果，失去了抢先以新品牌占据新品类的机会，最后将战略机会拱手让人。品牌延伸不仅使核心品牌受到侵蚀，还使企业丧失了主导新品类的机会。企业最大的敌人恰恰是企业自己，在你进行品牌延伸前，自问一句："顾客看到会怎么想？"

企业大多不会接受它们的品牌具有局限性的事实，而是希望它们的品牌人人都适用。

作为企业家，首先要分清企业战略和品牌战略的关系。品牌是战略的基本单位，多品牌的企业战略是多个品牌战略的集合。如果错把企业当作商战及战略的基本单位，就会导致无谓的损失。站在企业的视角，柯达能生产胶卷就能生产数码相机，格力能生产空调就能生产手机，这很合乎逻辑。但回到品牌，从顾客心智出发，顾客更多关注品牌而非企业。柯达是胶卷，生产数码相机就不如其他专业数码相机品牌企业专业；格力是空调，生产手机就不合乎心智认知逻辑。

企业认为，如果单一产品在销量上没取得什么成绩，就需要更多产品线来提高销售额。长城汽车曾经同时经营着皮卡、轿车、SUV、MPV 等多个品类，拥有 9 个子品牌，在多个品类上消耗资源而不能取得有效突破，品牌也在顾客心智认知中失焦。

从顾客的逻辑来看，当顾客不是明确要选择你的产品时，再多的品牌也无济于事，事实上你需要的是更少的品牌、更明确的聚焦。2008 年，长城汽车实施定位战略，停止生产 MPV 以及其他非主要品类，将资源和运营力量集中在 SUV 这一细分品类上。2009 年，由于定位准确、资源集中、配套服务完善，哈弗 SUV 销量一路飙升，很快坐上 SUV 销量全国第一的宝座。

案例：柯达发明数码相机却败于数码相机

1976 年，美国伊士曼柯达公司开发出了数字照相机技术，并将数字影像技术用于航天领域。1991 年，柯达公司就有了 130 万像素的数字照相机。

由于胶卷业务板块利益的羁绊，柯达公司 1997 年才进入数字影像市场，这时面临着品牌推进的问题。柯达公司希望最大限度利用其现有的营销投资和品牌认知来推进新产品销售。柯达公司认为，柯达是企业打造出来的神圣不朽品牌，它们能生产胶卷就能生产数码相机，柯达品牌能代表胶卷就能代表相机，这似乎很合乎逻辑和经济性。但回到品牌的本质看，品牌注册于顾客心智中，从顾客心智认知这个外部思维逻辑出发，顾客关注品牌而非企业，柯达在顾客心智认知中是代表胶卷的品牌，不是代表数码相机的品牌，用柯达品牌延伸推广数码相机的决策错得就十分显而易见了。

每个强势品牌都有一个赖以依附的品类之根。在拍照这个需求从"胶卷时代"进入"数字时代"之后，柯达品牌随着其品类之根"胶卷"的消逝而逐渐消亡，昔日影像王国的辉煌也不复存在。

2012 年 1 月 19 日，柯达公司宣布已在纽约申请破产保护，昔日的影像巨头最终还是逃脱不了拍卖专利自救的命运。谷歌与苹果分别联手合作伙伴组成财团计划以 1.5 亿～2.5 亿美元的低价竞购柯达拥有 22 亿～26 亿美元潜在价值的上千项专利，一类专利与捕捉、处理相机、智能手机、平板图像有关，另一类专利与存储、分析图像有关。如果当年柯达公司及时启用一个全新品牌来推广数码相机这个新品类，可能会是另一个结果。

二、品牌竞争的本质是心智之争

心智是人脑结构及其认知系统

心智并不是一个非常直白的日常概念，却是定位理论中一个极其重要的基础性核心概念。

《定位》中说："心智就像计算机的内存条一样，为选择存储的每一个单位的信息都设置了一个空位。在运作上，心智和计算机很像。然而，有一个重要的不同点，那就是计算机会接受你所输入的一切信息，而心智不会。事实上，恰恰相反。针对现在的海量信息传播，心智有一套防御机制：它会拒绝那些'运算'不了的信息，只接受与心智现状相符的新信息，并过滤掉其他一切信息。"

《品类战略》中说："所谓心智就是人们过滤信息、接受信息、处理信息和存储信息的方式与空间。"

可以看出，心智其实不是关乎心，而是关乎脑。因此也有定位专家说"心智就是大脑"。这么说基本正确，但还是很笼统，没有说到点上。心智的英文是 mind，释义为"头脑、大脑，心思、智慧，精神、理智，记忆力，思维方式，思想"。其实，从现代系统论视角来看，心智是在大脑基础上形成的一套结构与运行机制的系统。大脑的结构决定了其性能及运行机制，后者主要表现为心理与智力及各项思维能力的总和，用以感受、比较、分类、归纳、分析、演绎、判断、选择、记忆、想象、假设、推理等，而后指导行动。

事实就是顾客心智中的认知

认为"用比别人更好的产品就能打赢商战"是一个典型的错误观念，这是企业家常陷入的"由内而外"的内部思维。很多公司很清楚自己的产品，认为"事实上自己的产品更好"，是企业家很主观的结论。

这种结论有个明显的悖论。一方面，顾客认为："既然你这么好，为什么你不是老大？为什么用的人那么少？"另一方面，顾客并不是专家，也难以"专家"的眼光全面了解产品间的微小差异。相反，顾客总是那么感性，甚至武断。

究竟什么才是事实？每个人的心智中都沉淀了既往的认知，任何新的信息想进入心智，都必须和既往认知相符。你认为的不一定是"事实"，但顾客的认知一定是"事实"，因为这是一个消费者掌握企业生死的重度买方市场时代，顾客是真正的"上帝"。因此，所谓"事实"，就是顾客心智里的认知。

定位理论提出：认知就是事实。这一论点充分反映出定位之父的辩证思维能力。从辩证法来看，认知和事实的确是统一的。二者统一于人这个存在与认识的主体。这个"主体"并非单独的个体，而是由个体组成的总体。从总体的角度看，主体对客体的认知就是事实。不认同这个论点的人，是把"事实"看成了能脱离人认知的独立存在。但是，没有脱离人存在的事实，事实和人相关，事实都是主体对客体的认知，事实是存在于人的认知之中的，而不是人的认知之外的"物自体"⊖。

为了应对竞争，皇冠可乐曾做过 100 万次盲品测试，证明皇冠可乐比可口可乐和非常可乐都好喝。但显然这个结果没那么重要，当顾客加上对品牌的认知之后，皇冠可乐就变得不好喝了。

信息时代，企业和顾客心智间隔了一片巨大的信息海洋，邓德隆说，这片信息海洋其实是一种巨大的'心智屏障'，企业穿过这片海洋的唯一方法，是要在消费者心智中建立起一种'认同资质'和'心智产权'。他举了一个特劳特公司的案例，非常典型地从传播角度说明了这个问题。

一家阿根廷做激光扫描仪的公司，在这个领域内技术一直是全球领先，但始终打不开国际市场。后来定位专家在心智层面动了一个"手术"：其他一切都没有变，将它的美国分部升级为总部，把它从一家阿根廷公司变成一家美国公司，老板的名字也从一个典型的阿根廷名字改成了一个典型的美国名字。当公司以"一个美国人创办的美国公司"的形象出现在市场上时，戏剧化的一幕出现了——它的国际化进程非常迅速，很快成为国际市场上的行业领导者。

从经济学传统要素投入来看，企业并没有增加任何生产要素，但关键在于顺应了消费者心智模式和认知，将"心智屏障"转化为"心智资源"，从而大幅降低了交易选择过程中的交易费用。

⊖ 物自体，原是德国古典哲学家康德提出的一个哲学基本概念，又译为"物自身"或"自在之物"。它是指认识之外的、绝对不可认识的存在之物。它是现象的基础。

因此，定位一定要借助人心的力量，即隐藏在众多人心智中的常识。常识，是人所共有的智慧，是社会公认的明显事实。比如"经常用脑，多喝六个核桃"这类广告就利用了"核桃补脑"这样的"认知事实"，让品牌的主张显得可信。尽管关于核桃是否补脑仍有争议，但强大的"认知事实"还是撑起了一家上市公司。定位是心智之争，显而易见的概念才会在市场更具效果，因此，定位的一个鲜明特征就是"简单"并且关联常识。

心智的共性与差异

心智是认知的基础。不同的人心智不同，认知也有差别。心智的这种差别主要源于地域、年龄、性别、阶层等。比如，对凉茶的认知，在王老吉定位成功前后，两广地区与国内其他地区就截然不同；哔哩哔哩在 2020 年五四青年节前夕推出的公关短视频"后浪"在微信朋友圈达到了刷屏级热传，但事后发现，对此产生了共鸣的大多是不再年轻的"前浪"们，那些真正的后浪觉得"太说教了，看似激动人心，实际上乏味无趣"。里斯先生曾说 iPhone、iPad、iPod 是品牌名，消费者会说"我买了一个 iphone"而非"我买了一个苹果"；但我国的消费者普遍认为苹果才是品牌名，iPhone、iPad、iPod 只是品项名，更多的人会说"我买了一个苹果手机"，这就是心智差异在地域的表现。

心智和认知也有共性，定位的前提就是在众多潜在顾客心智中找出这些共性。由此看来，定位的对错其实也是相对的，没有绝对正确的定位。对一部分人而言正确的定位，换一群人就错了，原因在于人们的心智认知不同。

比如，今麦郎凉白开就有截然对立的两派人，一派认可，认同凉白开是熟水，对身体有益；一派反对，觉得白开水没有价值，自己都可以烧，甚至感觉是在收智商税。两派人的规模都非常可观，今麦郎凉白开凭借"凉白开"普遍的心智认知基础与独特的品类差异性，在认可派的支持下取得了优异的市场成绩。这就是"心智资源"与"新品类"的力量，心智青睐熟悉的心智资源，也喜好与心智资源相连接的新品类。

很多人认为凉白开是个伪定位，我之前也认为凉白开是个智商税的范例。而现在，我提出了"定位真伪相对性"范畴，也理解了凉白开的品类价值，虽然我仍然不会选择消费这类产品。定位，是给符合心智认知人群制定的定位。一个成功的品牌无法引起所有人的兴趣，同样，一个独特的定位概念也无法使该品牌获得所有人的认可。

比如，在国外，成人与儿童几乎是没有太明显区分的。但在中国家长的心智中，成人与儿童一定是有较明显区别的。所以，宝洁、联合利华等外资企业都是等中国企业出了儿童牙膏等产品后才选择跟进。在牛奶方面，中国儿童有未来星、QQ星等儿童成长奶产品，而国外，小朋友喝的是与成人无异的鲜牛奶，儿童成长奶作为儿童风味奶，是辅食而非主食。

与儿童相似，在中国，老年人也是一个极有品类创新市场的人群。

案例：足力健开创老人鞋品类

　　足力健是北京孝夕阳科技发展有限公司旗下的老人鞋类品牌，成立于 2012 年底。《健康时报》足部科学研究院的调查显示："89% 的老年人存在脚部健康问题，最常见的有大脚骨、足弓塌陷。"随着年龄的增长，人的脚是会发生变化的。足力健创始人张京康通过网络搜索，发现市场上居然没有专门针对老人的鞋，这个发现让他兴奋不已。2013 年，张京康研发老人鞋，当年卖出 40 万双老人鞋。

　　2014 年，张京康牵头成立老年鞋用户调研部门，开始走访社区，挨家挨户拜访老年人，发现脚掌变宽、脚趾骨变软、脚跟疼痛等为老年人平时穿鞋时的痛点。张京康做出调研报告后，立马根据调研结果研发出前脚掌更宽、更柔软，专门针对老年人的鞋子，并且取名为"足力健"。

　　2017 年 12 月 29 日，《健康时报》与足力健老人鞋成立足部科学研究院，为产品研发提供学术支撑。2018 年，足力健成立了足部科学研究院，为老人鞋提供科学、专业的技术支撑。为解决老人穿鞋问题，足力健深入研究老人脚型变化，采集老人双脚的 7 个维度数据，在产品上挖掘出老人穿鞋 16 个问题点，在产品外观、鞋底、鞋垫等方面，先后荣获实用新型、外观设计等 285 项老人鞋专利，研发出适合老人脚型的专业鞋楦，围绕老人穿鞋需求，研发出专业、舒适的老人鞋。

　　足力健实地研究过上万只老人的脚，创始人张京康摸过老人的脚超过 3000 只，大量观察老人如何穿鞋、如何走路，询问老人穿鞋的各种问题，积累了老人脚型的庞大数据，建立了老人各种脚型的模型库。每次推出新产品之前，足力健都会邀请数量庞大的老人产品体验官，进行试穿测试，这才让足力健每次推出的鞋都是爆品。围绕老人穿鞋需求，足力健研发了一系列针对性产品：防滑鞋底、大花纹设计，让老年人走路不易滑；老年人脚踝脆弱，元宝鞋帮可以保护脚踝；足力健鞋前加宽，鞋腰加高，放大鞋内空间；鲇鱼头鞋型，宽松、舒适、不挤脚。穿过足力健鞋的老人，普遍认为足力健的鞋明显比其他品牌的鞋更合脚、更好穿、更适合老人，好的口碑让足力健形成了"老人好鞋"的市场认知。

足力健设计了鲜明的品牌 logo，成了品牌传播的视觉锤，把老人鞋品类名及品牌定位语直接嵌入品牌名字中，品类名叫"足力健老人鞋"，定位语为"专业老人鞋，认准足力健"，不断强化足力健品牌与老人鞋品类的关联。同时，足力健还进行了压倒性的广告投入，形成了品牌的竞争壁垒。足力健在央视持续投放广告，而央视是老年人群体的首选媒体。这样，足力健就建立了广告投放的门槛，因为在老人鞋市场中，足力健竞争对手的销售规模，与足力健完全不在一个量级。这种大规模投放带来的结果是，足力健不但在老人群体中拥有很高的品牌影响力，在普通消费者中也有相当的品牌知名度。足力健开创了新品类，成了老人鞋的代名词。

2022 年 8 月，足力健老人鞋荣获世界权威调查机构欧睿颁发的"足力健老人鞋——2020～2021 年连续两年全国老人鞋销量第一"市场地位声明。同年，足力健老人鞋被第六届中国品牌博鳌峰会授予"老人鞋品类开创者"荣誉，获评北京市"专精特新"企业。世界品牌实验室发布 2022 年中国 500 最具价值品牌榜单，足力健品牌价值

91.75 亿元，上榜 2022 年中国 500 最具价值品牌。

足力健的崛起不是偶然，依托老龄化和消费升级趋势的东风，在成熟且竞争激烈的鞋类市场中洞察到蓝海市场，找到了自己的生态位，聚焦老人鞋品类专利技术、脚型数据库、产品研发，通过恰当的品牌战略定位及品牌传播占据了老人鞋品牌开创者、领导者的心智位，构建起品牌护城河。

"心智阶梯"原理

艾·里斯和杰克·特劳特发现，面对信息侵袭和选择的暴力，有限的心智启动了两项功能保护自己。一是排斥，二是归类。顾客心智把产品分类储存起来，每个类别又只记那么几个足够应付需求的品牌。有关品牌的新信息，只有符合这种分类才被接受，凡是与心智中已有信息或概念相冲突的信息，一律被排斥在外。

这就是心理学家所发现的"选择性记忆"[○]机制，特劳特从中发现了著名的"心智阶梯"原理。"为了应对产品暴增，人们学会了在心智中给产品和品牌排序。最直观的方法就是想象心智中有一个个阶梯，每个阶梯代表一个产品品类，阶梯上的每一层都有一个品牌名字。"比方说你要买洗发水，在你的潜意识中就会出现一个洗发水类别的品牌阶梯，通俗地说，出现一张清单。在这个清单上，你可能列

○ 选择性记忆（Selective Memory）是指受众对信息的记忆也是有所选择的，这是受众心理过程的最末环节。事实上，留在人们记忆中的信息量一般会少于他们所接收和理解的信息量，他们有时甚至竭力使自己忘记某些信息。与选择性注意、选择性理解一样，人们倾向于记住传播内容中与自己观点一致的那些部分，而忘掉与自己观点不一致的部分。这一行为往往是出于潜意识的，它可能用以加强而非改变受传者的已有意见。

出了海飞丝、飘柔、阿道夫、潘婷、清扬等品牌，它们自上而下有序排列。

这种阶梯存在于人们的潜意识里面，每个人对每一品类产品都隐含着一个这样的阶梯。虽然你浑然不觉，但实际上这个梯子或清单在潜意识中为你圈定了购物的地图，指引、规范着你的购买行动，并决定你是否接受新的产品信息。例如你想喝水了，就可能有农夫山泉、怡宝、百岁山、乐百氏、娃哈哈这样一个阶梯。你要去买感冒药、手机等商品，也有一张这样的清单在指引着你。虽然在具体的购买现场，你有时会受到促销、降价或导购人员的影响而改变购买的选择顺序，但总体上而言，这个购物单具有很强的稳定排序和心智预售能力。

定位理论打开消费者决策"黑箱"

传统营销理论认为，消费者的决策过程是一个消费者黑箱⊖，即在消费者做出购买行为之前，企业无法了解其购买行为与购买意愿，需要结合个体消费者不同特性及购买决策过程的各种因素进行刺激，以使消费者产生有利于企业营销的反应。定位理论则从消费者总体的心智一般性角度解开了这个黑箱，使营销、企业战略得以主动作为，变消费者在信息爆炸时代的选择的暴力为选择的动力。有定位的企业，顾客将拉动企业成长。

⊖ 消费者黑箱又称购买者黑箱，是指在消费者做出购买行为之前，商家无法了解消费者的购买行为与购买意愿。由于它对企业来说是一种看不见、摸不着、不透明的东西，故称之为消费者黑箱。

品牌凭借定位夺取"心智资源"

当今世界处于一个品牌的时代，无论个人还是组织，都应该运用定位这一理念及其工具"由外而内"地为自己建立品牌，夺取心智资源，从而在竞争中赢得优先选择。

定位的基本方法，并非创造某种新事物，而是调动心智中已有的认知，重新连接已经存在事物的联系。很多人对定位有误解，似乎只有带"正宗""领导者""专家"这样字眼的才是定位。其实，好的定位没有一定的规律可言，原则就是找到顾客心智，顺应顾客认知建立品牌，不做违背顾客心智的事情。

品牌是当今商战的总兵力和发力点，从一定意义上说，商战就是品牌之战。定位理论最大的贡献之一就是创造性地提出：现代商战的终极战场是在顾客心智之中，而非工厂和市场。企业战略的核心就是通过品牌来夺取顾客心智资源，让品牌在顾客心智中占据某个品类的首要位置。

定位理论协助企业打的是心智之战。依据定位理论，企业和顾客的连接就是品牌，品牌存在于心智，商战的战场在心智中，兵力是你能调动的心智资源及传播力量。商战的敌人不仅仅是竞争对手，还是竞争对手占据的心智对你的定位造成的心智障碍，以及顾客心智中既有的认知对你的定位造成的心智障碍。

心智之战表面上是以品牌为依托、为单位，背后却是以心智资源为兵力，包括己方兵力、敌方兵力（包括借助其他方兵力）、顾客心智中的既有防御兵力。心智之战的目的是利用己方兵力，巧妙借势他方兵力，击败或避开敌方兵力，与顾客心智中的既有兵力对接联合，最终占据顾客心智中某一领地。

　　商战的战果是占领目标心智资源并插上你的品牌之旗。定位的本质就是利用品牌去占有顾客心智的某种"心智资源"。一旦通过成功定位，占有了某个心智资源，就有机会通过代言品类构建起认知标准，赢得顾客的优先选择，并且能有效地防范负面认知。这样就在顾客心智中构筑了一个坚实的堡垒。定位理论的实质是心智争夺战，就是一个公司的产品在顾客心智中拥有一个概念、一个地位，企业在某个品类里占得先机。当一个公司拥有这样的定位，别的公司产品就很难超越。

　　纵观行业内的知名品牌就会发现，成功的品牌都在顾客心智中成功占据了某个心智资源。如喜之郎代表着果冻，脉动代表着维生素饮料，红牛代表着能量饮料，王老吉代表着预防上火的饮料，联想代表着个人计算机，百度代表着中文搜索引擎……

　　但是，绝大多数品牌未能在顾客心智中形成一个清晰的概念，即使有一定知名度，也不过是一个替补对象，勉强靠着努力和低价维持着生意。在这个信息时代，若不能在顾客心智中占据一席之地，企业所拥有的不过是一堆钢筋水泥罢了，企业的生存与发展被拥有心智资源的对手所掌控。

　　品牌一旦成功占据了顾客的某种心智资源，就会对竞争对手的信息形成有效的屏蔽，其市场地位也将会固若金汤。如果对手也要挤进来做生意的话，只会把这个品类推动得更苗壮。哪怕对手的产品通过改进，在客观上确实比我们的产品更好，顾客还是会在主观上倾向于忽视并质疑其优点。香飘飘奶茶占据"杯装奶茶"这个心智资源后，喜之郎公司即使花费数倍的广告投入也无法让顾客转向认可"奶茶，我要优乐美"，反而推动杯装奶茶品类及其领先品牌香飘飘更快地成长。

最终，拥有心智资源的企业会进一步聚集社会资源，人才、资本、渠道乃至整个产业链都将向其汇拢，从而在经营层面形成更高的行业壁垒，与心智壁垒一道构筑起坚实的防线。

衡量企业经营决定性绩效的方式从传统的财务盈利与否，转向占有心智资源与否。这解释了为何互联网企业即使不盈利也能不断获得大笔投资，因为获得心智资源本身就是成果。

三、定位三角

心智和竞争不是"二"，而是"一"

商战是认知之战，兵力是心智资源，心智份额作为最终成果将比市场份额更具决定性。战场在心智中，对手是心智障碍，包括顾客本身的心智障碍，和竞争对手已占据的心智对本品牌定位造成的心智障碍。在与对手的较量中，你可以调用的总兵力包括自身的心智资源和可以借势的外部心智资源。

其实，在定位理论中，心智和竞争并不是两个东西，而应该作为定位的两重属性来理解会更准确，"心智的竞争"或"竞争的心智"更能体现定位的本质，二者不能分开，不能单纯、片面地思考。只不过在现实中，由于品类差异或区域差异，各个品牌所面临的心智认知不同，所处的具体竞争环境也有强有弱，那么对定位中的竞争属性考虑就会有差异。

找准竞争对手是定位的前提

定位理论中寻找和建立定位的基本步骤被称为"定位四步法"：竞争研判、明确定位、支撑定位、占据定位。前两步其实是寻找定位，总的来说可以用"定位三角"⊖来概括。定位三角就是衡量企业自身和竞争对手品牌在顾客心智中的竞争格局的模式，是定位理论术的层面的一个核心思维模型，如图4-1所示。

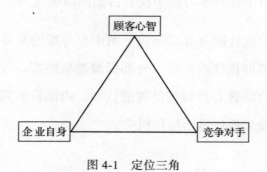

图 4-1　定位三角

⊖ 出身麦肯锡的日本著名管理学家大前研一曾提出"3C战略三角模型"，他强调成功的战略有三个关键因素，在制定任何经营战略时，都必须考虑这三个因素：公司自身（Corporation）、顾客（Customer）、竞争对手（Competition）。只有将公司、顾客与竞争对手整合在同一个战略内，可持续的竞争优势才有存在的可能。定位三角与战略三角的本质区别在于，定位三角将竞争纳入心智战场中考量。

竞争的基本单位是品牌，品牌的定位要在潜在顾客心智中寻找，而不是直接从产品中寻找。为什么要界定竞争对手？因为顾客不会凭空出现，都是从竞争对手那里转化而来。你的销售业绩取决于顾客面对你和你的竞争对手或替代产品做出的满足需求的选择。找准竞争对手通常也是找到自己定位的前提。

定位是一个系统性决策，定位决定了战场、对手及运营的配称。定位的首要问题就是界定竞争对手，并考虑竞争对手给你留下了什么机会。考虑竞争对手不能和心智分开，这是一个问题的两面，因为竞争不仅与企业自身能力有关，还必须考虑顾客端与竞争端。弱小品牌的生存空间是竞争对手给予的，不仅在市场中，更在顾客心智中。根据防御优势原则，已经被竞争对手占据的心智山头是难以攻占的，但强大的竞争对手占据了某个定位后，它就无法同时占据另一个定位，因此要向竞争对手在顾客心智中没有占据的山头发力。

企业自身的内外部资源是定位三角中要考虑的重要内容，决定了定位机会是否能够抓住的问题。外部资源要与顾客心智统一，即你想占据的定位符合顾客心智对你品牌的认知。内部资源则决定了企业是否有实力、有能力抓住这个定位机会。

对手在品类内还是品类外

品类是定位必须考虑的一个关键要素。界定竞争对手，往往还需要考虑一个问题——竞争对手在品类内还是品类外，或者说打内战好，还是打外战好，抑或是先打内战还是先打外战。在定位三角模型基础上增加品类维度便形成了定位金字塔，如图4-2所示。

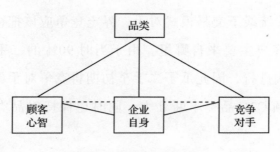

图 4-2　定位金字塔

比如王老吉当时定位为预防上火的饮料，就是跳出了体量微小的凉茶品类，在饮料这个更大的品类中竞争，从而带动了凉茶品类的认知与规模的发展。东阿阿胶也是跳出补血品类，在更大的滋补品类中竞争。更大的品类意味着更大的需求、更大的市场，小的品类中难以生长出大的品牌。

面对竞争对手这个问题，有两种企业家比较典型：一种是说自己没有竞争对手，另一种是只看到同类的直接竞争对手，但忽略了其他间接竞争对手。

首先，要从顾客心智层面去界定竞争对手，而非从物理层面（比如附近的某家店）去寻找。然后，还要多问自己一句："如果没有你，顾客为了满足这个需求会选择谁？"或"是什么因素制约了顾客对你的选择？"因为你的竞争对手可能是不同品类，也可能是某种观念或习惯，当你想要占据的空位做大后你会取代谁，或者谁是你的品牌进入潜在顾客认知过程中的障碍。

以瓜子二手车为例，它的三大竞争对手分别是：人人车等同类模式（C2C）对手，优信二手车等其他线上模式（B2C）对手，4S 店、二手车商等传统线下交易模式对手。界定竞争应该把视角放开，考虑你未来的客户主要来自哪里。由于当时 90% 的二手车交易还是通过线下模式进行，因此瓜子二手车初期将竞争对手界定为线下交易对手，带领 C2C 品类不断壮大，同时也保持对品类对手的领先优势。

案例：先锋电器品牌战略的定位三角分析

先锋电器坐落在有"小家电之乡"美称的宁波慈溪。公司创建于 1993 年，是一家生产两季产品的小家电制造企业，主要产品是取暖器和电风扇，从以出口、代工为主转向面对国内市场做品牌营销。

在取暖器和电风扇这两个品类中，美的、艾美特和先锋三个品牌长期占据市场前三名的位置。先锋电器主营的取暖器和电风扇品类主要竞争对手有美的和艾美特。

美的是一家综合性家电生产企业，是一个通才型品牌，品牌认知优势主要在空调和小家电品类。艾美特也是一家以两季产品为主的制造企业，以制造电风扇起家，长期占据高端电风扇市场，在消费者心目中有比较强的品牌认知基础。凭借在电风扇领域建立的高端认知，艾美特在取暖器品类的销售也因"光环效应"获得认知拉动，销售额也高于先锋电器。

在先锋电器进行品牌战略定位之前，在电风扇品类中，美的销售额最大，是先锋和艾美特之和，但艾美特的品牌认知是电风扇专家，销售额高于先锋七成。在取暖器行业，美的小幅领先艾美特，艾美特销售额也高于先锋五成。在消费者心中，美的依靠在空调领域建立的品牌知名度和口碑，长期占据市场份额的霸主地位，但取暖器和电风扇品类还没有公认的专家型品牌占据心智份额的霸主地位。

从定位三角分析：

①竞争对手：美的体量大、产品线长，在渠道上美的的小家电产品可以共享货架、导购员，渠道和促销成本很低，在取暖器和电风扇品类有绝对的市场份额，但并没有建立专家型品牌优势和相应的心智份额；艾美特体量不如美的，但取暖器和电风扇的市场份额均高于先锋电器，电风扇的市场份额领先更多。先锋电器体量较小，前有美的、艾美特的阻击，后有一些生产低端产品的小厂对市场的冲击，腹背受敌之下出现了销量滞涨甚至下滑。

②顾客心智：美的是个通才型品牌，在取暖器和电风扇品类并无专家型品牌认知；艾美特则占据了电风扇专家型品牌定位，随后延伸至取暖器品类。

③企业自身：从认知基础看，无论取暖器还是电风扇，先锋的心智份额都落后于美的和艾美特处于第三位，但在取暖器品类中排名相对比较高；取暖器产品是先锋主要的利润来源，拥有比对手更领先的技术，拥有最多取暖器专利；电热油汀是先锋最具竞争力的品类，历史上长期占据领导者地位，同时，先锋在电热油汀上最具研发基础，也最有可能形成技术领先和专业壁垒。

综合定位三角的分析，美的因为产品线过长，虽销量最大却未能在取暖器和电风扇领域建立差异化认知，艾美特则在电风扇领域建立起了相对专业的认知，对手留给先锋可能建立差异化认知的品类只有取暖器。因此，先锋电器品牌战略定位的机会在于聚焦取暖器品类，强化自身在取暖器领域的专家认知，在认知和市场上逐渐主导取暖器品类，率先成为取暖器专家型品牌，成为消费者心智中取暖器品类的代名词，如果强攻电风扇品类领导者则胜算渺茫。

透过现实商战的迷雾，先锋电器在心智战场发现了取暖器品类领导者空缺的"事实"，通过系统的定位配称发起战略总攻，终于拿下了取暖器品类这个心智中的"山头"。

四、心智模式三定律

心智模式是定位理论的基石

20世纪60年代末，美国进入一个商业竞争激烈、过度传播的社会，商业竞争的重心由工厂到市场，并再一次转移到了顾客心智。定位是指如何让你的品牌在潜在顾客的心智中与众不同。同时，定位也是有关企业和品牌战略制定、运营配称以及传播过程中心智运作原理的系统知识。

德鲁克曾指出，企业的唯一目的就是创造顾客。企业的成果在企业外部，企业内部只有成本。定位理论进一步明确，企业经营的核心成果在顾客的心智中，左右着顾客的选择，这个核心成果，就是品牌。只有在顾客心智中完成注册，才是品牌。

定位理论的核心是"一个中心两个基点"，即以打造品牌为中心，以竞争和心智为基点。因为"顾客以品类思考,以品牌表达",商业竞争的基本单位是品牌,而非企业,所以要"以打造品牌为中心"。此外还要结合品类概念,因为品类是品牌之根,打造品牌一定要与品类结合才有生命力。在品类思维的基础上,打造品牌必须以竞争和心智为基点。

心智模式目前的几个主要版本

《定位》中提到,人们的心智是有限的,在过度传播的社会中,心智遭受信息轰炸,唯一的防御就是极度简化信息。"极度简化信息"这一定位观念,又进一步发展成"一词占心智"的理论。海飞丝是"去屑",飘柔是"柔顺",佳洁士是"防蛀",舒肤佳是"除菌",沃尔沃是"安全",宝马是"驾驶"……

根据哈佛大学心理学家乔治·米勒博士 1956 年在《心理学报》刊登的《魔力数字七》一文中的研究,有限的心智通常不能同时处理七个以上单位的信息。《定位》提出"心智阶梯"概念,并进一步提出"二元法则",即一个品类中,随着竞争的加剧,最终可能会出现二元争霸格局。

《新定位》中总结了"心智六大模式":心智容量有限、心智憎恨混乱、心智缺乏安全感、心智难以改变、心智会丧失焦点,及里斯先生结合品类概念提出的"心智分类存储"。

《重新定位》将心智模式总结为"心智五大模式":心智疲于应付、心智憎恨混乱、心智缺乏安全感、心智不可改变、心智会丧失焦点。

　　张云、王刚在《中国企业家的四项营销修炼》中指出第一项修炼就是"认识心智"，并提出了"心智七大模式"：心智容量有限、心智缺乏安全感、心智厌恶混乱与复杂、心智不愿轻易被改变、心智容易失去焦点、心智先入为主、心智斥同存异。

　　冯卫东在《升级定位》中提出了"六大心智规律"，并总结为"一限二求三法则"。"一限"为"容量有限"，"二求"为"追求安全""追求地位"，"三法则"为"效率法则""合作法则""学习法则"。这种表述体现出了心智规律一定的系统性和层次性，但并没有将其中的逻辑关系表达出来，此外有些表述也从心智层面跃至社会层面，有些远离传统心智规律规定的基本形式，一定程度上为掌握心智规律带来了复杂性，但对理解心智规律仍具有益处。

心智模式是一个有层次的系统

　　经过长期的研究我发现，尽管某些规律可能相近或有相关性，但以上几个版本的心智模式都有其意义。因此，我对心智规律进行了一个系统化的逻辑构建，将心智规律分为三个层次，具体表现为心智模式三大定律，可以帮助读者更加简单而深入地认识心智规律系统。如图 4-3 所示：心智规律系统逻辑图。

心智第一定律

　　"**心智容量有限**"是心智规律的第一定律，也是心智规律系统的基础和起点，这是由人这个机能有限的肉体大脑所决定的。当前商业世界竞争白热化的时代背景下，有限的心智与无限的信息形成显著矛盾，心智面临"信息传播过载"的巨大威胁。应对"心智容量有限"，我们可以应用"**数一数二**"原则，争取成为品类中的老大。如果该品类已经由众多品牌占据，那么无明显差异性、革新性的品牌就难以取胜。比如，在群雄割据的手机品类，没有明显差异的手机就毫无机会可言，企业家如果掌握定位理论及其心智规律，就不会让几十亿上百亿元的投入白白打了水漂。

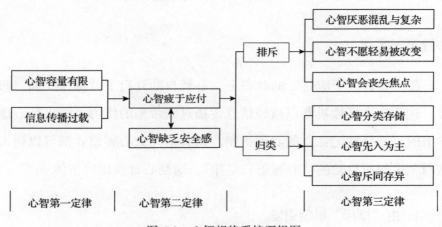

图 4-3　心智规律系统逻辑图

心智第二定律

在容量有限的心智与无限的信息侵袭的矛盾中，出现了"**心智疲于应付**"。"心智疲于应付"导致"**心智缺乏安全感**"。除了"心智缺乏安全感"外，导致"心智疲于应付"的另一个重要的原因就是人类在数百万年生存进化过程中形成的一种生存智慧和心理体验。人类进入文明社会不过几千年，几乎全部的历史都处于物资匮乏的不安全环境中，因此，"心智缺乏安全感"是人心智模式中的一个近乎底层的逻辑，会相应体现出"心智疲于应付"效应，二者有一种互相强化的效应。"心智缺乏安全感"基本对应马斯洛需求层次理论[○]中第一、第二层次，分别是"生理需求"和"安全需求"。但由于研究限于定位理论的底层逻辑——心智模式，因此，还是将"心智缺乏安全感"归入"心智第二定律"。应对"心智缺乏安全感"需要遵循**"信任状原则"**，在运营及传播中为品牌匹配各种信任状，包括一些符合"从众心理"的高级信任状，如热销、第一、受某群体青睐等。

心智第三定律

在"心智疲于应付"的状态下，心智自动开启了"排斥"和"归类"这两个本能性机制以减轻信息传播过载带来的压力。这也是心理学上的"选择性记忆"的心理机制。而其他几大心智模式都可以列入这两个机制所启动的"心智第三定律"，这是心智规律的主体。

1. 由"排斥"机制引发

"心智厌恶混乱与复杂"——混乱与复杂的信息会引起心智的排斥。

混乱与复杂是两个问题，混乱是无序、无逻辑，应对原则是**"逻辑原则"**，比如定位品牌故事，就是定位的逻辑式展开，达到将品牌及定位传至顾客心智并得到认可的结果。缺乏逻辑上的合理性是大多

○ 马斯洛需求层次理论（Hierarchical Theory of Needs）是关于需求结构的理论，由美国著名社会心理学家亚伯拉罕·马斯洛于 1980 年提出。马斯洛认为，人的需求由生理需求、安全需求、归属与爱的需求、尊重的需求、自我实现的需求五个等级由低到高构成。

数营销规划失败的致命原因。Avis 在租车行业中排第二，所以它得出的结论必须是要更努力。这不是创意，这是合理性所在。

应对复杂则用"**简单原则**"，"应对信息传播过度的社会，最好的方法就是极度简化信息"。定位的本质可以说是以极度简化的概念信息，进入并调动心智中的已有认知，这是定位最重要的原则。很多企业想用 10 个、100 个词宣传其优点，但结果是一个也进入不了顾客心智。唯一的办法就是简化信息，通过一个词，像一个"钉子"钉入顾客心智。心智认知的规律与"贪多"的人性恰恰相反，作用的底层哲理是"少即是多"。

"**心智不愿轻易被改变**"——妄图轻易改变心智固有认知会引起心智的排斥。应对"心智不愿轻易被改变"要遵循"**顺应认知原则**"，比如柯达在顾客心智中代表了胶卷，尽管柯达公司发明了数码相机，但将老品牌延伸至新品类仍使其在顾客认知中处于劣势。心智中的品牌名就像地上的洞，你可以把洞挖深挖大，但无法把它移到别处去。一旦品牌名在心智中和某个品类紧紧相连，品牌就无法移动。再比如，什么地方的牛奶好？内蒙古大草原。什么地方的枸杞好？宁夏。如果告诉你宁夏的牛奶比内蒙古的好，你信吗？不信。如果告诉你内蒙古的枸杞比宁夏的好，你信吗？不信。不应该尝试改变固有的顾客心智，而要善于利用他们已有的认知。

"**心智会丧失焦点**"——不集中信息会引起心智对原有定位信息的排斥，应对原则为"**聚焦原则**"。企业常常抵制不住诱惑，过多的品牌延伸就是失焦的头号病因。康师傅与统一这两个品牌都透支得很厉害，除了方便面，它们还代表了太多东西，就像娃哈哈一样失去了焦点变得越来越虚弱。聚焦同时意味着时间上的坚持，不能坚持聚焦而痛失定位的例子很多，比如春兰⊖失去了"空调"，奥妮失去了"黑头发"，黑妹失去了"清新口气"。

2. 由"归类"机制引发

"心智分类存储" 是归类机制的直接表现，也是品类概念的直接源头，应对原则为 **"品类原则"**。品牌的主体是品类，一个品牌的强大和品类本身的强大密不可分。《品类战略》一书由此而生，成为定位理论发展中的一个重要里程碑。张云说："为什么品类有力量？因为它满足了心智的基本特点……这些特点，归结起来形成的一个概念就是品类，这是心智赋予品类的力量。"这句话很有见地，在某种意义上，品类是心智模式的统一表达。

成为第一是进入心智的捷径，在空白的品类认知中，抢先进入的品牌会轻易占据认知，因此 **"心智先入为主"** 的应对原则为 **"时间窗口原则"**。奥地利动物学家洛伦茨在 1935 年发现，小鹅破壳第一眼看到科学家后就认定科学家为"母亲"，它甚至可以认一个移动的物体当妈妈，由此发现了"刻板"现象。打造品牌就像烙印，品牌以类似的机制在顾客心智中留下烙印。在我国台湾地区，统一和康师傅分别是方便面的老大和老二，而康师傅比统一先进入大陆市场，而后统一一直处于下风。江中率先占据了健胃消食片的品类代表

⊖ 春兰集团是集制造、科研、投资、贸易于一体的多元化公司。20 世纪 90 年代春兰形成空调批量生产能力，成为中国空调业的"龙头"，市场占有率一度高达 40%。而后走上多元化之路，进入汽车、摩托车等行业，拖累空调主业跌至二线品牌，直至公司面临退市风险，昔日巨头荣光不再。

地位，药圈赫赫有名的"控销四大家族"修正、葵花、仁和、万通推出的同质化健胃消食片就再也难以进入心智。对于"时间窗口原则"，分众传媒创始人江南春在《抢占心智》中提出要"在时间窗口内进行饱和攻击"。

"心智斥同存异" 中的斥同存异就是"喜新厌旧"。新，即异，代表新特性或新品类；旧，即同，代表已有。心智排斥与原有认知相同或相似的信息，但容易接受未有的新信息。此外，心智更容易接受新品类的信息。"心智斥同存异"的应对原则为 **"创新原则"**，如在邦迪成为创可贴代名词几乎可以称霸品类的情况下，云南白药通过"有药好得更快一点"的"止血创可贴"进行品类创新脱颖而出。再如，在九阳占据豆浆机品类开创者与领导者的认知后，飞利浦、海尔等众多家电巨头推出的豆浆机都不能讨好顾客，然而美的通过"豆浆机换代了！美的推出新一代无网干豆豆浆机"的广告宣传解决了当时洗网、泡豆的痛点，成功成为豆浆机第二品牌。

"归类"机制与"排斥"机制是辩证的，不能被归类的信息就被排斥了，二者以"归类"为主导，统一到了"品类"中。品类是心智中的终极驱动力量，因为"顾客以品类思考，以品牌表达"。为品牌进行定位其实就是将品牌打造为品类（及其特性）的代表。很多品牌成功并不是提出了一个与众不同的定位概念，而是从根本上开创了一个新品类，成为品类的代表。用冯卫东的"品牌三问"来看的话就是：第一问，"你是什么？"——"我是某品类产品"；第二问，"有何不同？"——"我是这个品类的开创者、领导者"。这基本就够了，这

个时候第三问的"何以见得？"往往不用再问了。[⊖]

案例："数一数二"原则及应用

乔治·米勒教授[⊖]发现，心智阶梯上的选择，通常不会超过七个。定位理论进一步指出，七个品牌的存在状态还只是竞争的初始阶段，随着竞争的发展趋于成熟和稳定，最终会有两个强大的品牌占据大部分市场份额。人们往往只会记住两个品牌，选择其一，比如说，可乐品类是可口可乐与百事可乐，能量饮料品类是红牛和魔爪，胶卷品类是柯达与富士，民用客机品类是波音与空中客车（空客），牙膏品类是高露洁与佳洁士，运动鞋品类是耐克与阿迪达斯等。

这个原则叫作"二元法则"，是指任何一个市场（或品类）最终会变成两个主导性品牌竞争的局面。从顾客心智来看，大多数人总是在人性中存在着两股力量——一致性和分歧性，有与主流达成一致的愿望，也有与主流区隔的愿望。总的来说，一致性力量要比分歧性力量更强大。但是，一个品牌占据了一致性力量成为领先品牌，第二品牌也总是有机会进入顾客心智。成功的第二品牌必然不是第一品牌的模仿者和追随者，而是借助分歧性力量成为对立者。

⊖　当然，领导者定位也存在着很多误用、套用的泛滥实践，实践中，领导者定位也有一些应用原则，可以参考克里夫定位研修院朱红文的《"领导者"定位实践的 5 大误区和 3 个原则》一文。

⊖　乔治·米勒（George Armitage Miller），普林斯顿大学的心理学教授，美国心理学会会长。他最著名的著作是《神奇的数字 7+/-2：我们信息加工能力的局限》，1956 年发表于《心理学评论》（The Psychological Review）。米勒的研究有两点要义：在不得重复练习的情形下，在短时记忆内，一般人平均只能记下 7 个项目（如 7 位数字、7 个地名）。

二元的均衡状态并不意味着力量相等，第一和第二之间的差距往往不是一步之遥。领导品牌通常总是明显领先于第二品牌，因为大多顾客总是倾向于购买领导品牌。而居于第三位以下的品牌，长远看将会因为处于心智阶梯中的弱势地位而生存艰难。如果你不能把品牌建立在顾客心智阶梯上数一数二的位置，那么随着市场竞争趋于成熟，企业就会非常危险。最常见的情况就是，老大老二打架，老三死了。比如在美国，可口可乐、百事可乐和皇冠可乐的市场份额分别约为 60%、30% 和 2%。在全球民用飞机市场，波音、空客和庞巴迪[⊖]分别占据 49%、42% 和 4% 的市场份额，庞巴迪处于亏损状态。美国的第三大汽车公司克莱斯勒，虽经传奇人物艾科卡拯救，最终还是被奔驰公司并购。日本的第三大汽车公司日产，也最终被雷诺并购。

二元法则成为杰克·韦尔奇改造通用电气的指导原则。韦尔奇说："只有在市场上排名第一或第二才能在日益激烈的全球市场竞争中获胜。其他的就需要整顿、关闭或出售。"通用电气因此获得巨大成功，在韦尔奇任职期间通用电气市值从 130 亿美元飙升至超 4000 亿美元，韦尔奇也因此被誉为"最受尊敬的 CEO""全球第一 CEO"。

互联网则有特殊的规则——"唯一性法则"，即在同一互联网品类中最终只有第一，没有第二。一旦一个网站主导了它所在的品类，该品类中的其他网站就没戏了。互联网奉行的是垄断，赢家通吃，第二没有生存空间。但是随着互联网进一步分化出一个全新的品类——移动互联网，更多新的品类机会出现了。比如移动通信工具"微信"，

⊖ 庞巴迪公司成立于 1942 年，是全球唯一同时生产飞机和机车的设备制造商，是全球第三大民用飞机制造商。

移动互联网新闻门户"今日头条"。

实际上，心理学研究证据显示，人的大脑会自动把接收到的信息进行简化归类，而且第一个占据某种定位认知的信息概念会成为后来者的噩梦。所以，定位的重要性在于，如果你不能在某个方面成为第一（第一有效的定位原理），那就找到差异化的方面，开创可以成为第一的新品类，这就是第二个有效的定位原理。

五、从差异化到第一

为争夺选择权而差异化

可口可乐原 CEO 罗伯特·戈伊苏埃塔曾说："在房地产业，关键是地段、地段、地段。在商业中，关键是差异化、差异化、差异化。"因为，在心智战场中，只有通过差异化才能占据那个心智中的"地段"。

差异化是品牌的生命和灵魂。品牌随差异化而诞生，随差异化的退化而消亡。品牌归根到底是要能被识别，没有差异就不能被识别，不能被识别就不是品牌。差异化是品牌在顾客心智中完成注册的前提。

差异化助力、赋能顾客选择。顾客与产品及其品牌之间就是选择与否的关系。商战就是关于企业争夺用户选择的问题。更多的选择是一种阻力，甚至是暴力，它会抑制人们的购买行为。选择过多带来混乱，导致"选择困难症"，加大了人们延缓决策的可能性，结果很可能就成为"先算了，谢谢"。

有一个概念叫作"品牌忠诚度"，我觉得，对于绝大多数品牌和绝大多数人，说品牌忠诚度不如说品牌信赖度，无所谓忠诚与否，更多是基于选择倾向的一种信任和依赖，如果出现更有竞争力的品牌，这种信赖就会被削弱甚至消失。

从某班学生使用手机品牌的统计情况看：用华为的有 29 人，用 vivo 的有 31 人，用 OPPO 的有 24 人，用小米的有 12 人，用苹果的有 4 人，用三星的有 1 人。曾经的手机王者摩托罗拉和诺基亚，只能在博物馆里与曾经的品牌忠诚度相遇了。苹果这个被封神的品牌，在激烈的竞争中也逐渐失去往日光辉，在 2019 年的广告中，不得不转而诉求"安全""拍大片"寻求差异化。

差异化是进入心智的前提。差异化是成为第一的基础，模仿、跟随极难超越原来的第一而成为新的第一，除非原来的第一主动放弃自己的"城池"。从大的层面来讲，差异化即定位，源于心智和竞争，首先是基于心智的差异化，其次是对于竞争对手的差异化。

差异化带来独特性，独特性增强顾客的选择动机和动力。如果你忽视自己的差异化和独特性，为了增长而试图满足更多人甚至所有人的所有需求，很快就会破坏品牌的差异化，从而逐步丧失顾客选择的动力。当今最成功的品牌的推动力都来自一个词或概念，最强大的品牌代表了某一个词或一个概念。

成为第一胜过做得更好

成为第一是进入心智的捷径。不仅顾客喜欢第一，渠道和媒体也欢迎第一。当你成为第一，就要确保市场知道这一点，否则就会为竞争对手敞开大门。人们同情失败者，喜欢成功公司的产品。

相对于产品竞争，市场营销更多呈现为一场认知争夺战，品牌应率先进入心智并占据一个有利的位置。定位理论有个"领先定律"：成为第一胜过做得更好。首创品牌通常能保持自己的领先地位，原因之一是它的名称往往成了该品类的代名词。然而大部分公司采取了"做得更好"战略。当无法成为第一的时候，可以采用开创一个新品类的策略以获得成功。

差异化是一个阶段性目标或成果，可以涵盖"与众不同"和"对立与分化"，也可以理解为通过"与众不同"或"对立与分化"来达到品牌的差异化。这种差异化最初通过"与众不同"可达到，但随着商业的进化，满足顾客需要的品类不断分化，同时人的心智有限，因此，差异化越来越表现为基于品类的品牌差异化。成为第一是最大的差异化。

很多情况下，一个拥有定位的公司往往是这个品类的代名词，比如，可口可乐就是可乐的代名词，九阳是豆浆机的代名词，惠普则是复印机的代名词，这就是商战的终极武器。

"如果你不能在某一品类中争得第一，那么就开创一个你可以成为第一的新品类。这是第二个最有效的定位观念。"简一通过开创大理石瓷砖新品类，成了品类领导者，其他同行即使品质做得更好依然无法在同质化竞争中取胜。大角鹿也看到了大理石瓷砖的品类发展趋势，通过附加"超耐磨"特性，进一步为开创新的细分品类——超耐磨大理石瓷砖奠定了基础。

　　然而，很多第二品牌常掉入"竞赛陷阱"，按照第一品牌规定的标准，试图通过"做得更好"超过对手而不是做得"不同"，这种"战略"不能帮助它实现目标。问题的关键在于顾客心智，你无法通过诉求更好获得顾客选择，因为顾客认为领先品牌的产品会更好。如果宝马不是从跟随奔驰诉求"尊贵"转向诉求"驾驶"，也不会有今天的市场地位。

第五章

从战略层面看
投资对象

一、商战的原则、模式与战场

"商战成功的关键在于，要针对竞争对手制定战略，而不是根据自己的情况制定战略。"

兵力原则

兵力原则是所有战争原则中最基本的原则。《战争论》的作者卡尔·冯·克劳塞维茨这样描述兵力原则："在决战之地投入尽可能多的兵力。"

兵力原则就是要以多胜少，增加战争胜率。《孙子兵法》也同样洞察了战争背后的兵力原则："故用兵之法，十则围之，五则攻之，倍则分之，敌则能战之，少则能逃之，不若则能避之。"意思是打包围战最好有十倍于敌的兵力，否则围得太薄围不住；打进攻战得有五倍于敌的兵力，因为防御容易进攻难；兵力两倍于敌的时候也不要硬拼，最好把敌人分为两半，分而食之，相当于四倍兵力于敌，与打进攻战的五倍兵力相仿；兵力相当时碰上了可以一战；兵力少于敌人，如果不能占便宜该跑就跑；兵力与敌人相差太多的话就躲着吧。所以，高深的兵法，都讲究以多胜少而非以少胜多，毕竟前者才是战争铁律。

人类历史上有些以少胜多的经典战役，但数量极其有限，纵观人类战争史，有兵力优势的一方获胜才是基本法则。商战中也是一样，两个企业交锋，往往是大公司击败小公司，因为大公司能够负担更多的广告预算、渠道开支和其他成本，这些物理战场的优势也会影响心智战场，成为心智中认定的事实。

那么小公司该怎么办？小公司唯有在局部战线集中兵力才有希望战胜大公司。正如拿破仑所说："数量处于劣势的部队，其战争艺术在于，要在进攻点和防御点投入更多的兵力。"

但现实中，人们总是喜欢分散，企业也热衷于开发更多产品和多元化，可能也是自然界"熵增定律"的体现。企业的熵增导致品牌力量的耗散，分散兵力只能让企业力量更弱而非更强，并且当真正的大机会出现时，已无力抓住了。一定要将自己的兵力聚焦到能赢的地方，形成不对称的竞争优势，才能打赢每一场大小战役。

防御优势原则

防御优势原则在商战中也是一样，从商战的心智战场考察，主要涉及心智模式中"心智不愿轻易被改变""心智先入为主""心智斥同存异"几个要点。

由于潜在顾客顽固的心智加持，这场战争中防守一方的定位比在现实中更具优势，即使进攻方拥有五倍甚至五十倍兵力，如果防守方定位够牢固，进攻方以同样维度进攻，这个阵地也几乎不能夺取。因为"定位的第一法则是：要想赢得心智之战，就不能和已经在顾客心智中牢牢占据强有力位置的企业正面交锋。企业可以从各个方向迂回出击，但绝不要迎面而上"。

当年海王银得菲感冒药，注意到顾客最大的需求在于"快"，打出了"治感冒，快"这个口号，投了上亿元广告费，药效也不差，但销售效果平平，原因是忽略了竞争对手泰诺"30分钟见效"早已在顾客心智中牢牢占据了"快"这个字眼。

正如卡尔·冯·克劳塞维茨所说："防御战就其本身而言比进攻战要强大。"

纵观整个战争史，防御战被证明是更强有力的一种战斗模式。《孙子兵法》有云："上兵伐谋，其次伐交，其次伐兵，其下攻城。"意为用兵的最上等策略，是用谋略达到不战而屈人之兵；其次是在外交上击败对方，如离间其同盟、使之孤立；再其次是直接与之交战；最下策就是攻城，非到不得已时才采取。

奥妮洗发液曾经因为诉求"黑头发，中国货"首个占据了黑头发洗发液的定位，五年内从2000万元做到8亿元的销售额。但奥妮成功后在国际广告公司包装下改变定位转而诉求柔顺，进入了飘柔的阵地，芝麻没捡着西瓜也丢了。夏士莲却及时发现了黑发定位空缺的心智机会，于是发起了"夏士莲黑芝麻，真正黑头发"的大力推广。因为没有遇到奥妮的防御狙击，夏士莲大获成功，而失去了"黑头发"定位的奥妮再也没能翻身。夏士莲引起了宝洁对黑发市场的重视，随即推出专注黑发的品牌润妍，并投入巨资设立全球唯一的黑发研究中心，但最终，最好的渠道、最好的营销团队及管理都没能打赢这场攻城战，两年后黯然退市。

四种战略模式

1. 防御战：适用于市场领导者

防御战有以下三个要点：

1）只有市场领导者才能打防御战。定位理论中的领导者是指基于心智角度的规定潜在顾客心智中真正的领导者。防御战并不是消极的，"有效的防御战在本质上是进攻性的，其目的很明确，即保卫企业主导性的市场份额"。"战争的目的是消灭战争，迫使竞争者转入零散的游击战。"

2）最佳的防御就是有勇气自我攻击。要想成为基业长青的企业，首先要学会创新。成功的公司是勇于展开自我攻击的智者，从自己手中夺走生意总比让别人夺走强。当你主导了品类，你可以将自己视为竞争对手。

吉列尽管占据了剃须刀霸主地位，仍然不断研发，用新技术、新产品自我革命，不断推出双面剃须刀 Trac Ⅱ、可调节的双面剃须刀 Atra、减震剃须刀 Sensor、带导向鳍的传感器剃须刀 Sensor Excel、三刀片剃须刀锋速Ⅲ。吉列不断进化产品来强化定位，全球市场份额超过 70%。

3）必须封锁对手的强势攻击。在商战中保持第一比成为第一要容易，市场领导者拥有极大的心智防御优势。如果错过了自我攻击的机会，通常还可以通过及时复制竞争对手的行动来进行防御，因为进攻者的行动需要一段时间才能在顾客心智中留下印象。

在人人车通过"异地购"攻击瓜子二手车时，反被瓜子二手车复制，以"全国购"大举宣传，有效封锁了人人车的进攻。对于领导者来说，要保持警惕，使自己免遭意外，"防御过头总比防御不足要安全得多。付出一些成本是值得的，企业可以把它叫作保险费"。

Bic 公司推出一次性剃须刀时，吉列及时推出双层一次性刀片成功阻击。

2. 进攻战：适用于位居市场第二、三位的企业

进攻战有以下三个要点：

1）领导者的强势地位是重要考量因素。进攻战的进攻对象是领导者，所以必须把注意力集中到领导者身上，深入研究。不要正面进攻，与领导者的强势和优点硬碰硬，一般结果不是硬碰硬，而是鸡蛋碰石头。新一代技术是进攻领导者的巧妙工具，它会使得竞争对手的技术成为过时的东西。

美的广告通过诉求"豆浆机换代了！美的推出新一代无网干豆豆浆机"解决了当时洗网、泡豆的痛点，有效攻击了豆浆机的代表品牌九阳，坐稳了品类第二。

2）找到领导者强势中的弱点进行出击。领导者会有一些弱点，但不是所有弱点都可以攻击，要选择"战略性弱点"，也可称为"结构性弱点"或"固有弱点"，"隐藏在领导者强势中的弱点，才是领导者与生俱来无法避免的弱点，因为它想避免就必须付出同时放弃强势的代价"。攻击其他弱点只会让领导者进行弥补并更加强大。

在三聚氰胺事件后，国产奶粉落入安全陷阱不能自救，即使没有卷入三聚氰胺风波，飞鹤奶粉也无法通过强调安全在消费者心智中实现效用。面对洋奶粉一统儿童配方奶粉天下的局面，飞鹤从洋奶粉强势——国际品质——的背后找到了洋奶粉固有的弱点：不是专门为中国宝宝研制的独有配方。飞鹤奶粉以此弱点为突破口，提出"更适合中国宝宝体质""53年专门为中国人研制奶粉"，赢得了顾客心智与市场，2018年飞鹤婴幼儿奶粉业绩破百亿元，创下中国婴幼儿奶粉行业首个100亿元营收纪录。

3）尽可能地收缩战线。在尽可能狭窄的战线发动进攻才能提高胜率，这是兵力原则的体现，收缩战线可以提升局部兵力优势。

3. 侧翼战：适用于规模再小一些的企业

侧翼战有以下三个要点：

1）最佳的侧翼战应该是在无争地带进行。无争地带意味着企业推出的是一个具有显著差异的新产品。有的时候，产品中的创新或独特成分甚至渠道创新都可以让潜在顾客把它当作新品类。

大众甲壳虫汽车曾以"小"的特性成功侧翼包抄了通用汽车。"侧翼包抄能否成功，常常取决于包抄者是否有能力开创并维持一个独立的新品类，这一点是关键所在。"

大象打架，蚂蚁遭殃。规模小的企业应该避开行业老大老二争斗，发动侧翼战。

克莱斯克曾经在美国汽车行业排名第三，但体量仅是第一名通用汽车的 1/5 多，是第二名福特的 1/2，在其 CEO 李·艾柯卡的领导下发动了几次经典的侧翼战："第一辆"敞篷车、"第一辆"厢式旅行车、"第一辆"6 座前驱车。

2）战术奇袭应该成为作战计划中最重要的一环。"就本质而言，侧翼战是一场奇袭。成功的侧翼战则完全是出乎意料的。奇袭因素越强，领导者做出反应加以防御的时间越长。"

创立于 2002 年的简一陶瓷一直在默默无闻地打游击战，后来在学习定位理论的过程中意识到了外部视角的重要性，从顾客认知中发现了瓷砖与大理石的竞争替代关系，从而跳出了瓷砖品类的行业局限和竞争格局，开创了大理石瓷砖新品类，与大理石及其他高档瓷砖展开竞争，成功进行了侧翼战。其间一些行业巨头对其开创的新品类进行过考察但并未引起重视，最多把这个新品类当成一个产品系列用原有品牌进行延伸销售，等后来意识到这个新品类的价值时，为时已晚，简一已经成为大理石瓷砖的品类代表。

3）追击与进攻同等重要。乘胜追击，巩固胜利，会使胜利产生更大效果。很多企业在赢得初步胜利后并未意识到乘胜追击和巩固地位的重要性，被其他机会所牵引，成为一个机会主义者，最终将宝座拱手让人。

4. 游击战：适用于本地或区域性企业

游击战有以下三个要点：

1）找到一块小得足以守得住的阵地。游击战看起来像侧翼战，但"侧翼战是在贴近领导者的位置刻意发动包抄，其目标是夺取或蚕食领导者的市场份额"。游击战则是要远离行业领导者，找到一个小池子去养大鱼。江南春指出，小公司甚至可以选择做"3 公里品类之王"。所有行业都有利基市场◎（有利可图的细分市场），唯一的区别是行业领导者的利基比其他企业的利基大一些，但仍然是一个细分市场。利基是企业脚底下（市场中）的地皮，定位是企业占据的心智中的地皮，二者最终是要统一的。游击企业要找到一块细分市场，做领导者，大到足以让游击队盈利，却又小到无法引起市场领导者的兴趣。

2）无论多么成功，绝不能像领导者那样行动。打游击的企业要尽可能多地在前线投入兵力，尽量少留非战斗人员，不必拘泥于大型企业的组织架构和考核体系等。

3）随时准备撤退，游击队只要能活下来就可以再战斗。

"大多数企业都应该采取游击战。总的原则是，每 100 家企业里，只有 1 家应该打防御战，2 家打进攻战，3 家打侧翼战，剩下的 94 家都应该打游击战。"

◎ 利基市场，英文是 niche market，又称缝隙市场、壁龛市场、针尖市场，是指一个需求高度专门化的、可以获利的小市场。

案例：瓶装饮用水品牌商战分析

瓶装饮用水品类一直是个非常热门的赛道，品牌之间的竞争非常激烈，目前已经诞生了几个营收过百亿元的品牌。知名度比较高的品牌包括农夫山泉、怡宝、恒大冰泉、百岁山、昆仑山、今麦郎凉白开等。下面结合定位理论及其中的商战模型对这几个品牌进行简要分析。

瓶装饮用水品类的品牌竞争分析主要考虑两个维度：

一是品类。瓶装饮用水品类可进一步细分为纯净水、矿物质水（以康师傅为代表）、天然水、矿泉水（再高端的细分还有一些名山冰川的矿泉水等）等。

二是消费市场的主流消费能力变迁——体现为品类发展趋势。这个维度表现为随着社会经济发展，消费升级，消费者消费能力提升导致的瓶装饮用水细分品类的依次崛起。

在消费能力低下的早期，人们主要靠自带水壶、水杯等解决外出饮水需求。消费能力提升后，人们开始饮用1元档次的水，这个时期出现了一些品牌。娃哈哈通过投放央视"我的眼里只有你"歌曲品牌形象广告占据瓶装饮用水市场份额第一的位置。在产品同质化的情况下，乐百氏使用USP竞争策略，凭借诉求"27层净化"工艺赢得消费者选择，短短几个月时间，市场占有率跃升到全国同类产品第二位。

恒大冰泉算是这个战场中的一个典型失败案例。恒大集团在

2013 年推出恒大冰泉品牌，为了打开市场，不惜在营销上豪掷 60 亿元，更是放言要达到营收百亿的发展目标。恒大冰泉选择的水源地长白山，是著名的黄金水源地。为了提升品牌热度，2013 年 11 月，借着恒大足球亚冠夺冠风头，公司举办恒大冰泉上市发布会，邀请世界足球名帅里皮和中国排球界的铁榔头郎平来站台。之后更是邀请巨星代言，风头一时无两。2014 年，恒大冰泉还与 13 个欧洲国家签订了合作协议，算是开创了中国矿泉水出口的先河。但现实是残酷的，恒大冰泉并没有让消费者满意，也没有让股东满意。连续亏损的恒大冰泉严重影响了中国恒大（03333.HK）的财务报表，为营销花费了 60 亿元，但最后财报显示亏损 40 多亿元，最终以 18 亿元的价格出售，价格上开始走亲民路线。恒大冰泉失败的关键在于两点：一是跌入"品牌延伸陷阱"，"恒大"的房地产品牌心智认知对其品类价值和品牌推广产生了严重的制约。更重要的第二点是败于趋势，其战略模式属于高端侧翼战，甚至发动了进攻战，但瓶装饮用水的主流消费能力当时还没达到其 5 元定价的生态位，市场规模不能有效承接品牌成果实现。如果再晚些年，换个合适的品牌名，用那么多的营销资源推动，胜算可能就有了。

对比恒大冰泉来看，百岁山则在品类和主流消费能力趋势两个维度踩对了节奏。百岁山是景田（深圳）食品饮料集团有限公司推出的高端产品，打的也是侧翼战。随着市场消费能力继续提升，矿泉水细分品类逐渐迎来了机会，百岁山 3 元的价位能够较好地匹配，成为中国矿泉水第一品牌。消费能力的进一步提升，会推动占据矿泉水品类的百岁山不断崛起，而占据天然水品类的农夫山泉会逐渐衰落，百岁山超越农夫山泉成为瓶装饮用水第一品牌便有了可能。

此外，还有一些品牌抓住了一些有价值的侧翼战机会，发展态势也比较好。比如昆仑山的定位是雪山矿泉水品类，属于高端侧翼战。今麦郎凉白开开创了凉白开（熟水）品类，也属于侧翼战。

以心智战场统筹物理战场

商业竞争有两个战场：物理战场与心智战场。两个战场互动统一，竞争的终极战场是潜在顾客的心智。现实中，企业家往往只看到物理战场，而忽视心智战场，越来越不适应现今竞争同质化的心智时代商战。

物理战场可以分为三大类：产品战场、渠道战场和媒介战场。4P（定价、产品、渠道和销售促进）体系可以归入三大物理战场。

物理战场上所有的行动，最终都是在往心智里投射影响力，通过投射影响力在心智里打一场战争。虽然决胜于心智，但是我们没办法把手直接伸到心智，最重要的是开展物理市场的行动。但是如果看不到心智的战场，在物理市场的行动一定是盲目的。

企业不能凭空改变潜在顾客的心智，若想赢得潜在顾客心智战场的成功，企业需要通过"产品、渠道、媒介三大物理战场上的行动来构建某些事实，从而影响、操控顾客的心智，在心智战场上产生有利于企业的认知变化"。

在心智战场明确定位和突破也能反过来赋能物理战场。因此要从心智战场与物理战场同时、同向聚焦，共同巩固心智定位。

心智战场的作战地图

传统营销观念及市场调研过于注重顾客对自己公司品牌的态度，然而在顾客看来，公司与竞争对手相比如何才是重要的事情。商战的战场在潜在顾客心智中，这是如今展开商业竞争的关键。因此作战前首要的一步就是绘制一幅心智地图，扫描市场背后隐藏的心智竞争格局，了解并掌控这个阵地。心智地图就是一幅关于各个相关竞争品牌在顾客心智中各自占据了哪个位置、哪个制高点（山头）的格局图，是商战中的作战地图。

一般来说，一个心智地图对应一个战场，即一个品类。这张地图上有若干大小、高低不一的山，这些山即该品类下的细分品类或品类特性。几乎每个山头都有一个强势品牌占据，有的半山腰或山脚下也盘踞着一些小一点的品牌。也可能有些山头还没有被强势品牌占据，还有些小土丘有崛起为山的可能性，另外还不免有些山正在遭受风化或地质危害。

以洗发水市场为例，这张心智地图上有几座山：

"去屑"是最高的一座山，海飞丝在山头，清扬在山腰；旁边还有座"药物去屑"的小山，采乐、康王在上边；"止痒"可能是座山，好像一直和"去屑"连着；"柔顺"是座山，飘柔在山头；"营养"是座山，潘婷在山头，架着一座叫作"维生素原B5"的大炮；"专业美发"是座山，施华蔻、沙宣在山上鏖战；"中药防脱"是座山，霸王在山头；"精油香氛"是座山，阿道夫在山头，竖起一面"爱的味道"高端大旗；"无硅油"是座新崛起的山，滋源堆起了这座山；"黑发"

是座云里雾里的山，原来是奥妮在山头，后来奥妮倾巢出击攻打"柔顺"未果，反被夏士莲占了老巢，夏士莲后来转而宣传"黑亮"甚至去攻"滋养"的山头；"草本"是座小山，伊卡璐在上边。最近我试用了几个月环雄安定位学会某定位学友开发的茶麸原浆和何首乌原浆洗发乳产品，感觉"草本原浆"可能是座会崛起的新山……

有时，我们可以比较轻松地洞察这张地图。此外，我们还可以通过调研获取顾客心智中已有认知的"心智快照"：列出品类的相关特性，让顾客为品牌一一打分（1～10分），调研出哪个品牌占据了哪种特性。

有了心智地图，你就明确了战场形势，知悉了敌我力量，能够识别出危险和机会，而"你的大多数对手甚至还不知道战场在哪儿，他们完全把心思放在了自己的营地上"。如果你还没有占据某个山头，甚至还没有打进攻战的资格，根据商战的"防御优势原则"，你应该避开已经有强势品牌盘踞的山头，不打进攻战；根据商战模式及新品类战略，你可以选择打侧翼战，寻找无主山头或自己堆山开创新品类，或者打游击战。

二、有效战术驱动战略

运营效益不是战略

很多大型公司采用麦肯锡等国际管理咨询公司所做的管理咨询当作战略来实施。但实际上，从性质上来说，麦肯锡等帮助企业所做的更多是运营效益方面的提升。曾经，运营效益的好坏决定了企业成败，但如今，运营效益为王的时代已经逐渐过去，随着竞争越来越激烈，运营效益已经成为优秀企业经营的基础性条件，让位于战略定位。当然，中国广大的市场极不均衡，大多数企业仍然在运营效益方面存在巨大短板。但如果把运营效益错当成战略，对企业的危害仍是极大的。然而，最可怕的是很多企业家深陷运营效益竞赛中，完全不知道自己制定了错误的战略，仍全力以赴奔向歧途。

麦肯锡等管理咨询公司的核心方法是标杆法，即对照标杆公司或业界先进做法，针对企业不足之处进行仿效改善。这种方法在企业战略上的运用，一般是对照国际标杆企业，制定企业战略目标，然后以（何时进入世界 500 强或何时营收达到某数值的）目标定战略，再围绕总体目标进行分解并规划各个事业单位实现。这是典型的自上而下型的战略规划，较少考虑差异化竞争，尤其不关注心智认知。比如麦肯锡为 TCL 制定的"龙虎计划"[⊖]战略目标是实现营收 1500 亿元，TCL 觉得仅凭电视无法实现目标，就继续多元化"全面布局"至计算机、手机、冰箱、洗衣机等领域以实现短期规模倍增，但同时也因陷入多元化重围及品牌延伸陷阱而失败。麦肯锡战略的本质是以运营效益代替战略，当"管理工具"取代了战略，随着全方位改善的推进，企业离自己原本可行的定位越来越远了。类似的案例很多，无一不是错把

　　⊖　在短短的 20 多年间，TCL 在市场机会驱动下，几乎涉猎了电子、信息产业的所有领域。经彩电一役，TCL 于 2001 年奠定了"王牌"地位。2003 年，TCL 集团股份有限公司董事长、总裁李东生发布了 TCL 的"龙虎计划"：创建具有国际竞争力的世界级企业，2010 年销售收入突破 1500 亿元。多媒体电子、移动通信终端产业在 3 到 5 年时间进入世界五强，龙腾四海；家电、信息、电工、文化产业领域，用 3 到 5 年时间，进入国内一流企业行列，虎跃神州。

标杆法运营效益提升当作了企业战略。

运营效益不等于战略。竞争战略大师迈克尔·波特早在 1996 年《什么是战略》一文中指出："问题的根源在于人们未能分清运营效益和战略的区别。"麦肯锡等公司所做的管理咨询应该属于运营效益，却被看成了战略。运营效益的完善与提升，是企业提升盈利能力的必要条件，而非充分条件。单纯提升运营效益而忽略定位，最终的结果是同质化，至多成为模仿标杆企业的二流企业。

战略的核心是定位，企业只有建立起一种可长期保持的差异化，才能赢得商业竞争。如果战略定位是方向盘的话，运营效益则是发动机或油门。运营效益和战略是两个东西，是企业取得卓越成果的两个功能要素。

战略的核心是定位

战略这个词，虽然正式引入商业话语体系才几十年，但如今已被许多学者、"专家"搭建得越来越多样化，复杂并难以理解。企业成功的因素有很多，商业模式、人才、团队、资源、管理……但这些都不是第一要素，关键是正确的方向——战略。"谈及企业的战略、愿景和使命，必须基于一个简单前提，就是企业要知道前进的方向。如果企业失去方向，一切都没有意义。"这个方向正确与否，不在于企业高层的主观臆断，而在于竞争对手在商战终极战场——潜在顾客心智中给你留下的机会。

战略，是指为战而谋略，为了在战争中取胜而谋划实施的方略，其目的是在竞争中获胜，获得长期而持久的胜利。任何不考虑竞争的战略都不是战略。在商战中，获胜的关键是要做到与众不同，因为商战的终极战场在潜在顾客心智中，因此"战略就是让你的企业和产品与众不同，形成核心竞争力。对顾客而言，即鲜明地建立品牌"。其实，大道至简，战略就是要围绕一个"简单的事实——在这个同质化竞争的时代，你必须为顾客提供一个买你的产品而不是竞争对手产品的理由"。这个"理由包装成一个简单的词或是词组，放在终极战场上——顾客和潜在顾客的心智。我们称之为'定位'"。可见，战略的核心是定位。

"定位"一词英文为 Positioning，是动名词，强调的是动作和过程，因此制定战略就是找到定位、占据定位的过程。在这个白热化的大竞争时代，任何复杂、模式化的传统战略理论和工具都将失去意义，取而代之的是定位，基于定位的战略才是这个时代的商业生存之道，为我们指明如何在"选择暴力"时代赢得顾客选择。战略的目的就是赢得竞争，战略的本质就是一致性的经营方向——定位。

因此，定位决定战略，战略推动定位。战略赋予定位翅膀，让企业腾飞。"战略就是形成一套独具的运营活动，去创建一个价值独特的定位。"二者并重、相互配合才是营销成功的关键。定位由此上升至企业战略层面，即"战略定位"。总的来看，定位就是界定竞争和心智，规定品类、品牌，然后展开定位，做出配称，进行落地的全过程。定位是一个统一体，有战略和战术两个层面。定位从战略层面讲就是为企业寻找可承接的品牌最大战略机会，从战术层面讲就是帮助消费者做出选择。

有竞争力的心智切入点

"战略先于战术、决定战术"的观念深入人心。传统观念和理论认为，企业应该先由高层管理者制定战略，之后再由中层管理者根据战略选择相应的战术来执行战略。这是一种"自上而下"的思维，即"企业先规划好自己想走什么路线，然后期望市场服从自己意图，使目标得以实现"。自上而下的企业战略思维属于目标导向型，然而随着竞争的激烈，这种过去可行的思维越来越表现为"一厢情愿"，因为它缺乏对外部市场竞争和认知的考量。

定位理论是竞争白热化时代的商业竞争理论，其战略观不同于传统观念自上而下的战略规划，而是基于几千年战争实践智慧的总结。战略的目的就是赢得商战，因此"战略应该在同顾客和竞争对手的接触中判断它们的有效性"。"唯一可靠的战术就是想办法第一个进入顾客心智。"

定位理论的战略观是"战术驱动战略，战略服从战术"，认为战略应该"自下而上"制定：首先衡量自身实力和资源，从四种商战战略模式中选择适合自己的一种，界定主要竞争对手，从市场一线顾客心智中先找到可行的战术（某个可以切入心智的定位角度），再以这个战术为指针和驱动，形成战略规划，将企业运营各方面进行匹配服务于这个战术。达美乐的战略可以简明地描述为以"30 分钟送餐到家"战术来主导比萨外送业务。

有效战术是"一个有竞争力的心智切入点"，是以传播为导向的，其首要特征是差异性；战略"不是目标，而是一个一致性的营销方向"，以产品、服务或公司为导向，是围绕战术的系统运营配称，目的是调动资源为战术插上翅膀保障战术优势实现，并对竞争对手形成战术压力；战术与战略是统一的，二者统一于有效的战术，即定位。

正如卡尔·冯·克劳塞维茨所说："假如我们认为战略是独立于战术成果之外的力量，必将误入歧途。"因此，商战的胜负关键取决于以传播定位为目的的战术层面，战略层面则是取胜的保障而非关键。找到战术这颗能进入心智的"钉子"，为之匹配适合的战略"锤子"。定位理论中战术与战略的区别见表 5-1。

表 5-1　定位理论中战术与战略的区别

差异点	战术	战略
要素	一个概念或一个角度	许多要素，以战术为中心进行整合
差异性	极富差异性	可以是普通平常的
导向	以传播为导向，让顾客接受概念	以产品、服务或企业为导向
时间	脱离时间范畴，相对静态	长期性
竞争	竞争优势	达成与保持竞争优势的规划
范围	独立于产品、服务和企业，甚至可能与企业制造的产品无关	是企业内部的范畴，包括多方位的重组
私密性	公开，积极传播	尽量保密

三、聚焦成就定位

聚焦是成为第一的必由之路。太阳的能量很强大，但是阳光散射到地面却温暖万物。激光的能量仅有几瓦，集中起来却可以击穿钻石。品牌通过聚焦就可以产生激光的效果——拥有穿透心智主导市场的能力。长期来看，成功的是聚焦程度高的品牌，失败的是聚焦程度低的品牌。因为人总是青睐看得清楚的东西，无论是图像，还是认知中的品牌。近视患者需要戴眼镜才能看清楚图像，但没有能看清品牌的近视眼镜，需要企业主动"调焦"将品牌聚焦，使成像清晰。品牌要么聚焦，有清晰的定位；要么失焦，被顾客舍弃。

聚焦，在商业上的含义"是为了在一个细分市场成为领导者而'收缩'经营"。聚焦是定位理论体系中非常重要的一个主干概念，在某种程度上经常与"定位"等同使用，二者是统一的。但聚焦与定位又有区别，定位更加强调一种关系——企业自身、竞争对手、顾客认知之间的关系，对这种关系进行分析可以确定定位。定位的实现必须要通过聚焦，聚焦是成为第一的必由之路，定位是聚焦的目标和结果。

聚焦的焦点并非一定是一个产品或一种服务，也可以聚焦一种模式或一种技术。比如云南白药的焦点就是一种止血药配方，云南白药通过这个焦点生产的气雾剂、止血创可贴、止血牙膏都能顺应心智认知取得成功。

在战场上，进攻战线太长就等于自杀。要遵循"兵力原则"，收缩战线才能取得胜利。高度聚焦的公司与缺乏聚焦的公司相比，能够在心智战场与物理战场上同时、同向聚焦。一旦开始聚焦，并进一步把聚焦具体化为顾客心智中的一个词或一个概念，这个心智之矛就更锐利，就可能大幅度提高战略效力。这个概念同时从公司内外部提供动力，向顾客和员工申明企业的业务重心。聚焦因此能调动兵力，包括经营资源和心智资源，从而使差异化做到第一得以实现。

联邦快递最初以更低的价格、更好的服务与行业第一艾莫瑞公司竞争，对照艾莫瑞公司推出三种同样的产品：隔夜送达、两天送达和三天送达。跟随行业领导者并正面全线进攻不是好主意，顾客心智中仍然青睐行业老大。联邦快递亏损两年之后改变定位，重新聚焦"隔夜送达"，收缩战线单点突破，占据了"隔夜送达"这个词，赢得了这场战役，最终迫使艾莫瑞将业务重心转向大型包裹。

好的战略，就是围绕着一个差异化的定位，调整运营活动和资源配称定位，持续聚焦。聚焦分为两个层次：心理层次和物理层次。因为从定位理论来看，竞争的战场也有物理战场和心智战场之分，两个战场互动统一，竞争的终极战场是顾客的心智战场。一方面，企业不能凭空改变潜在顾客的心智，若想赢得在潜在顾客心智战场的成功，企业需要分别从产品、渠道、媒介进行资源聚焦，通过产品、渠道、媒介三大物理战场上的行动来构建某些事实，影响潜在顾客的心智，在心智战场上产生有利于企业的认知变化。另一方面，心智战场的突破也能反过来赋能物理战场。因此要在心智战场与物理战场同时、同向聚焦，共同巩固心智定位。

专家型品牌强于通才型品牌

随着时间效应的积累，定位清晰的品牌能在顾客心智中留下清晰的印象。任何情况下，专家型品牌或高度聚焦的品牌都更容易成为最后的赢家。

雅虎是最早的搜索引擎，它陆续延伸出雅虎游戏、雅虎邮箱、雅虎信息、雅虎群组等很多品类。谷歌当时是排名第四的搜索引擎，但它是唯一保持单一搜索功能的，没有进行品牌扩张，最终成为市场领导者，占据着90%的市场份额。

因为人们有一个常识：一个人或企业不可能成为各个领域的专家。另外，顾客开始给予更多品牌基本信任，不再特别寻求大企业、大品牌的保障。例如，海尔、美的规模更大，品牌更悠久知名，但顾客购买豆浆机却更多选择九阳，九阳占据了家用豆浆机75%以上的市场。因此，通才难以得到顾客的认同，即使你可能做得更好。顾客需要各个品类中最好的专家产品，尤其是企业客户。因此，企业要不断调整自己的品牌战略组合并强化聚焦，使自己从通才领域中退出。

专家型品牌能够集中利用资源。专家型品牌可以把资源、精力集中到一款产品、一种利益及一个概念上，形成激光效应和足够的穿透力，更易进入心智并留下烙印。可口可乐聚焦清晰，把资源大力投入国际市场，牢牢占据世界第一的位置。而百事可乐受多元化所累，在国际市场投入不足，国外利润占比远不及可口可乐。

专家型品牌意味着专业能力。聚焦意味着拥有最佳或更强的专业能力，在一个领域做到"一米宽、一千米深"。比亚迪[⊖]新能源汽车销量连续9年居中国第一，2022年超越特斯拉成为全球新能源汽车

⊖ 比亚迪诞生于深圳，于1995年成立，业务横跨汽车、轨道交通、新能源和电子四大产业，在香港和深圳两地上市，营收和市值均超千亿元。在电池领域，比亚迪具备100%自主研发、设计和生产能力，目前是全球产能最大的磷酸铁锂电池厂商。2003年组建的比亚迪汽车，在乘用车领域已形成DM混动、EV纯电两大技术路线的产品体系，以及王朝、海洋两大品牌网。2022年4月3日，比亚迪做了一件颠覆整个汽车圈的大事，那就是宣布正式停产燃油汽车，未来专注于纯电动和插电式混合动力汽车业务。自此，比亚迪成为全球首家停售燃油车的传统汽车制造商。2022年，比亚迪汽车累计销量约186.85万辆，同比增长152.46%。其中，新能源汽车累计销售约186.35万辆，同比增长208.64%，超越特斯拉，夺回全球新能源汽车销冠。

销量第一，中集集团聚焦集装箱领域，取得了全球第一，海康威视连续 10 年蝉联视频监控设备市场世界第一，京东方是 LCD 屏市场全球第一。

这种极致的专业精神和专业能力也带来一种"光环效应"，即当品牌牢牢占据一个定位之后，顾客就可能赋予它更多其他利益。比如，一辆"跑得更远的电动车"除了电池好之外，也意味着好的设计和工艺，一种"防上火"的饮料也意味着优质、安全等。

专家型品牌有机会代言品类。专家型品牌可以成为同类产品的代名词，起到封杀品类、攫取高额利润的作用。格兰仕代表了微波炉，九阳代表了豆浆机，公牛代表了插座。

有的品牌甚至成为品类及行为的代名词，如"百度一下""顺丰给你""闪送给你"。除了代言品类之外，强大的专家型品牌还可能会被客户或竞争对手当作行业龙头的代称，如"×××就是药中茅台""×××就是口罩中的爱马仕""×××就是风力发电机组中的奔驰"等。

真正的区别在于利润。企业持续聚焦并不断深化自身的定位，就能比选择以缺乏独特性的身份进入其他领域获得更快的增长和更丰厚的利润。我们在医院往往能看到专家号挂号费很高却都是最早被挂完的。

"美国前 100 家公司的平均利润占总销售额的 6.2%，而日本前 100 家公司的平均利润占总销售额的 0.8%。""高度聚焦的小公司市值是聚焦缺失的大公司市值的三倍。甚至可能高出更多。市场估值只是代表投资者愿意以某种价格买进或卖出公司股票的一个数字。如果他们真正懂得聚焦的力量，他们可能愿意为高度聚焦的公司开出更高的价格。"巴菲特以更高溢价持有可口可乐的股票，而非百事公司，正因为前者高度聚焦，并拥有可乐原创者、领导者的定位，后者却是一家综合的多元化企业，尽管公司收入比前者高得多，但销售利润率和市值却远不及前者。

这就是聚焦的力量。只有专注才能成为世界一流，只有聚焦才能拥有最强大的穿透力。"如果你试图同时赢得 100 米和马拉松比赛的金牌，你在这两个比赛中肯定都会失败。集中力量是获得最佳表现的一个不可缺少的先决条件。"在多元化失败案例不断增多的情况下，一些颇具见识的企业家开启了一个逆向的"归核化"[⊖]过程，越来越加强其核心业务，而放弃了边缘业务。

2021 年 2 月 19 日，苏宁集团董事长张近东在集团 2021 年新春

⊖ 结合 20 世纪 80 年代以来战略管理实践的发展，美国战略管理学家马凯兹（C. C. Markides）进一步提出了归核化战略的新概念。所谓归核化，意指多元化经营的企业将其业务集中到其资源和能力具有竞争优势的领域。归核化战略思想的提出，提高了企业能力理论的实用性。归核化战略并不是简单地反对并购，而是反对与核心能力无关的并购。归核化战略的基本思想是剥离非核心业务，分化亏损资产，回归主业，保持适度相关多元化。马凯兹分析：20 世纪 80 年代美国最大的 250 家企业中，仍在多元化扩张的仅占 8.5%，而采取归核化战略的已达 20.4%。归核化不等于专业化，也不等于简单地否定多元化，而是强调企业的业务与企业核心能力的相关性，强调业务向企业的核心能力靠拢，资源向核心业务集中。归核化后的企业仍是多元化的，但业务间的关联度较高，企业的经营绩效较好，竞争优势明显，竞争力增强。美国大企业在 20 世纪 50 年代起实行多元化战略，在 70 年代达到了高峰，80 年代进入战略转换期，90 年代多数大企业开始实施归核化战略。归核化是以美国为首的西方发达国家多元化发展到一定阶段的产物。欧洲大企业的这一战略转换比美国晚 5~8 年，20 世纪 90 年代中期才陆续实施归核化战略。在亚洲，韩国大企业在金融危机中的 1998 年才开始实施归核化战略。而日本一些大企业则以调整企业发展战略、突出企业经营重点为主，实施归核化战略。这一切都说明"归核化"是竞争的需要。

团拜会上表示："不在零售主赛道的，该关的关，该砍的砍。"这意味着苏宁部分业务或会被放弃。公开资料显示，如今苏宁控股旗下包含苏宁易购、苏宁物流、苏宁金融、苏宁科技、苏宁置业、苏宁文创、苏宁体育、苏宁投资等八大产业板块。其中，除以零售为主业的上市公司苏宁易购外，其余七大产业板块均不直接从事零售业务。

失焦意味着失去获客能力

"战略的精髓是舍弃。牺牲是企业战略的精华。没有牺牲就没有战略。"不懂得舍弃的人最终也难有获得。表面看来，聚焦限制了企业"发展"和"发挥"，人们常说"聚焦是反人性的"。殊不知，如果不加以限制，人性往往是混乱的根源，随意的"发挥"和"发展"导致企业在良好的自我感觉中走上了歧途。当领导层的视线偏离核心业务追逐其他次要机会时，公司通常就开始要走下坡路了。

商业成功的秘诀在于舍弃。聚焦之所以有效，其底层逻辑是聚焦可以增强企业及品牌的专业性和获客能力。聚焦程度越高，在与商业对手的竞争中，就一定越有优势。多数情况下，人们更愿意与专业性公司合作而不是综合性公司。如果你因多元化、品牌延伸而不去聚焦，你就不再是专家，会失去定位。

失去在顾客心智中代表和象征意义的品牌是没有力量的，不具备获客能力。即使这个品牌还有一定的知名度，如果它不能在顾客心智中有所代表的话，也是极其虚弱的。品牌要代表某个品类，否则即使拥有高知名度也无法与顾客的购买行为关联。很多有高知名度的品牌因为没能代表任何品类及特性而非常虚弱。

聚焦意味着舍弃。这种舍弃往往被企业看成"退步",自大的主帅不愿意放弃自己的地盘。但这种舍弃并不意味着就只是做减法,而是以退为进,减去与定位不符的,用节省下来的资源去做加法,强化定位。老板牌抽油烟机在确定了"大吸力"的定位后,宣布停产非大吸力产品,将资源投入油烟机吸力的技术研究及产品开发,进一步强化了品牌定位和竞争力。

多线作战不如集中兵力优势,规模大不等于成功和利润。少即是强,强即是多。聚焦的最终目的就是要主导品类,成为所在品类的龙头,同时也就意味着利润最大化的实现,股价和市值的上涨就水到渠成。"长期而言,商场上唯一重要的事情就是龙头地位。"历史证明,如果精准聚焦,可能会短期阵痛,但长期会健康增长。

单焦点多品牌战略模式

随着竞争的加剧,20世纪成功执行单一品牌战略的企业纷纷通过品牌延伸进入新品类,然而,它们并不能把在原有领域的知名度转移到另外一个领域,因此在新领域不断遇到专家型品牌的狙击,如同一个心外科专家跨界到呼吸科不受重视。

21世纪主导世界的品牌是全新的品牌,如亚马逊、谷歌、苹果、Facebook、特斯拉,而不是20世纪老品牌的延伸。单一品牌的企业,通常在某一品类中强势,而在其他延伸品类中很弱势,微利甚至亏损经营。比如,联想在个人计算机品类中强势,但在如手机、平板电脑等其他领域都很弱势。

多个品牌并不一定违反聚焦法则，因为战略分为企业和品牌两个层面。企业战略是由企业不同品牌的战略组成的。世界上最赚钱的企业都是像苹果、可口可乐、宝洁、阿里巴巴这样的多品牌企业，它们保持既有品牌的聚焦，并在新品类推出新品牌以应对新技术的发展和变化。在品牌定位层面，企业应按照"单焦点、多品牌"战略，培育多个品牌的"品牌大树"。

《升级定位》里对多品牌战略的聚焦类型进行了有益的区分：

第一种是多个品牌主导一个品类，里斯先生称之为"多梯级聚焦"。各个梯级的品牌分别进行聚焦，这些品牌之间要保持鲜明的差异，不能相似。这个模式来源于通用汽车前总裁阿尔弗雷德·斯隆于1921年对通用汽车旗下各品牌的规划。保留有主导潜力的品牌，舍弃其余品牌，个别品牌改名，对价格重新进行调整，避免之前混乱重叠的定价，每个品牌清晰对应不同购买能力的人群。

第二种是多个品牌主导一个抽象品类。比如可口可乐公司用可口可乐、雪碧、芬达、美汁源、冰露、COSTA等多个品牌主导了"饮料"这个抽象品类。

第三种是多个品牌主导一个价值网。比如宝洁用多个品牌主导了个人洗护的价值网，包括洗发用品、护发用品、护肤用品、化妆品、婴儿护理产品、妇女卫生用品、医药、织物、家居护理、个人清洁用品等诸多品类。

第四种是主业聚焦＋战略投资。比如阿里巴巴，通过多品牌主导了新零售价值网，并通过大量战略投资不断强化其生态系统和主导能力。

案例：通用汽车品牌定位战略调整

阿尔弗雷德·斯隆（Alfred P. Sloan，1875—1966），通用汽车公司前总裁，从 1923 年至 1956 年任公司总裁期间，让濒临破产的通用汽车公司在短短三年内反败为胜，缔造了举世瞩目的通用汽车王国。斯隆是一位传奇式领袖，被誉为第一位成功的职业经理人，美国《商业周刊》75 周年时，获选为过去 75 年来最伟大的创新者之一。

斯隆加入通用汽车的时候，通用汽车正陷入重大危机，缺乏营运及财务控制，导致现金无法周转，生产线混乱。当时福特汽车市场占有率为 60%，通用汽车不过 12%。1921 年 4 月，时任副总裁的斯隆受命着手研究公司"产品战略"问题。当时通用汽车拥有 10 条产品线，如图 5-1 所示，雪佛兰、奥克兰、奥兹莫比尔、谢里登、斯克里普斯 - 布思以及别克这几个分部推出的汽车都在 1800～2200 美元之间，其他品牌都没能够推出一个足以同福特 T 型车（售价 495 美元）相竞争的策略。此外，雪佛兰、奥克兰和奥兹莫比尔这三个分部亏损十分严重。

斯隆认为："通用汽车的产品线应该系列化，也就是说，应该从整体角度妥善考虑产品线中各款汽车之间的相互关系。"斯隆的方案为每个品牌划定了一个价格区间，大大减少了各品牌之间的竞争和产品线混乱的情况。之后斯隆采取的一系列措施很快扭转了通用汽车的困局：出售谢里登分部，解散斯克里普斯 - 布思分部，5 年之后奥克兰更名为庞蒂亚克；将公司改组为 5 个汽车分厂，分别生产不同档次的汽车，分散生产使每个厂都能自由发挥主动性，通过建立一个强有力的中心办事机构集中管理。调整后的各个品牌开始呈现出明显的差异化，走在街区里，人们能通过家门前停放的汽车来判断住户类型：普通人开雪佛兰，工头开庞蒂亚克，经理开别克，而首席执行官开凯迪拉克。

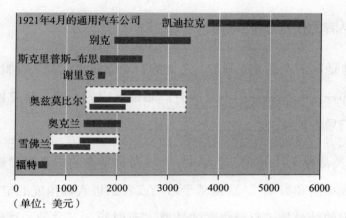

图 5-1　1921 年美国通用汽车公司各品牌零售价格

资料来源：《好战略，坏战略》(中信出版社)。

　　心智厌恶混乱与复杂，品牌清晰的定位极大增强了进入顾客心智的能力并促进了消费选择。图 5-2 展示了斯隆方案的逻辑和实施的顺序。10 年后，通用汽车超过福特汽车在美国市场份额排名第一，并保持长达 50 年，最高峰时市场占有份额超过 50%。

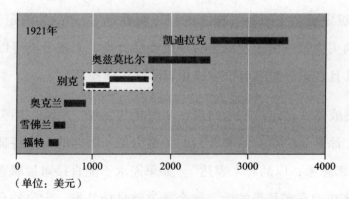

图 5-2　1921 年斯隆提出的通用汽车产品品牌战略定位

资料来源：《好战略，坏战略》(中信出版社)。

四、品类及分化

品类是品牌的根基

品牌是基于产品（或服务）之上的，不能脱离产品（或服务）。每个品牌都一定有产品，但不是所有产品都可成为品牌。从总体上看产品，人们只看到品类。

《品类战略》中指出，"A. C.尼尔森对品类的定义是'确定什么产品组成小组和类别'，这是基于市场或者销售管理角度的定义"。定位理论中的品类是"心智角度的品类""有时候，二者是一致的"。"但很多时候，二者并不一样。""品类既非单纯的产品概念，也非单纯的传播概念，甚至也不是一个单纯的营销概念，而是一个几乎所有的营销要素的集合。""品类是顾客消费的驱动力。"

品类是定位理论中一个重要的主干概念，是顾客视角和心智中的品类，即潜在顾客对于产品的归类和区分，直接对接消费需求。

《升级定位》中对品类概念进行了明确定义："品类的定义就是，顾客在购买决策中所涉及的最后一级商品分类，由该分类可以关联到品牌，并且在该分类上可以完成相应的购买选择。"

品类战略，是定位理论的进一步深化与发展，明确了品类是品牌的根基，品类是隐藏在品牌背后的关键力量。顾客的行为特征往往是"以品类来思考，以品牌来表达"。如果需求不能直接对接顾客心智中存在或潜在的真实品类的话，这个品类就是伪品类，定位的目的和价值自然不会在顾客心智中实现。

以白酒为例，几年前在高铁站看到酒鬼酒的广告，发现其定位为"高端会议宴会用酒"。这明显是一个伪品类、伪定位。"高端会议宴会用酒"或"会议宴会用酒"这个品类成立吗？消费者在召开会议或举办宴会时考虑用酒问题时的思维逻辑是什么？是想"我办的是会议或宴会，有没有会议或宴会用酒的品牌可供选择"，还是想"这次会议或宴会用酒，我选哪个品牌会更适合这次会议或宴会的档次、人群或更体现地方特色？"当然是后者！可喜的是，一年后再路过高铁站，发现酒鬼酒及时"止损"，抛弃了这个伪定位。但目前仍存在的问题就是，如何将"馥郁香"这个消费者心智中不能清晰理解的香型品类名进一步明确，明确其品类内涵和价值，才有可能通过占据该香型领导者位置来兑现品类价值。

品牌定位的实质就是以外部视角替代企业内部视角，从顾客心智中品类及品牌认知的角度，确定自己品牌有可能在顾客心智中占据的有利位置。品类是根，品牌是花、是果，品类有强健的根、营养丰富的土壤，才会开出绚烂的品牌之花，结出丰硕的品牌之果。强大的品牌是通过思考品类建立的，而非仅仅思考品牌本身。

品牌是品类（及其特性）的代表。定位的第一步就是选品类。词是建立品牌的关键，品类名本身就是一个词，品类名属于领导者。哈弗拥有了"（经济型）SUV"这个词，心相印拥有了"纸巾"这个词，蓝月亮拥有了"洗衣液"这个词，王老吉拥有了"凉茶"这个词，海天拥有了"酱油"这个词，九阳拥有了"豆浆机"这个词，当然，这些成果（品牌锁定某一品类）的取得绝大多数归因于第一个进入心智。格力拥有了"空调"这个词，原因则是春兰多元化品牌延伸后的心智退位。

品牌伴随其品类而兴亡。品牌像生命一样，具有生命周期。品牌被创造出来，成长、壮大、鼎盛、衰落直至死亡。随着代表新品类的品牌开花结果，老的一代将会衰老甚至死亡。不要认为品牌永生，因此别再把资源浪费在苟延残喘的品牌上。品类的冰山如果已经消融，品牌也会随之被淹没。把省下的资源投入某个蒸蒸日上的新品类和新品牌才是明智之举。

当一个全新的品类出现并发展，全新的品牌必定是赢家。佳能、尼康代表了数码相机，而不是柯达，即使柯达发明了数码相机。代表智能手机的是苹果 iPhone，而不是诺基亚。代表新能源汽车的是特斯拉等造车新势力，而不会是奔驰、宝马，即使它们质量更好。从电动汽车技术来看特斯拉可能不比宝马强，但宝马遇到的巨大挑战是顾客想到电动汽车不会想到宝马，这为新品牌特斯拉带来了巨大的机会，如入无人之境。王者轮换的按钮，就是新品类。特斯拉在美国电动汽车市场上是唯一的新品牌，其他都是传统汽车品牌的延伸品牌，因此特斯拉占据了近 80% 的市场份额。虽然它在运营的十几年里从未实现全面盈利，销量占全球汽车销量份额不高，但市值已经超过了包括大众、丰田、日产、现代、通用汽车、福特汽车、本田汽车、菲亚特克莱斯勒以及标致等 9 大汽车制造商的市值之和。

品类特性及细分品类

当竞争趋于激烈时，需要在品类的基础上附加强调某一品类特性，进一步增强识别性和竞争力。领导品牌往往占据该品类最大、最具价值的特性。舒肤佳占据了"除菌"，炫迈口香糖占据了"持久"，千禾酱油占据了"无添加"，云南白药创可贴占据了"止血"，感康感冒药占据了"快"，白加黑感冒药则占据了"日夜两用"，美的空调占据了"变频"，奥克斯空调占据了"互联网直卖"，顺丰快递占据了"快"。

这种强特性的发展会进一步使得顾客心智认知产生"品类隔离"，从而发展为新品类，拥有这种强特性的品牌也成为细分品类的代表。舒肤佳成为除菌香皂代名词，千禾酱油成为无添加酱油代名词，云南白药成为有药止血创可贴的代名词，美的空调成为变频空调代名词，奥克斯则可能成为互联网直卖空调代名词，顺丰成为高端速递的代名词。

成为第一品牌并且建立一个品类，才能成为品类的代名词。若这些品牌名称能够作为动词使用，则是对其领先地位的一种更加权威的表达和夯实。例如，顺丰给你，闪送给你，百度一下，滴滴过去。

分化是商业发展的原动力

最初所有的生物是"融合"在一起的单核生物，后来逐渐分离，并进行分化，物种间竞争使得有些物种消亡灭绝，也使得物种间性状区隔越来越明显——达尔文称之为"自然界偏好极端"。一棵大树，在不断生长出枝条并竭力向不同方向伸展的同时也会遮盖周围枝条使之枯萎。

商业中的品类也是随着供需和竞争的演进而不断分化的，这个过程背后还有科技进步[○]和文化环境变迁的推动。鞋子分化为男鞋、女鞋、童鞋、老人鞋，或草鞋、布鞋、皮鞋，或凉鞋、拖鞋、休闲鞋、旅游鞋、运动鞋（足球鞋、篮球鞋、网球鞋、慢跑鞋等）、溯溪鞋、沙滩鞋……计算机不断分化为小型计算机、家用个人计算机、工作站、3D 工作站笔记本、商务个人计算机、直销个人计算机、平板电脑等。

在这个过程中，商业社会越来越专业化，分化成为一个必然趋势，所有的品类都会分化。一个品类会不断分化出新的品类，同时也"遮蔽"了某些老品类，使其衰弱或灭亡。比如打字机这个品类在临近的"计算机"分支的遮蔽下即将枯萎，互联网也正在将传真这个老的枝条遮蔽并削弱。正是分化为新品牌的创建创造了机会，因此创建品牌最易行、更佳的方法是开创并率先进入一个新品类，而非追逐现有品类。在这棵品类的"物种大树"上，成功的品牌主导了各个枝条并与这个枝条共同荣枯。"品牌具有价值在于一个原因，而且只有这么一个原因，就是它主导了一个品类。"

分化与传统营销理论中的市场细分是有本质不同的，分化是基于心智的，立足于心智战场，"分化可以叫作'心智细分'"。分化就是在供需和竞争演进进程中产生的"心智细分"，这种心智细分最终会反映到市场中，二者有着统一性——"心智第一，市场跟随心智"。

作为品类领导者，企业不能试图占据该品类分化出的所有新品

○　21 世纪是一个互联网、人工智能、物联网、云计算、大数据、新能源、无人驾驶等"超级技术"引领的时代，超级技术为我们带来了人类历史上最多开创新品类、打造新品牌的机会。

类，尤其不能以一个品牌占据所有细分品类，那样只能失焦并最终失去主导地位。更好的战略是把握品类分化的趋势，在成熟的时机启动新品牌捕捉新品类的战略机会，培育起一棵茁壮的企业品牌大树。

"品类鸿沟"和"产品代沟"

有个实验，将两个不同品种的草履虫放在了一个试管中，几天后一个品种占据了试管上方，另一个占据了试管下方，中间区域什么都没有。用藤壶做相似的实验，一个品种占据了线的上端，另一个品种占据了下端。在很多品类生态中，竞争也导致了不同品牌在品类中占据了不同的生态位。

比如抖音和快手是短视频 app 两强，抖音以一、二线城市年轻人为主，快手则是下沉，以二、三、四线城市、小镇青年为主。抖音，把消费体验做到极致，给自己打上"酷、潮、年轻"的标签，满足看到美好事物的需求，是一款关乎美好感的产品，品牌口号诉求"记录美好生活"；快手则更兼容不同阶层和群体，强调多元化和去中心化，记录和分享各自生活状态、行为习惯和文化，品牌口号诉求"拥抱每一种生活"。

"在营销中，当一个品牌试图占据两个不同的位置时，通常被称为陷入了'泥泞的中间地带'"而难以获得成功。"在生存斗争中，没有两个物种（或两个品牌）能占据同一个位置。如果它们企图这样做，其中一个物种（或品牌）会迫使另一个走向灭绝。"

因此要警惕与分化相对的一些"融合"的概念，不是说融合一定会错，但很容易出错。狮和虎都是由豹这个物种分化出来的，但二者交配产生的狮虎兽、虎狮兽⊖的成活率很低且不能再繁衍。瑞士军刀的使用仅限于极少数特殊场景，工具意义不大，更多是被当作男士的收藏或玩具。

当然，融合并非一定不能产生新品类，主要看各要素相加后的产品在顾客心智中是否可以被识别为一个品类。iPhone 并非计算机、照相机、音乐播放器、手机的简单融合，回到心智中考察，把它看作一个"触屏智能手机"新品类更符合实际，它的功能遮蔽了其他几个枝条的阳光。

产品之间往往存在着一定的实际差异及相应的认知差异，当这种差异强到一定程度时就产生了品类隔离，即新品类的产生。因此，品类之间的这种显著差异可以称为"品类鸿沟"。

品类鸿沟更多是在认知层面，即心智中产生作用。潜在顾客心智中的这种品类鸿沟使其对特定品牌跨界延伸产生排斥。因此，新品类都会产生主导品牌，但往往不再是原来品类的领导者。老品牌延伸无法跨越品类鸿沟，脚踏两只船只会让顾客感到迷惑，削弱品牌定位。如果品牌延伸是一个好策略，那么诺基亚应该会是智能手机的领导者之一。

新品类要启用新品牌，充分释放新品类潜能。不能用老品牌的心

⊖ 狮子和老虎是地球上最大的两种猫科动物，在自然界中，它们的栖息地一般是没有重叠的，所以几乎不能相遇。但是在人工饲养的环境下，老虎却可以和狮子产生"感情"，诞下后代。雄狮和雌虎产生的后代叫狮虎兽，雄虎和雌狮产生的后代叫虎狮兽。

智去束缚新品类，混淆品牌定位认知，只有新品牌才能成功跨越"品类鸿沟"。苹果计算机是家用个人计算机，当苹果公司进入商用领域时启用了新品牌麦金塔（Macintosh，简称 Mac），在开创新一代智能手机时用的是 iPhone。与老品牌相比，新品牌更容易让顾客关注到新品类与老品类之间的品类差别，从而更利于新品类的推广，同时也能产生得口碑效应和公关效应，利于打造专家型品牌并占据品类领导地位。

今麦郎凭借蒸煮面技术开创了"速食面馆面"新品类，但它没有选择延伸今麦郎这个传统方便面品牌，而是启用了新品牌"老范家"。老范家一经推出，便引起了行业和顾客的高关注度，各路美食大 V、直播达人争相进行试吃评测。上市第一天，老范家速食面馆面在天猫平台 10 秒售罄。

在竞争升级的市场中，品牌延伸往往不代表安全，而是代表保守。机会更青睐专家型品牌。

有时候，在品类鸿沟中还有一种过渡型品类。过渡型品类也是一种新品类，不过还不能说它是真正的新品类，它是技术不够成熟与市场需求较高之间矛盾的一种表现。随着技术的发展，过渡型品类会被成熟的新品类所取代。比如，混合动力汽车就是传统燃油汽车与纯电动汽车之间的过渡型品类，诺基亚的塞班系统智能手机、黑莓 QWERTY 全键盘智能手机就是传统手机与智能手机之间的过渡型品类。

和"品类鸿沟"相对应，还有一个"产品代沟"。前者存在于不同品类间，后者则存在于同一品类不同代际产品间。"产品代沟"与"品类鸿沟"相似，都是一种质变而非量变，而新的产品或品类在顾客心智中需要新品牌去代表。以镇痛药换代发展为例，在顾客心智中，同一品类不同代际的产品往往也更适宜新品牌生长，如表 5-2 所示。

表 5-2　美国镇痛药品牌换代情况

代际	产品名	主导品牌	所属公司
一代	阿司匹林	拜耳	拜耳公司
二代	对乙酰氨基酚	泰诺	强生公司
三代	布洛芬	艾德维尔	美国家庭用品公司
四代	萘普生钠	阿乐维	宝洁公司

用品牌延伸的方式去跨越产品代沟非常困难，即使在初期因为新品类尚未被占据或者竞争对手也是使用延伸品牌而取得成功，长期也会因为失焦而埋藏巨大风险。产品换代期消费者容易出现认知混乱，市场份额也在快速变化，没人清楚谁是真正的领导者。这个时候需要全力以赴，尽早锁定首位排名并及时宣传，抢先占据心智。

强势品类与弱势品类

品类天生不是平等的，如同树木，有高矮粗细、生长快慢之分。强势品类有两种情况，一是该品类当前就比较强，二是该品类当前并不强但有不断强大的趋势。尽量不要选择弱势品类，因为弱势品类难以打造出强势品牌。骑手自身水平是一方面，选择一匹好的赛马更重要。

品类的强弱势不是固定不变的。强势品类可能随着社会的发展转为衰弱，有潜力的新品类亦会转强，另外，弱势品类中也往往会分化出较强的细分品类。

美的品牌最早代表的品类是风扇，由于社会经济发展，风扇品类逐渐衰弱，而空调品类逐渐强大，品类强弱势发生了此消彼长的变化。企业及时调整战略，将重心调整至空调。从企业战略来看美的的战略布局是可取的，但用原有品牌延伸至空调品类则是各有得失：得分在于美的品牌的知名度使空调的推出获得一定助力，失分在于长期来看美的品牌的定位、认知不够清晰。好在，美的空调抓住了变频空调品类的机会赢得差异化认知优势，变频空调是空调品类中的一个较强势能的新细分品类，赋予了美的空调新品类的势能。

品类的强弱势是与品牌关联在一起进行判断的。弱势品类一般是指顾客在该品类的选购中，不是太在意品牌的影响，品牌的心智预售能力较弱，大多数顾客会认为这类产品的差距普遍不是太大，一般品牌的产品都可以满足其需求。

有一个叫作大卫的拖把品牌，将自己打造成"拖把专家"。拖把是一个相对弱势的品类，大部分消费者并不会以品牌为主要依据进行选购，即使通过大范围广告传播在潜在顾客心智中占据了位置，"拖把专家"的定位能够影响的人群可能也比较有限。如果大卫拖把能在设计、技术等方面不断创新，给予顾客更多价值，就能进一步赢得认知优势。

因此，在弱势品类中开创强势品牌具有较大难度，必须找到一些更有价值的差异化概念才能从同质化的商品中脱颖而出。在为某毛巾企业进行品牌顾问的过程中，我总结出了一套在弱势品类开创强势品牌的模式：

细分功能性品类 × 超级特性 × 视觉锤 × 源点人群 = 强势品牌

弱势品类中可能会有强势特性或强势细分品类。面粉是一个弱势品类，但天然面粉在人们越来越关注健康的趋势下有分化成为强势细分品类的可能。一加一[⊖]看到了这个机会并抢先去占据这个品类，将源点人群设定为有儿童的家庭、幼儿园家长等，诉求"家有儿童，选一加一天然面粉"，将超级特性设定为"真正没有添加剂"，做到了河南面粉销量领先，并成了国内众多餐饮企业标榜健康原料的品牌背书。

毛巾属于一个相对弱势的品类，尽管国内毛巾行业也存在几大主要品牌，但顾客认知度及品牌心智预售能力较弱，顾客更多是根据现场的花形、价位等因素进行选择。日本有一个毛巾品牌叫今治毛巾[⊜]，被誉为"毛巾界爱马仕"，它通过定位高端，选出超级特性"好毛巾

⊖ 一加一天然面粉有限公司，为根除添加剂残留，给消费者提供更健康的面粉，首创天然面粉，多年来推动面粉生产从"某种面粉 0 添加"进入"所有面粉 0 添加，绝无添加剂残留"的全天然面粉新时代。一加一天然面粉，目前已走进越来越多注重健康的家庭，成为河南销量领先的面粉品牌。

⊜ 今治毛巾来源于日本的毛巾之乡——四国岛今治市，是世界公认的最高级毛巾的代表，在日本首屈一指，也是日本毛巾的优质代名词。"今治毛巾"并不是指某一个企业的独有品牌，而是在今治所制造的毛巾的意思，是一个地方性的集体品牌，也是日本四国岛今治市产出的毛巾所使用的品牌。另外，有"imabari towel japan"标记的商品是符合四国毛巾业公会独自认定的品质基准的合格商品，也将它看作这个地区产业的整体品牌形象。今治毛巾规定了只有符合今治基准的毛巾，才能挂上今治名牌的标记。认定基准之一是将毛巾放入水中至沉下，时间要在 5 秒以内，这被称为"5 秒沉降法"。如此才能体现毛巾吸水迅速的特性，达到日本极致的人性化要求。

5 秒沉底",设计了一个极具识别性的三色品牌符号,并通过在高端酒店旁开店、创建"毛巾品评师"认证制度等配称动作成为日本国宝级毛巾品牌。

此外,还有拖鞋中的 Crocs[○],打火机中的 Zippo[○]等。

Crocs 洞洞鞋设计灵感源于"划船鞋",从一开始就是奔着"实用、舒适"去的,轻便好穿、舒适透气。Crocs 把洞洞设计发挥到极致,成了一个产品级视觉锤,并找来一众潮牌推出联名,成功给自己塑造了一个形象:穿 Crocs 就是一件很酷的事情。消费者也借此来表达自己不在乎他人眼光,舒服至上的个性和态度。

Zippo 是防风打火机,其防风技术能够满足消费者在任何恶劣的天气下随时点火的需求,独特的造型保持了一贯性,成了产品级的视觉锤,设计上,每款 Zippo 都是一件艺术品,具有收藏价值。

此外,在进行品类选择时,不宜过度追求品类分化,聚焦视野并非越窄越好。定位时应该先评估市场竞争状况,如果某个品类还没有出现主导品牌,那就有可能根据竞争环境和自身实力争取最大机会,选择抢占大品类的机会而非聚焦更细分的品类。否则,不仅局限了品牌发展还将错失更大的机会。

○ Crocs(卡骆驰)是一家总部位于美国科罗拉多州的鞋履设计、生产及零售商,以 Crocs 品牌于市场上推出男人、女人及儿童的舒适鞋款。Crocs 创立于 2002 年,Crocs 鞋子最初的产品市场定位是帆船运动和户外运动者,后来因为它穿着舒适而受到不同消费者的青睐。2003 年,Crocs 掀起了一股席卷全球的浪潮,变成了为全世界人们所热爱的、融入时尚和趣味的多功能鞋子。

○ Zippo(中文名为之宝)打火机是由美国 Zippo 公司制造的金属打火机,其燃料是一种非常稳定的石油提炼物,由它燃烧产生的火焰不但安全可靠,而且异常洁净。

五、开创新品类

开创新品类是成为第一的最有效手段。定位理论强调第一，当你不能在既有品类占据第一或有利位置时，那最好的选择就是开创一个新品类。开创新品类是成为潜在顾客心智中品类代表的最有效手段。品类创新在品牌赢得顾客心智的过程中至关重要，从实践来看，领导品牌几乎都是源自有独特定位的品牌及新品类。

通常，我们可以通过技术创新、价值创新和把握新趋势开创新品类，也可以通过聚焦和对立开创新品类，此外还可以通过发现"市场中有，心智中无"的品类机会开创新品类。一方面，市场中存在很多小企业推出的新产品，它们有成为新品类的潜力；另一方面，市场中还存在一些多年来仍未树立领导品牌的品类，这些品类有可能被有实力的企业抢占。

新品类开创六法

1. 以技术创新开创新品类

技术创新是开创新品类的最直接方式。德鲁克认为，企业的目的只有一个，那就是创造顾客，而基于顾客，企业有且只有两项最基本的职能：营销和创新。创新与营销对于企业来说不能完全分割开来，必须统一看待。脱离营销的创新难以为企业带来真正的价值。技术创新只有为顾客价值所引领，以可行的商业模式为依托，才能打开市场为企业创造顾客。九阳洞察到家庭自制豆浆的顾客价值，开创了家用豆浆机新品类；纯果乐通过发明巴氏瞬间灭菌法开创了新鲜浓缩橙汁新品类；小蓝象①通过在传统睡衣面料基础上添加有吸汗排汗功能的纱线，开创出儿童排汗睡衣新品类。

2. 以价值创新开创新品类

这种新品类的开创方法具有很强的操作性，是 W. 钱·金和勒妮·莫博涅《蓝海战略》的精髓。具体路径是跳出固有产业模式、标准的束缚，通过重构（剔除、减少、增加、创造）买方价值元素，向买方提供全新体验，同时降低企业自身的成本，从而使现有的竞争规则变得无关紧要。太阳马戏团②、美国西南航空、澳大利亚卡塞拉酒庄的黄尾葡萄酒等都是典型的案例。

3. 通过新趋势开创新品类

社会的发展伴随着人类问题的解决，各种新的趋势和概念为解决各种矛盾而生成。健康趋势、有机趋势、低糖趋势、无添加趋势、便携趋势、老龄化趋势、区域崛起趋势、（移动）互联网趋势、消费升级趋势、性价比趋势等都成为开创新品类的良好机会。千禾酱油占据了

---

① 小蓝象（Hinos）原名"喜眠"，2012 年喜眠与具有 200 年专业面料研发史的美国英威达（原杜邦）公司合作，实验了上千种材料后，在 coolmax 排汗纱线的基础上，通过进一步改良纤维，共同研发出了比纯棉干燥速度快 5 倍的、更适合睡衣的全新排汗纱线 hinos-everyday，被誉为"新一代神奇的纱线"。纱线有超细材料纤维，遇水不变形，能迅速排汗，结合竹纤维、莫代尔等柔软舒适性材料，可以实现排汗快速且面料绝佳亲肤舒适的效果，排汗睡衣就此诞生。2018 年 6 月 1 日，喜眠品牌正式更名为小蓝象。

② 太阳马戏团是加拿大蒙特利尔的一家娱乐公司及表演团体，也是全球最大的戏剧制作公司。凭借对传统马戏表演的颠覆性诠释，太阳马戏团以豪华并极具震撼的舞台表现力，囊括了包括艾美奖、斑比奖等在内的国际演艺界各项最高荣誉，形成了与美国迪士尼相媲美的世界级文化品牌。太阳马戏团是当今世界发展最快、收益最高、最受欢迎的文艺团体之一，被誉为加拿大的"国宝"。

"0添加"，滋源洗发水占据了"无硅油"，沃隆开创了便携的"每日坚果"，足力健开创了老人鞋品类，李宁借势中国崛起打造"中国李宁"，乌苏啤酒凭借较高酒精浓度和较大容量并借势新疆地域热度升温成为"新疆啤酒"的代表。

4. 通过对立开创新品类

与领导品牌进行对立，以最大程度借势分化既有市场。百事可乐对立可口可乐的"原创、经典"开创"年轻人的可乐"，宝马对立奔驰的"宽大舒适、适合乘坐"开创"终极驾驶机器"。

5. 开创"市场中有，心智中无"的新品类

中国地域、市场广大，结构极不均衡，存在不少细分市场中没有公认领导品牌的机会，有待有洞察力、实力、魄力的企业发起抢位战，抓住时间窗口去占据领导地位。喜之郎正是凭借这一模式占据了果冻品类霸主地位，美的也是如此抢占了变频空调品类主导权。

6. 通过聚焦开创新品类

此处的聚焦意味着企业在业务范围或商业模式上做减法。比如达美乐比萨通过去掉堂食并专注外卖业务开创了宅送比萨品类，德邦快递通过聚焦大件开创了大件快递品类。

新品类命名要点

如果你选择开创一个新品类，那么首先要起一个好的品类名。从

定位理论看，名字（包括品牌名和品类名）是企业营销中最重要的决策，"因为名字是与顾客心智接触最为紧密的部分，所有的营销和传播活动都与品牌名有关。糟糕的名字足以葬送一个新品类的前途"。

品类是顾客消费的驱动力量，品类名则是直接对接顾客需求的概念，品类命名不当，会直接影响顾客需求对接。如果需求不能直接对接顾客心智中存在或潜在的真实品类的话，这个品类就是低效的，甚至是无效的伪品类，定位的目的和价值自然难以在顾客心智中实现。

不佳的品类命名往往是行业或企业内部思维的产物，比如白电、黑电、3C、个人数字助理、被动式住宅等，它们可以作为行业内部的分类，而非顾客产生需求的品类名称。因此品类名要站在顾客角度思考，要求通俗易懂，具有通用性。

《升级定位》中对品类命名总结出了八字要诀——"有根、简短、直白、好感"，很是精辟。

"有根"是指对接原有品类或既有认知资源，以增加新品类熟悉感并对接消费需求。比如，豆奶、智能手机、太阳能热水器，对接了原有品类奶、手机、热水器，使得新品类很易理解并能及时对接消费需求。苹果曾推出牛顿PDA（personal digital assistant，个人数字助理），这就是一个无根、不能有效对接需求的品类命名，顾客不清楚个人数字助理是什么，对自己有什么用，该产品以失败告终。如果当时命名为"掌上电脑"或"智能手机"，结局或将大为不同。新品类对接老品类之根，也是为了有效争取老品类顾客，以推动新品类尽快成长。"有根"除了指对接既有品类，也可以指对接既有认知资源，比如电脑、机器人，其中的"脑"和"人"并非品类但能很好地反映新品类的内涵和价值。

顾客喜欢简短、易读易记的名字，但发明者往往喜欢技术性地命名而不顾这个名字是否被人乐意接受。比如第一根火柴叫"可划式硫化过氧化氢"，第一台计算机叫"电子数字积分器和计算器"。如果名字起得过长，顾客会为你缩短，"运动型多功能汽车"（sport utility vehicle）被叫作 SUV，空气调节器被简化为空调。

在品牌的成长过程中，其对应的品类也会相应地在顾客心智中"生长"，反映了潜在顾客对该品牌及品类认知的一种蜕变或进化。比如，王老吉的品类名其实经历了否定之否定的三个阶段。最早的品类名是"凉茶"，不过只是在两广地区，这个品类名因在其他地域不被心智认知，而出不了两广。重新定位后，品类名虽未明言但从宣传中可以接收到的是"预防上火的饮料"，通过广为人知的"上火""饮料"概念接通了全国市场的顾客心智而大获成功，且广告表述中并没有出现"凉茶"二字，这是刻意的回避。王老吉的品类是凉茶这个认知，是王老吉成功之后的结果，而非成功的原因，这也是第三阶段的品类认知，由于心智喜好简单，"预防上火的饮料"在心智中随着顾客认知的升级自然简化回归为"凉茶"。这三个阶段，从原点出发，找到根据，又回到原点，如同"看山是山，看山不是山，看山还是山"的三重认知境界，完成了黑格尔提出的事物本质的"圆圈（螺旋）式发展"历程，但顾客认知却发生了质变：凉茶不再是最初不明所以的凉茶，而是能去火的凉茶。正确归因是寻找成功的路径，但人们往往把结果看成原因。

推广新品类而非品牌

打造品牌最有效、最具生产力的途径是开创一个新品类。开创品牌自然会让人觉得是领先的、原创的、正宗的，从而代表这一品类。这个时候，应该宣传品类的优点而非品牌的优点。作为开创者和领先者，通过不断扩大这个品类，品牌就能伴随品类的崛起而享受最大的品类红利。

这个阶段本质上是以打"品类外战"为主，主要竞争对手在品类之外，尽管表面看起来存在激烈的"品类内战"，但实际上"品类内战"吸引了顾客的注意并最终实现了对外部战场的收割。因此，为了推动品类发展，应该欢迎其他品牌加入。要把品类内的对手看作伙伴，"一个好汉三个帮"，共生共存，并肩开创新品类。

不要害怕竞争，因为即使没有品类内部竞争，顾客仍然拥有广泛的选择权。竞争品牌的增多能够引起消费者对这个品类的关注和兴趣，并能促进销量的增长和品类发展。在一个快速发展、有潜力的品类中，总是有几个主要品牌。幸亏当年可口可乐起诉百事可乐使用"可乐"这个名称败诉，才有了后来二者长期的广告战，二者一起更快地做大了可乐品类，抢了其他软饮料的市场。

商业竞争是一场战争，其间可能会与主要竞争对手进行多场较量，每场战役都可能会有不同的阶段性战略目的。瓜子二手车的初期目标是打品类外的对手——线下二手车商（打外战，因为大部分二手车客户都在线下交易），因此定位二手车直卖网，诉求"没有中间商赚差价，卖家多卖钱，买家少花钱"。瓜子二手车、人人车、优信二手车的广告战做大了二手车交易网，传统的线下渠道受到挤压。后来为了夯实领导地位，拉开与人人车的距离，瓜子二手车转而打内战，诉求"创办一年，成交量就已遥遥领先！"。

六、培育品牌大树

在一个成熟品类中，领导者的市场份额大约在 30%～50%，不同行业各有不同，如果市场份额超过 50% 或占稳定主导优势，则可以考虑推出新品牌。

企业战略等于品牌战略之和

《升级定位》提出"战略二分法"，明确将战略分为企业战略和品牌战略，非常具有现实指导意义。即：

$$企业战略 = \sum 品牌战略$$

"品牌战略是企业战略的基本单元，企业战略等于品牌战略之和；企业战略就是发现新品类和定位的机会，并用品牌战略去捕捉适当的机会；如果只捕捉一个机会，就是单品牌企业战略；如果捕捉多个机会，通常应该采用多品牌企业战略。"战略二分法可以说是"品牌大树"模型的底层逻辑。

宝洁公司是品牌经理制的开创者，也是多品牌企业的典范，海飞丝、飘柔、潘婷、沙宣、碧浪、汰渍、舒肤佳、佳洁士、欧乐 -B、吉列、博朗、SK-Ⅱ、玉兰油、帮宝适、护舒宝这些耳熟能详的品牌都是宝洁公司旗下的。仅在洗发水品类中，海飞丝、飘柔、潘婷三个品牌占据了 70% 的全球洗发水市场。

阿里集团则是中国多品牌企业的典范，拥有多个品类王牌，如阿里巴巴、淘宝、天猫、全球速卖通、支付宝、芝麻信用、余额宝、菜鸟物流、高德地图、钉钉、闲鱼等，获得了丰硕的经营成果，成为全球市值最大的公司之一。

案例：小米集团、格力电器、美的集团战略得失解析

用战略二分法可以对企业复杂的战略及经营问题给予较为清晰的解析，我们以小米集团（01810.HK）、格力电器（000651.SZ）、美的集团（000333.SZ）三个企业为例进行分析，如表 5-3 所示。

表 5-3 小米集团、格力电器、美的集团战略得失分析表

企业	经营品类	企业战略	品牌战略
小米集团	手机、商城、电视、家电、高清互联网电视机顶盒、笔记本电脑、路由器、智能/生活周边	得：多品类支撑企业增长；形成品类生态；抢占智能化家居电器场景；商城占据了优选特性 失：多个品类不能占据主导地位	得：强势品牌延伸至相关弱势品类 失：品牌延伸严重；品牌命名家族化
格力电器	空调、冰箱、洗衣机、热水器、生活电器	得：多品类支撑企业增长 失：未抢先跨越空调产品代沟/品类鸿沟，盲目多元化至跨界较大品类	得：品牌定位清晰，品牌延伸未能得逞 失：品牌延伸至跨界较大品类
美的集团	空调、冰箱、洗衣机、厨电、热水器、照明	得：多品类支撑企业增长；抢占品类特性意识强 失：无显著失误	得：强势品牌延伸至相关弱势品类；有少数其他品类较强品牌 失：品牌延伸严重

1）小米集团（简称小米）、格力电器（简称格力）和美的集团（简称美的）都是进行多品类的经营。小米最早是做手机，其心智认知首先就是手机，但是小米多元化延伸的品类也很多。从企业战略来看，小米的得体现在通过多品类发展支撑企业增长。当小米手机占据了手机品类数一数二的位置之后，又推出小米商城（后改名为小米有品）、小米电视等周边产品，形成了一个品类生态，抢占了智能化家居电器的场景。

2）小米商城占据了一个"优选"的特性。大家在小米商城里挑选东西时，感觉小米好像什么都做，但它其实为人们减少了一些选择困难。在小米商城里选东西，很多人会认为它节约了人们选择的成本，性价比非常高。但是小米也有企业战略方面的失，体现在它很多品类并不能够占据主导地位。

3）从品牌战略来看，小米的得就是它是以一个强势的品牌延伸到了一些相关的弱势品类，进一步为企业收割了一些利益。从品牌战略来看，小米之失就是，它的品牌延伸有些过大，甚至对"小米 = 手机"这个定位认知产生了相当大的拖累。还有就是小米的产品品牌命名"家族化"，小米、红米、紫米、绿米等各种米，使得它的品牌定位进一步模糊。

4）再来看格力和美的，它们是我们经常会并列提到的。它们也是多元化经营，美的的多元化相对显著。格力的定位非常清晰，提到格力就想到空调。其他品类虽然格力也做，但是并没有做得太好，重要原因之一就是格力代表了空调，所以当格力延伸到其他品类时成功的难度会特别大，品牌定位特别强就不容易延伸到别处去。

5）格力在企业战略层面的得，理论上也是通过多品类来支撑企业的增长，但实际上由于空调以外其他品类没做起来，所以没有很好地实现。从企业战略的失来讲，它主要就是未能抢先跨越空调产品的代沟，比如说在变频空调这个新一代空调的推出上，它没能抢占先机，反而被美的占据了变频空调的领先位置，与自己形成了强大的竞争。此外还有一个品类鸿沟，当奥克斯把自己定位成互联网空调时，就与格力空调形成了一种品类间的差异，格力则错失了这个机会，没能自我攻击建立一个新的品牌去占据互联网这个新的渠道和认知，对自己形成侧翼保护。还有就是格力盲目地多元化到跨度非常大的品类，比如说做手机。手机和空调品类相关性很低，在认知中显得格格不入，而且手机本身也是一个非常强势的品类，手机这个强势的品类已经孕育出很多强势的品牌，格力的这种没有独特创新的简单品牌延伸丝毫没有胜算。

6）从品牌战略来看格力的话，它的得就是品牌定位非常清晰，格力就代表了空调，它在这方面的得分是非常高的。因此，在这种清晰定位的前提下，它的品牌延伸基本都失败了，格力手机不可能成功，就像茅台做啤酒不能成功一样。格力还做汽车，虽然格力的汽车品牌是银隆，选取了一个不同的品牌名称，但由于格力太高调，所以在人们的认知中银隆汽车就是格力汽车。格力造汽车大伙儿都知道，所以说尽管用了一个新的品牌，但是并没有做到认知隔离，这个汽车相当于还是格力品牌的延伸，加上格力手机之前鉴，格力造汽车已经输在了心智战场的起跑线上。当然它没有成功的因素有很多，这只是其中一个重要方面。

7）再来看美的，它的多元化非常严重，但是美的基本上还是聚焦在白电这个大品类，有空调、冰箱、洗衣机、厨电、热水器、照明等，非常多。从企业战略来看它的得，是通过多品类支撑企业增长。还有一点是一个非常大的优点，就是它抢占品类特性的意识非常强。比如说在空调这方面，美的抢占了变频空调这个新的特性或者说这个新一代产品的品类机会，对格力造成了非常大的竞争压力，2020年的销售数据甚至超过了格力。再比如美的率先通过抢占"蒸"这个字眼推出蒸立方微波炉，对格兰仕微波炉这个领导者形成了非常大的竞争力。美的还通过豆浆机"换代了"这种新一代的特性，推出无网干豆豆浆机抢占了九阳豆浆机的部分市场，虽说九阳豆浆机的市场非常牢固，占了百分之七八十的市场份额，但第二名是美的，尽管只有百分之十左右。因此，虽然美的在很多品类没有启用新的品牌，但它却通过抢占品类特性的方式去做差异化，抢占了很多竞争品牌的市场份额，这是它的得。另外，美的收购了国外的一个机器人智能制造企业库卡，但美的比较低调，它不会过多宣传这些，品牌延伸方面的减分会少一些。美的在企业战略方面没有明显失误。

8）最后，美的在品牌战略方面的失，就是它的品牌延伸较为严重。但是，企业经营是一个矛盾体，战略可以分为企业战略和品牌战略，企业在具体经营过程中，在不同的战略层面各有得失。我们对这些企业的战略分析，是要把企业分而析之，多维度地去考虑它在不同战略层面的得失及得失程度，这些最终会影响到战略总体得分。虽然格力的定位非常清晰，代表了空调，但由于它在企业战略这块除了空调之外其他品类还较弱，所以2020年美的的营收、利润和格力逐渐拉开了差距，股票市值也拉开了较大差距。

伞形品牌战略难以为继

伞形品牌结构是企业普遍应用的一种发展模式，也是企业多元化发展和品牌延伸的产物，即以单一品牌撑起一把大伞装下不同业务和产品。当竞争趋于激烈且出现专家型品牌时，其虚弱性就开始显现，它就难以为继了，如不早日更新战略模式，企业终究不能适应心智时代商战的形势。

伞形品牌战略流行于日韩，盛行于东亚，我国也有一大批践行者。这些企业的普遍共同点就是曾经在较宽松的竞争环境下靠多元化与品牌延伸建立了庞大的综合经济体，营业额高，但是，这些企业利润率较低，甚至亏损，盈利能力远低于聚焦程度高的专家型企业。

避免成为灌木型品牌

灌木型品牌结构与伞形品牌结构不同，企业先后或同时推出多个品牌，却没有某一品类的主导品牌，尽管企业没有跌入品牌延伸陷阱，但拥有的都是一堆弱小品牌，像一丛无法长大的灌木。

很多企业都属于这类没有主导品牌的灌木型品牌结构，如吉利汽车曾经同时推出的全球鹰、帝豪和上海英伦，一厢情愿地分别"定位"于时尚年轻、商务家用、经典豪华，都是不基于心智和竞争、不顾品牌发展规律的内部思维决策，最终都不能实现企业的预想。还好，吉利后来收购了沃尔沃，沃尔沃以其品牌势能及技术反哺吉利，之后吉利推出独立品牌领克，凭借其技术、性能、设计让市场眼前一亮。但领克品牌仍存在一个潜在问题——没有清晰的定位。"领克是什么？"顾客心中没有确切答案，吉利陆续推出的几个车型风格各异，使其定位更加模糊。

灌木型品牌结构的企业需要及时对灌木型品牌进行修剪，通过剪、修、聚焦资源打造主干品牌形成大树型品牌结构。

案例：好想你强化高端红枣品牌定位

"中国红枣第一股"好想你（002582.SZ）上市前主要从事"好想你"牌红枣类产品的生产与销售，凭借红枣品牌抓住了经济发展与人们零食需求增长的机遇，公司快速成长，2011 年 5 月登陆深交所中小板。好想你的上市，让红枣零食这个细分市场引起了资本关注，各红枣品牌相继面世，市场竞争日益激烈，好想你的营收与净利润增速放缓，同时成本快速增长，2015 年出现上市以来首次亏损。

为走出增长瓶颈，2016 年好想你以 9.6 亿元收购了当时刚刚兴起的互联网零食品牌"百草味"100% 股权。彼时，三只松鼠（300783.SZ）、良品铺子（603719.SH）以及百草味等互联网零食品牌因享受移动互联网及物流行业的发展红利快速崛起。再次抓住风口的好想你摆脱了公司营收增长瓶颈，据 2019 年半年报，百草味所带来的收入和净利润在整个公司中占比分别达到 84% 和 106%，是好想你的主要利润来源。

随着三只松鼠、良品铺子成功上市，互联网休闲食品行业竞争也进入白热化，百草味的扣非归母净利润增速从 2017 年的 55.69% 下降至 2018 年的 39.46%，增长势头已有放缓趋势。以 2018 年的销售净利率来看，百草味的盈利能力在盐津铺子（002847.SZ）、三只松鼠及良品铺子中是最低的。

2020 年 6 月 1 日，好想你以 7.05 亿美元（约合人民币 50 亿元）将百草味出售给百事公司，在一买一卖中赚取了 40 多亿元。对于好想你来说，代表了红枣品类的主干品牌好想你还不够强大，市占率不到 2%，加上不能做到数一数二的百草味企业呈现为一个近似灌木型品牌结构。出售百草味之后，如果能用落袋的资金聚焦红枣品类代表品牌好想你，未来还有较大机会。

2020 年 7 月 16 日，好想你召开"好想你高端红枣战略发布会"，公司战略升级为新一代健康食品的引领者，品牌定位为"高端红枣好想你"，对应的产品和渠道都将有大的调整。好想你持续加大产品创新研发，2022 年迎合年轻消费者需求发布三大战略新品，持续丰富"红枣＋"的内涵与外延，在 2022 年 1～9 月实现营业收入 9.75 亿元，其中第三季度营业收入为 3.59 亿元，同比增长 37.97%。

打造品牌大树

大树型品牌结构与灌木型品牌结构相似，都是企业拥有多个品牌，对应不同品类。但二者有本质区别：其一，大树型品牌结构包含一个或多个不同品类的主导品牌；其二，大树型品牌结构的形成有一个过程，"企业通过创新品类长期聚焦发展一个品牌，并逐渐主导该品类，然后根据分化趋势，适时推出第二品牌进入新的品类。这样逐步推进，最终实现多品牌布局"。大树型品牌结构企业的特点是竞争力突出，盈利能力强，是一种理想的品牌战略模式，要点如下：

首先，第一品牌要能够成为主干；其次，推出第二品牌要开创新品类，与第一品牌形成品类分立；最后，最合适时机是在第一品牌达到顶峰之时，通过第一品牌带来的稳定利润为培育新品牌提供资金支持，同时第一品牌的光环效应也对新品牌有促进作用。强壮的大树主干可以抵御风雨并为各个分支品牌输送充足的养分。不同的品牌要有独立的名称，避免"家族化"命名，分立并征服不同市场和顾客。比如，字节跳动公司先后推出了短视频 app 抖音、今日头条、抖音海外版 TikTok、懂车帝、西瓜视频、Face 激萌相机、火山小视频、飞聊、悟空问答、多闪短视频社交、皮皮虾社区、飞书等。

长城汽车（601633.SH）最初由皮卡起家，于 1998 年成为全国皮卡销量第一并一直保持至今，后来将哈弗（Haval）品牌打造成中国经济型 SUV 领导者$^{\ominus}$，继而推出 WEY（定位新一代智能 SUV）、坦克（定位中国豪华 SUV 领导者）、欧拉（定位新一代电动小车）、长城炮（定位大型高性能豪华皮卡）。长城汽车公司的品牌大树在不断调整中也初具形态$^{\ominus}$。

$\ominus$　长城汽车聚焦经济型 SUV，打造国民神车哈弗 H6，占据了中国 SUV 领导者地位。2020 年 3 月，哈弗 H6 单一车型销量突破 300 万辆。哈弗接下来的目标就是引领中国 SUV 这个品类，做到全球第一。因此，哈弗的战略转为全面推动全球化，推进在国外设厂、设置联合研发实验室等，推动全球化布局。哈弗的定位也升级为"中国 SUV 全球领导者"。

$\ominus$　WEY 原先定位为"中国豪华 SUV 领导者"，坦克原先定位为长城 SUV 越野平台技术品牌，长城炮原先定位为"全球化乘用大皮卡"，除此之外，长城汽车还有新的面向纯电动豪华汽车市场的"沙龙"机甲科技品牌。

第六章

从策略层面看
投资对象

一、关联与对立

关联在定位理论中具有普遍性

定位的本质就是利用品牌去占有顾客认知的某种心智资源，或以其培植并占据另一种心智资源。"灵芝妹子"海鲜米线创始人于东升说过一句话——"品牌就是利用一种势能，创造一种势能"，说得很有见地。心智资源通常难以无中生有，最好借助已经存在且最具规模和势能的心智资源去定位，借势才能事半功倍。关联与对立是借助强势品牌既有的心智资源去建立定位的方法之一。

好的定位要会借势。蒙牛刚成立时的目标就是向伊利老大哥学习，创中国乳业第二品牌。其实那个时候蒙牛初创，只有几百万元资产，也就是在中国乳业垫底。所以你有多高，取决于你跟谁站在一块儿。类似的关联定位口号有"塞外茅台宁城老窖""南用友，北金蝶"，青花郎"中国两大酱香白酒"，东阿阿胶"滋补三大宝，人参、鹿茸与阿胶"等。

广义来看，关联在定位理论中无处不在，具有普遍性。因为新的事物或信息要想进入心智，一定要与心智中已经存在的原有认知发生关联。

"怕上火，喝王老吉"关联了国人心智中的"上火""去火"，伊利、蒙牛则关联了"好奶产自大草原"，固安工业园区的广告语"我爱北京天安门正南五十公里"则因为关联了天安门而受到最广泛的关注。

对于新品类的命名也需要关联既有的认知，比如，汽车刚发明出来时被称为"不用马拉的马车"，借助了马车的概念。

对立是特殊的关联

不论是关联还是对立，都不是孤立的，一定有一个联系的对象存在，这个对象一般是某品类极具心智认知的领导品牌。关联与对立本质上是相同的，都是与强势品牌发生心智联系，对立是一种特殊的关联。对立可以使品牌与领导品牌产生积极的关联，达到借助领导品牌建立认知的效果。

"大小"通常能区隔开创品类的领导品牌，打造第二品牌。宝马面对宽大、豪华、舒适的奔驰，在其对立面创造了车型更小、更轻、更有驾驶乐趣的"终极驾驶机器"。三星面对智能手机领导者 iPhone，通过推出大屏手机 Galaxy Note 成为第二品牌，迫使苹果不得不推出大屏系列。

年龄也是常用的对立方法。巧克力棒通常被认为是儿童食品，但士力架开创了"成年人的巧克力棒"品类，定位为"抗饥饿"。百事可乐面对正宗、经典的可口可乐，通过更大瓶、更便宜、更年轻开创了"年轻人的可乐"。

心智会消灭平庸的对手。在红牛通过 8.3 盎司[⊖]的小罐子开创了能量饮料品类后，"怪物"通过对立以 16 盎司的易拉罐成为第二品牌，饮料行业的霸主可口可乐公司则尾随其后复制了 8.3 盎司小罐和 16 盎司大罐，但由于本身不具特性且心智阶梯已有第一二位，可口可乐最终失败。

有效的对立，要从领导者强势的背后找到其战略性弱点。选择领导者的弱点，可使领导者无法有效回击，只能忍痛割让市场份额。可口可乐面对百事可乐"年轻"的定位，推出"新配方新可乐"回击，险些使自己丢掉"经典"。奔驰也无法推出狭窄、有驾驶乐趣的汽车，混淆自己的豪华舒适定位。红牛也无法推出大盎司的罐装，一是动摇自身定位，二是有生产设备、包装的限制。顾客心智认可第一，第一品牌意味着原创、正宗，后来者自然是模仿者。

二、寻找差异化

它们难以成为差异化

质量更好不是差异化。质量很重要，但创建品牌不能仅仅依靠质量，仅依靠质量的历史已经不复存在。质量绝对是重要的，但现在已

⊖　1 盎司 = 28.3495 克。

转变为一个基础要素，事实上，有时人们很难说清高质量产品和低质量产品的差别。认知就是"事实"，是顾客对产品质量的认知而非产品质量本身决定了顾客的选择。质量好与顾客认为质量好之间隔了一座山，而非一层纱。

低价不是差异化，因为低价将使大家陷入价格血战，"价格通常是差异化的敌人，低价是条不健康的道路。"警惕低价促销陷阱。一旦促销结束，销量就会回归原有水平，甚至更低。经常性促销会使顾客形成对促销的期待。促销很难抓住新顾客，人们更愿意在自己熟悉的品牌降价时进行购买，因此促销品的购买者更多是品牌的老顾客，除非你能将低价做成战略而非仅仅一个单独的动作。美国西南航空公司（西南航空）将自己定位为"低价"航空公司，并成功构建起一套环环相扣的运营体系配称：使用单一机型节约培训和维护费用并降低采购成本，不提供舱位选择节省预订系统费用，不提供餐食减少成本，选择支线小型机场避免昂贵停靠费用……单一舱位和单一票价的一惯性增强了大众的选择动力和效率，西南航空因优良的业绩受到股神巴菲特的长期青睐。沃尔玛也通过结构性的成本优势支撑起"天天低价"的定位。

此外，服务好、融合、产品齐全不是差异化，除非你像海底捞一样将服务上升至战略让人觉得没有其他地方比这更好，像 iPhone 开创了一个看似融合了多种功能的新品类，像瑞士军刀一样成为一个特殊应用场景的便携工具，或者把产品齐全作为垫脚石，建立一个最受青睐的独特销售主张。

提升质量认知是关键

艾·里斯曾对比过大量不同产品质量与销量排名，发现二者之间几乎没有什么关联，这进一步验证了他的观点："质量是存在于顾客心智中对质量的认知。"质量在顾客这端，其实更是一个心理方面的问题。当然，劣质产品不在我们的品牌竞争探讨范围。

商业世界的真正动力不是质量，而是对质量的认知。提升质量与提升质量认知是两回事，前者是基础，后者则至关重要。有几个办法可以提升对产品的质量认知：

一是收缩、聚焦，成为专家。消费者认为，专家型品牌具有更高的质量。这有时候是事实，有时候未必。特斯拉是电动汽车的代名词，消费者会认为特斯拉引领了电动汽车的技术与质量。

二是及时传播领导地位、热销状况及受某一高势能群体青睐等信息。占据领先地位是建立质量认知的最佳方式。企业内部思维是，好的产品会赢。但顾客思维的通常逻辑则是——销量最大的产品质量一定更好，因此好产品会赢。请注意，这个质量是存在于顾客认知之中的质量。

三是起一个好的品牌名。好的品牌名会带给消费者好的品类反应、定位反应及积极联想。此外，聚焦的品牌名在这方面也有优势，广泛延伸的综合性品牌在心智中显得更平庸和虚弱，与专家型品牌竞争时只能甘拜下风。

四是定一个高的价格。价格相当的产品往往在顾客心智中质量也相当。劳力士手表事实上不一定比其他品牌手表走得更准，500 元一瓶的红酒喝起来味道感觉上会比 100 元的更好。

五是为高价做些独特配称。视觉差异有助于加强认知。劳力士手表更大、更重，还有独特的表带，万宝龙把笔做得更粗，卡拉威高尔夫球杆把杆头做得更大。

寻找差异化的"两类九法"

特劳特在《与众不同》一书中总结了 9 种差异化方法，本书对其进行进一步分类，从性质上分为物理差异和市场差异两大类。物理差异更强调产品特性、工艺特性，基本上就是 USP 理论的运用。市场差异则强调品牌在市场层面的认知特性。

1. 物理差异包括产品特性和工艺特性两种

1）产品特性。特性是产品本身的特征，每个品类都会有一些顾客在意或能感知的特性。比如香皂有美白、除菌、滋养、护肤、清凉等特性。以下广告语就是根据产品特性进行品牌定位创作的。林清轩⊖山茶花油的"神奇修复力，让肌肤发光的秘密。"老板吸油烟机的"两倍风压，超大吸力。"

有的时候，产品的外观或用法也可以作为特性进行聚焦，比如，白加黑感冒药就是从产品的用法甚至外观切入，曾经风靡的史克肠虫

⊖ 林清轩，上海本土原创品牌，开创山茶花润肤油，定位"山茶花焕肤修复专家"。自 2003 年创立至今，致力于以中国传统草本为原材料，制作出安全的天然化妆品。

清也是主打了用法——"两片"，鸡大哥原汤鸡粉的"老母鸡吊汤底味足，减半使用一样鲜"也是如此。

在特性的选择上，不要贪图把产品的利益点都摆出来，差异化和聚焦是关键，少就是多。长期聚焦于一个概念才能进入心智，因为心智厌恶复杂。

2）工艺特性。产品在制作过程中的工艺、成分也是经常选择的物理差异化方法。

比如，厨邦酱油的"晒足180天"工艺，千禾酱酒的"无添加"工艺，农夫山泉的"天然水源地"，乐百氏的"27层净化"工艺，M&M's巧克力豆"只融在口不融在手"的糖衣工艺等。

特殊成分也是常用的一种差异，甚至成为"神奇成分"，比如，潘婷洗发水的"维生素原B_5"，佳洁士含"氟"防蛀牙膏，索尼"特丽珑"显像管等。不含某种成分的差异也可以奏效，比如滋源洗发乳的"无硅油"。

2. 市场差异有7种

由于竞争的加剧，产品同质化使得物理差异越来越难以寻得，市场差异的作用更加明显。此外，以物理差异取得心智地位的品牌也会进一步选择市场差异对品牌定位进行明确和巩固。因为，市场差异更紧贴心智，与物理差异相比属于更高维度，能够赋予品牌的势能也更大。

1）新一代（或产品换代）。这是一个科技革新、竞争加速的时代，英特尔创始人之一戈登·摩尔提出"摩尔定律"：当价格不变时，集成电路上可容纳的晶体管数目，约每隔 18 个月便会增加一倍，性能也将提升一倍。IT 行业经常是自己革自己的命。

在这个产品更新换代频繁的时代，新一代是一个令人心动的概念。心智认可"产品代沟"，没人想买被认为是已经过时的产品。企业应该更多地推出新一代产品而非更好的产品，新一代才是差异化之道，比如，百事可乐相比可口可乐是"新一代"可乐，是"年轻一代的选择"，以及美的豆浆机的"换代"。

新一代作为一个差异化，是基于产品和技术的，看似应该归入物理差异一类，但新一代更多得益于心智中的"产品代沟效应"及市场潮流效应，相对于其中的物理因素而言，市场因素是矛盾的主要方面，把它归入市场差异一类更合适一些。新一代与下一种差异化——"成为第一"有很大的相似性。

2）成为第一。成为第一是指第一个进入心智。人们总认为第一是原创，把其他都看成模仿者、仿冒者、山寨者，给予相对低的评价甚至鄙视。此外，其他竞争对手的模仿都只是在强化原创者建立起来的定位。正是跟进者的模仿才把领先者推到领导者的位置。事实上当今大多数行业领导者，都是靠后来者的追随才成就其领导地位的。

第一总能轻易保持第一，很多情况下，第一等同于市场领导者，其名字通常会成为品类的代名词。因为心智先入为主，心智害怕改变，保持现状更能给心智安全感。

可以通过首创成为第一，比如九阳发明了豆浆机，可口可乐发明了可乐，奔驰发明了汽车。第一个进入心智，就容易占据原创地位，代言品类，牢牢保持行业领导地位。

也可以通过率先进入某个空白市场或无领导品牌的市场成为第一。康师傅、肯德基首先进入中国大陆市场，第一个进入心智，将原来领先于自己的统一、麦当劳远远甩在了身后。喜之郎通过大规模广告宣传"果冻就选喜之郎"在众多小品牌中脱颖而出，成为顾客心智中的"第一个"果冻品牌。

第一个进入心智，比设法让别人相信你的产品比首创者更好，要容易得多。第一个能量饮料红牛在美国推出后，曾出现了 1000 多个能量饮料品牌，其中可能会有比红牛更好的，但这并不能影响顾客对红牛的首选。

3）领导地位。领导地位是为品牌实施差异化的最强有力的方法，没有之一，但这必须是真实的、能够让心智认可的。同时，领导地位也是品牌实施差异化的终极目的。

领导地位既是市场份额的保证，也是心智份额的保证，本身可转化为最强的信任状。人们愿意相信最优秀的人和最优秀的企业，因为你是领导者，所以你一定是最好的。当你占据了领导地位，潜在顾客就可能会相信你关于品牌的所有言论，也会放心地消费你的产品。从心理学角度讲，人们倾向于把"大"等同于成功、身份和领导地位。

如果你是市场份额的领先者，一定要及时宣传出来，把市场份额的领先同时转化为心智份额的领先，坐实领导地位。之后，你就能更省力地保持这个地位。千万不能因为害怕"吹嘘"，而给竞争对手留下机会，"如果你不为自己的成就建立声誉，紧跟在你后边的人就会想办法认领原本属于你的东西"，那样对你将是致命的打击。

当你占据领导地位后，还可以在"占品类"的基础上进一步"抢特性"，来强化领先地位，因为品牌就是品类及其特性的代表。亨氏占有了番茄酱这个品类，又进一步选择"浓稠"这个强有力的特性，通过"西方流动最慢的番茄酱"这种戏剧化表达方式抢占了"浓稠"这个特性，保持了 50% 的市场份额。

4）经典。经典是指企业或品牌历史悠久，意味着有根基、传承、连续、信任。成为经典也是一种消除心智不安全感的有效方式，在一定程度上可以作为领导者定位的替代方案。因为，历史悠久也会让潜在顾客感觉自己是在和行业领导者打交道，即使这家企业不是最大的，但它是资历上的领导者。比如，地域经典也是常用的一种差异，借助的是人们心智中关于地域的常识性心智资源。如德国的工程设备、啤酒，瑞士的银行、手表，意大利的设计、服装，法国的葡萄酒、香水，俄国的伏特加、鱼子酱等。荷兰的喜力啤酒因为名字 Heineken 听起来像德国名字，被全世界很多顾客误以为是德国品牌，占据了心智优势。而德国啤酒品牌贝克，却因为名字太像英国品牌反而不被认为是德国啤酒，失去了机会。

5）市场专长。常识告诉人们，一个人或一家企业不可能成为各方面的专家。专家比通才更具有力量。曾经的综合性电商品牌淘宝打败了同样是综合性电商的对手 ebay 易趣、腾讯拍拍和百度有啊，却摆不平 3C⊖电商专家京东、图书电商专家当当。

专家的最强大武器是成为品类的代名词，代表你的品牌和整个品类。劲霸男装"专注茄克 30 年"代表了男装茄克品类。专家定位像一颗锐利的钉子，让你的心智失去防御力。

成功的专家型品牌必须适当保持专一性，不能过度追求其他业务，否则会侵蚀在顾客心智中的专家认知。然而大多数企业不愿意被局限于一项业务或专长，想追逐更多机会。这样专家地位就可能让位于人。

6）最受青睐。大多数顾客具有从众心理，愿意跟随大多数或者某一群高势能人群。最受青睐这种差异化方法，是选择一个在大众心目中具有更高势能的人群，以他们的选择作为背书。"如果你不能让所有人青睐你，就找一个青睐你的群体。"比如：

蒙牛：中国航天员专用牛奶。

贝克啤酒：能喝出差别的人青睐贝克。

滴露消毒液：英国皇室御用品牌。

贝蒂斯橄榄油：百年品质，西班牙皇室用油。

7）热销。热销也是一种差异化，但一般是一种短期性的定位打法。如果你的品牌很热，或销售量的增长幅度高于竞争对手，就能

⊖　3C 为计算机（Computer）、通信（Communication）和消费电子产品（Consumer Electronic）三类电子产品。

为你的品牌到达一定高度提供所需的推动力，一旦进入轨道，就可以凭借其他办法保持在那个高度。很多品牌在建设过程中会使用这种方法。创造热销一般有销量、行业排名、行业专家评论等方式。热销本身还极具新闻价值，可以充分利用媒体等第三方公关方式的能量。

技术品牌化

技术品牌并非一个新概念，意思是企业在进行品牌建设与传播的过程中，把"技术"作为品牌建设的核心，其他一切品牌要素均以此核心为标准进行设计、统一与规划的品牌。

拥有众多技术专利的公司可以形成名副其实的品牌可持续竞争优势。帕特·多尔西在《巴菲特的护城河》中总结的"专利型护城河"就是指以历史悠久的专利群和专利传统在顾客心智中获得信任及品牌定位。

不过以上关于技术品牌的定义难免有些唯技术论的感觉，品牌的打造除了技术之外，还要考虑心智，以及技术品牌与产品品牌的关系。

根据定位理论以及我的日常观察，顾客的消费逻辑是"以品类思考，以品牌表达"，比如你中午饿了想吃午饭，时间紧决定吃快餐，然后在众多快餐品类中决定吃汉堡，最后在麦当劳、肯德基和汉堡王中选择了一个进行消费。

因此，品类是最终对接消费需求的，品牌是解决这一需求的最终选择表达。技术品牌在这个过程中只是作为产品品牌的一种重要决策因素存在，是为产品品牌服务的，不能喧宾夺主。

我们应该认识到技术品牌的重要意义并有意主动加以利用。因为社会经济的重大革新通常都是由技术驱动的，一种新技术经常会颠覆某一品类领导品牌的地位。比如数码相机技术颠覆了胶卷品类，柯达丧失了影像产品和照相机品牌的霸主地位；智能手机技术颠覆了传统手机，诺基亚丧失了手机霸主的地位；美的空调借助变频技术对格力空调市场份额形成了有效切割。

因此，技术品牌化在品牌管理中至关重要。

我对技术品牌的定义是，技术品牌是产品生产所需的技术性成分或环节的品牌化，或者也可理解为技术性生产配称的品牌化。是对前文所述"工艺特性"这类差异化的深化应用。

技术品牌能够为产品品牌创造显著差异，丰富产品品牌内涵，提升产品品牌品质感和势能，起到对产品品牌有力支撑的作用。

广义地说，技术品牌可以分为四种类型：

1）成分或原料品牌。在服装业 GORE-TEX[⊖]、CoolMax[⊜]、莱卡

⊖ GORE-TEX 是美国戈尔公司的产品品牌，是一种每6平方厘米有90亿个极微小细孔的薄膜，这是该面料防风防水透气性能的关键技术。这些小孔是液态水滴的两万分之一，却是水分子的七百倍大，因此水滴无法穿透它，水蒸气却能排放出去。将GORE-TEX 薄膜黏合在尼龙或其他的布料内侧，所制成的衣服、鞋靴、裤子、帽子等具有抗风、防水与透气性，使户外运动者保持干燥、温暖与舒适。

⊜ CoolMax 是杜邦公司的一种高科技吸湿透气涤纶纤维。具有四沟槽的 CoolMax 纤维有着良好的导湿性，能将人体活动时所产生的汗水迅速排至服装表层蒸发，保持肌肤清爽，令活动倍感舒适，被广泛应用于缝制 T 恤衫、运动装等。

（LYCRA）[⊖]等就是响当当的原料品牌。

2）组件品牌。组件品牌类型中最著名的就是"INTEL INSIDE"，此外，还有徕卡（Leica）镜头、阿里巴巴旗下电子商城使用的支付功能组件——支付宝。

3）工艺技术品牌。如 DOLBY（杜比）音效技术在视听业的王者风范，索尼 Handycam 也因为 supernightshot（超级夜摄技术）而增色不少，还有一度因酷开系统在互联网电视占得先机的创维电视等。

4）平台型技术品牌。如果不能看到技术和品牌之间的联系以及技术也可以通过品牌化来强化产品品牌，则可能会使企业在竞争中错失领先之良机。亚马逊就在这方面有过惨痛教训，亚马逊曾经开发了一种强大的电子商务技术，通过购买习惯来推测顾客兴趣从而能够为顾客自动生成推荐清单，这个技术显然对网络零售商有着战略意义，然而亚马逊当时并没有平台型技术品牌的意识，压根没有尝试过将技术品牌化，结果领先技术很快就变成了大众技术，公司也因此错失领先良机。

此外，平台型技术品牌使用得当，还可以帮助产品品牌顺利跨越产品代沟。比如英特尔通过推出 CENTRINO（迅驰）移动计算技术，强化了与无线联通功能的关联，在移动互联时代继续保持领跑。

⊖ 莱卡是一种人造弹性纤维，可拉伸至原始长度的 6 倍，并能回复至原始状态。它完全取代了传统的弹性橡筋线，在体操服、游泳衣这些具有特殊要求的服装中，莱卡几乎是必不可少的组成元素。莱卡只是前杜邦全资子公司英威达的一个商品名，由于该公司在氨纶领域中占据市场垄断地位，莱卡几乎就成了所有氨纶纱的代名词。

案例：长城汽车的技术品牌化

2020 年 7 月 20 日，在保定哈弗技术中心，长城汽车举办了技术品牌发布会，发布了"柠檬""坦克""咖啡智能"三大技术品牌。

"柠檬"是高智能模块化技术平台，以车辆性能及车身结构为开发方向，目的是提升车辆协调性、操控性、舒适性。

"坦克"平台定位是专业越野平台，动力系统采用 2.0T、3.0T 两款 GDIT 发动机和日后将亮相的中国首款纵置 9AT 变速器的组合，其中 3.0T 的功率、扭矩分别达到了 260kW 和 500N·m。平台车辆基础涉水深度达 965mm，主动悬架升降范围达 120mm。

"咖啡智能"平台是长城推出的汽车智能化系统品牌，包括智能座舱、智能驾驶和智能电子电气架构，还首次提出研发理念"双智融合""交互 + AI + 生态"。基于咖啡智能系统的 L3 级别的自动驾驶采用可拓展架构，未来将成为 L4 甚至更高级别的自动驾驶。咖啡智能可以提供车内 360° 加车外 360° 的 720° 感知，借助"端云一体"超远程感知技术，让汽车融入城市大交通智能中。

长城汽车在里斯战略定位咨询公司的帮助下成功实施了品类战略，目前已有初具形态的品牌大树，如今，又通过发布技术品牌，为长城汽车各品牌注入了有了强有力的技术内涵，相当于为这棵品牌大树之根输入了营养丰富的肥料。

正如长城汽车董事长魏建军在技术品牌发布会上所说："今天，我们发布技术品牌，以科技创新引领未来。我们认为，只有将技术上升到品牌层面去经营、去投入，才能实现核心能力的提升。我们仍将秉承研发'过度投入'的原则，致力于打造技术核心竞争力，并带动品牌价值持续提升。"

从品牌命名方面讲，这三个技术品牌命名采用了视觉化命名，更加形象易记，品牌感更强。技术品牌发布会后，正赶上股票市场汽车板块回升，长城汽车股价在 5 个月内从不到 11 元涨到了 50 多元。

三、运营配称

定位是企业资源配置的法则

运营配称就是"驱动品牌去占据某个定位的全部运营活动"。当企业在外部找到了能够被潜在顾客优先选择的差异化定位，它就可以被引入企业内部，作为一致性经营方向统领企业包括组织、生产、运营、内外沟通等全方位运营活动。用公式表示就是：

$$品牌战略 = 定位 \times 配称$$

作为企业一致性经营方向，定位是企业资源配置的灵魂和法则。一方面，定位能够调动顾客心智中已有的观念，将这种蕴藏在心智中的力量转化为企业的一种无形而极具价值的生产要素——品牌。另一方面，定位可以作为检验企业资源配置的法则，通过对企业进行"定位体检"，可以有效识别出企业的有效投入，即运营中产生 80% 绩效的 20% 的运营，也能够识别出与定位不符甚至矛盾的运营活动及资源投入，为企业对运营活动取舍及资源配置提供了极为有用的依据。

王老吉通过定位体检，不断加强符合定位的运营活动及资源投入，并停止与定位不符的运营活动和资源投入，在总体投入不比竞争者更多的前提下，释放出惊人的生产力，在实施战略定位的短短七年内，销售额从不到 2 亿元突破到了 160 亿元。

施乐曾经是复印机的代名词，也是一家以创新闻名的公司，比如鼠标就是施乐发明的，可惜方向错了，鼠标与其复印机的定位无关，这些成果不能为其所用增强定位，分心太多导致复印机主业反被佳能、惠普取代。企业要时刻重申自己的定位，以定位不断审视企业运营及资源配置，避免"兴奋地制造悲剧"。

德国的温特霍尔特 – 加斯特诺公司原来做商用洗碗机，服务很多次级市场，如学校、医院、宾馆、企业、餐馆等。后来选择聚焦于酒店和餐馆，并为客户打造了深度的解决方案，包括水处理系统、洗洁精、24 小时优质服务等，成为客户的首选，占据了全球市场份额的 15%～20%。

定位决定了配称的"取舍原则"。定位确定后，根据外部的"如何在竞争中赢得顾客认同"返回企业内部，引领企业内部运营。当运营活动与定位不相符或运营活动之间不兼容时，要果断进行取舍，否则不能打造一个持久的战略定位。战略就是在竞争中做出取舍。战略的本质就是选择不做哪些事情。没有取舍，就没有选择的必要，也就没有制定战略的必要。

运营配称推动定位实现

迈克尔·波特在《什么是战略》中指出"战略不等于运营效益，

而是取决于需要做出取舍的独特定位，取决于多项运营活动的'配称'"，也就是定位理论所说的战略作为一致性的经营方向，支持战术（区别于竞争者的差异性心智切入角度）实现。需求上的差异不可能转化为有意义的定位，除非最佳满足这些需求的一套运营活动同样存在着竞争性差异。如果不是这样的话，市场中每个竞争对手就都能满足同样的需求，那么定位就毫无独特性和价值。真正的战略，应以竞争性定位为核心，对运营活动进行取舍，建立与定位相符的、独特的运营配称系统。定位由此成为企业配置资源的原则和指挥棒。

经过定位检视并做出取舍后的各项运营活动之间不再是简单的集合，而是呈现出一种有机性的结构——一个相互配称、相互加强的系统，即所谓的"运营配称"系统，如图 6-1 所示。这个系统中的配称效应在三个层面得以发挥作用：一是各项运营活动与战略的一致性；二是各项运营活动之间相互加强，能够产生一种 1+1>2 的"集体力"；三是使得企业各项运营活动没有多余动作，整体上呈现出一种投入最优化效应，从而创造出最大价值，同时也产生令竞争对手望而生畏的模仿障碍。

运营配称系统是基于差异化定位选择的一整套不同的运营活动以创造一种独特的价值组合，其目的是未来形成差异化战略，构筑竞争壁垒，是一种外部视角。提升运营效益更多是从企业内部出发。运营配称系统是企业将品牌定位转化为战略并落地的必要动作，也是将定位"钉子"锤入心智的战略"锤子"。要使企业的所有运营活动及资源投入围绕着战略定位进行系统配置，环环相扣，整合协同。

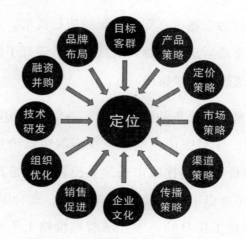

图 6-1　品牌战略定位运营配称图

没有运营配称的推动，战略就只剩下了单纯的定位表达，既不能建立起强大的品牌，也难以承受竞争对手的模仿和竞争。

大部分企业的成功源于初期聚焦与特定的定位及明确的取舍，但在经营过程中，企业会逐渐出现偏离定位的做法，所以需要每年根据战略定位进行运营体检。最好的办法是持续深化定位而非偏航。深化定位就是通过继续加强配称，让运营活动更加独特，更好地向认可自身定位的目标客群进行定位传播。

案例：美国西南航空的运营配称

美国西南航空是运营配称支撑品牌战略定位的经典案例。

20 世纪六七十年代，全美有 39 家大型航空企业，都集中精力争取枢纽机场。由于支线没有被开发，导致支线客户非常不方便，中转通常需要耗时 5～6 个小时甚至 10 个小时以上，从一个小城市到另外一个小城市要转两三趟机。支线市场的旅行需求，正是被忽视的需求。美国西南航空最后选择了德州支线市场，避开了跟大航空公司的正面交手，只做支线，不做枢纽。

当时坐飞机是极其昂贵的出行方式，一般人负担不起，而普通人又有这样的需求，于是美国西南航空决定提供低价航空服务。美国西南航空把机票价格定得比城市长途大巴还低，是其他竞争对手的30%～50%。它还提出10美元就可以坐飞机，充分激发了公关效应。此外，周末票价是工作日的一半。随着在价格上不断搅动，顾客对它的认知不断强化，觉得它就是便宜，它的定位不断强化。实施低价航空品牌定位的美国西南航空进入德州之后，客户数量增长了30多倍。

如图6-2所示，美国西南航空避开大机场和远程航线，将战术焦点确定为在二级机场间提供低成本短途飞行，逐渐形成一套二级机场、短途飞行、只运行一种机型、15分钟的停航时间、无餐、自助售票、不固定座位和没有行李转运的运营配称体系。这个体系既大幅节约了开支，又提高了竞争对手模仿的门槛（事实上竞争对手也不可能进行战略骑墙式模仿），最关键的是在顾客心智中成了"短途经济飞行之王"。品牌定位转化为企业的经营成果，使美国西南航空的市值比美国三大航空公司市值总和的三倍还高，连续获评"美国最值得尊敬的公司"。

由于美国西南航空保持低成本运营，团队工资相对较低，但企业文化对品牌战略进行了良好配称支持，通过贯彻"爱与幽默"形成了独特的企业文化，增强了团队凝聚力。

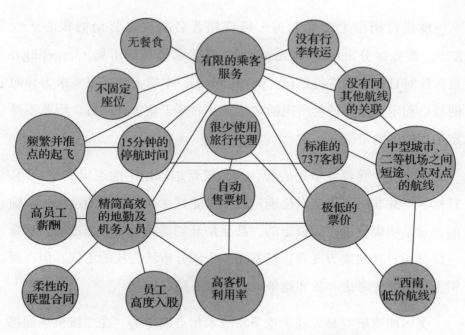

图 6-2　美国西南航空公司战略定位及运营配称系统

资料来源：《中国企业如何定战略》，机械工业出版社。

目标客群连接定位与配称

目标市场及客群是一个重要考量要素，在寻找定位、占据定位的整个过程中都起着重要作用。目标客群如果太过宽泛，要么会忽视一部分顾客的需求，要么只能部分满足。记住二八法则，80%的利润往往产生于 20%的顾客。只有通过定位使企业成为某个客群的首选，才能产生溢价和高利润率。这样的企业往往比那些多线作战而不能赢得客群首选的企业拥有更大的生意。因为拥有定位的企业不仅可以最大限度地吸引目标客群，还能通过定位产生的光环效应及羊群效应吸引更多目标客群之外的顾客。

现代营销学之父菲利普·科特勒著名的战略营销的核心——STP，首先细分市场（segmenting），然后选择目标市场（targeting），最后针对目标市场进行定位（positioning），本质上还是以需求为导向的战略和定位。科特勒所说的定位，并非基于竞争和心智，因此不是定位理论中的定位。

定位理论强调竞争和心智，与传统营销理论中的逻辑顺序不同，目标客群并非一定先于定位确定，也可能是在寻找定位的过程中明确的，或是明确定位之后锁定的，甚至是开创新品类之后创造的。尽管一部分项目从现实表现看，是基于一个细分市场去找的定位，但在逻辑上也需要先考虑心智和竞争，否则就不是定位。

美国西南航空是先基于竞争将战术焦点确定为"在二级机场间提供低成本短途飞行"，这个定位就决定了它们的顾客更多是那些往返于中等城市和大城市的二级机场之间的、对价格敏感且图方便的乘客，他们愿意牺牲一些享受来换取低价和便利。这个目标客群清晰之后，进一步围绕目标客群特点和需求设计各种运营配称来设计更频繁、便捷的班次和低廉的票价。

瑞典的宜家家居（宜家）也拥有明晰且有力的定位。它基于市场竞争格局与心智认知，针对传统家具店，锁定年轻顾客开创了"自助式家具店"品类，围绕年轻顾客设计一套独特的运营配称，成为全球最大的家具家居用品品牌。年轻顾客想要低价又有格调的家具，愿意为降低成本而牺牲服务，于是宜家自己设计开发各种低成本、便于组装的组合家具，在样板间展示区旁设置仓储货架，让顾客自己取运回家安装，宜家甚至连车顶架一起卖（也可退）。此外，宜家还有帮年轻父母照看孩子等独特的定制化服务。

运营配称的类型

依据定位理论，企业应该为不同的业务单位、品类设定不同的品牌名称和相应的运营活动，以此明确品牌定位并控制品类风险。波特在《什么是战略》中提出，"如果设计、生产、分销和客户服务都在一个公司内共享而非独立配称，同质化就很难避免"。他把运营配称分为共享配称和独立配称。

冯卫东在《升级定位》中进一步对配称进行了分类。根据某个运营活动是竞争品牌通行的做法还是某个品牌独特的做法，分为通用配称与专用配称；根据是否顾客接触点，把配称分为界面级配称和非界面级配称。每一项界面级配称都是定位沟通的机会，应由一把手或CEO亲自参与并推动，确保其传递的信息与品牌定位的一致性。界面级配称即北欧航空公司（SAS）前总裁杨·卡尔松提出的"品牌接触点"，包括名字、产品、包装、价格、门店设计、渠道、广告、品牌代言人、媒体报道、一线员工着装及言行、名片、官方网站、推介材料等。非界面级配称则包括内部管理、后台业务、生产过程、供应链等。对于多品牌来说，因为每个品牌都应该有独特的定位，而界面级配称承担着定位沟通的职能，因此界面级配称应当是独立配称，不宜在不同品牌之间共用。如果共用比较重要的界面级配称，就容易混淆甚至破坏品牌定位导致失败。相反，非界面级配称则应尽可能共用以提高资源使用效率，获得更强的规模经济效应。

品牌延伸就是典型的界面级配称共用。联想、格力把品牌这个界面级配称共用给手机，大众也把品牌共用给辉腾，导致新产品品牌定位不清晰，未战而先败一城。相反，丰田汽车推出高端品牌雷克萨斯时，界面级配称完全不共用，品牌名（雷克萨斯 Lexus 读音与英文"豪华"Luxury 一词相近，使人产生该车是豪华轿车的联想）、标志、设计、4S 店等都独立于丰田品牌，雷克萨斯因此免受丰田既有定位的束缚，上市十几年在北美销量超过了奔驰和宝马。

运营配称系统与商业模式统一于战略定位

商业模式是利益相关者（包括内部利益相关者及顾客等外部利益相关者）之间交易结构的呈现。将德鲁克的外部成果论结合现代系统论来观察，企业运营配称系统是定位这个外部成果向内导引企业内部形成的相应结构及运行机制。企业的具体操作的是运营配称这个物理层面的内容，系统的运营配称及传播通过与潜在顾客接触，逐渐确立了其在顾客心智中的定位，实现了物理战场与心智战场的统一。可见，运营配称系统是一个连接企业、顾客及其他各利益相关方的平台。这个独具特色的内外多方连接系统，便是商业模式最好的展示。我们对比图 6-2 和图 6-3，可以发现运营配称系统就是商业模式的一种生动再现，只是二者侧重的角度不同，商业模式侧重利益相关者的交易关系，运营配称系统侧重各方关系作用所呈现的内部成果对外部成果——顾客心智中品牌定位的支持和塑造。

从定位理论出发，商业模式设计的逻辑顺序也与传统不同。首先是结合心智认知与竞争状况，找到一个可行的心智切入点——定位，即价值主张（当然，这一步也可以同时考虑目标客群，但要服从于心智和竞争），然后（进一步）锁定目标客群，根据定位和目标客群，进行其他商业模式要素的交易模式及配称设计，这就是在战略定位统率下运营配称系统与商业模式的统一关系。企业拥有独具特色的运营配称系统，也就拥有了独具特色的商业模式，从而保障战略定位的差异化及品牌的力量。

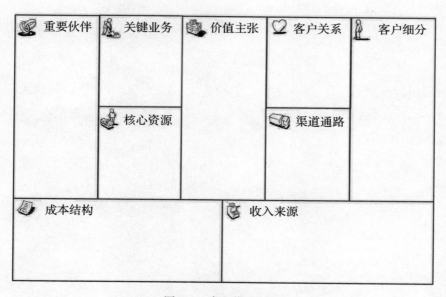

图 6-3　商业模式画布

资料来源：《商业模式新生代（经典重译版）》，机械工业出版社。

第三篇

方 法

进行股票投资的方法众多，大体可以分为两大类：投机类和价值投资类。投机类中有技术派、内幕派、题材派等分别，价值投资类中又有侧重价值差额的、侧重成长性的及向往"伟大公司"的。

　　凡是在股市中有相当成功经验的人都坚持有自己的一套方法和原则，各个门派中都会有成功的高手，我们不否认其他方法论的合理性。不管什么方法，只要做到专、深、精，就有成功的机会。

　　本书所讲的定位投资属于价值投资一类。既然注重价值，也就认同价值。这与本书体系一脉相承，先论"观念"，再论"理论"，然后论"方法"，是由价值观统筹理论与方法，也可以说是方法和理论中贯彻着价值观。这也是与投机类的本质区别所在。投机类不以价值观为主导，甚至无视价值观的存在，单纯炒价格。价值投资之父格雷厄姆曾这样定义"价值投资"，即"基于公司基本面深入分析、确保本金安全、适当获利的投资"。投机则恰恰相反，投机很像赌博，但价值投资不是。

　　遵循"投资的本质在于企业"之理念，在定位理论指导下对上市公司进行系统性研究和价值投资，是我们投资成功的基础。定位理论崇尚"简单"和"显而易见"，定位投资也就相应地要化繁为简、抓主要矛盾：把握品类这个赛道及其趋势，以品牌代表企业这个对象，探查其在顾客心智中的竞争地位及竞争优势，着重评估其定位及聚焦程度，以及企业战略与品牌战略的科学性。此外，要监控企业定位是否偏航，并与"时间"及"时机"做朋友。

第七章

建立定位股组合

一、什么是定位股

拥有心智占有权的品类代表

定位就是品牌在顾客心智中占据一个有利位置，甚至成为某个品类的代表。在某一品类中或者因某种品类特性赢得顾客选择的公司就是拥有定位的公司，这是定位投资选股的首要条件。定位股就是在顾客心智中拥有某个或多个品类领导品牌的上市公司的股票。比如，福耀玻璃占据了"汽车玻璃"概念，安琪酵母占据了"酵母"概念，科大讯飞占据了"智能语音"概念，海天占据了"酱油"概念，千禾占据了"0添加"概念，涪陵榨菜占据了"榨菜"概念，东方雨虹占据了"防水材料"概念等。如果上市公司从战略及策略上能够积极推动其市场份额和心智地位的不断提高，这种成长性更能够带来可观的价值增长收益。

如果上市公司拥有多个品类代表品牌，最佳的形式是多个品牌主导一个品类（或抽象品类）或一个价值网（或配合战略投资），并呈现大树型品牌结构，从而形成多品牌主导型的心智护城河。如果投资者能够从上市公司的收购兼并、业务品牌布局中洞察到其成长性或潜在风险，就能够获得可观的价值增长收益或规避重大风险。

巴菲特首次提出了经济护城河的概念，意指企业抵御竞争对手对其攻击的可持续竞争优势——如同保护城堡的护城河。拥有宽阔经济护城河的企业，能够在较长时期内实现超额收益，并且随着时间发展，能通过股价体现其超过市场大盘的盈利能力。

帕特·多尔西（Pat Dorsey）在《巴菲特的护城河》一书中，对经济护城河概念进行了研究并从 2000 多家上市公司中总结出几个基本共性：无形资产、转换成本、网络效应和成本优势。

1）无形资产，包括品牌、专利或法定许可。

2）转换成本，是当顾客从一个产品或服务的供应商转向另一个供应商时所产生的一次性成本，这种成本不仅是经济上的，也是时间、精力和情感上的。

3）网络效应，是指随着用户人数的增加，企业产品或服务的价值也在提高。

4）成本优势，是企业通过流程、地理位置、经营规模或特有资产形成的。

依据定位理论，可以对以上经济护城河的要点进行系统建构。具体思路是，以品牌为核心，以经济护城河的其他要点⊖为配称，对企

⊖ 个别非市场化的垄断要素可以排除于这个体系之外，如需要通过审批才能从事经营的法定许可。从某种角度来看，拥有定位也是一种心智资源的垄断。垄断企业可以获得垄断利润，拥有定位的企业也可以获得品牌溢价的垄断利润。

业可持续竞争力构建一个统一的认知体系。以品牌为核心是因为品牌是现代商战的基本单位，在定位理论的体系下，经济护城河的其他要点可以作为配称来强化品牌在顾客心智中的定位，而品牌及其定位是经济护城河在心智层面的表现和统一。

无形资产

帕特·多尔西认为："一定要当心那些把利润建立在少数专利产品基础上的企业，因为一旦它们的专利权受到挑战，就有可能给企业带来严重损失，而且这样的挑战是很难预测的。专利权要形成名副其实的可持续竞争优势，条件就是企业不仅要拥有历史悠久的传统，能够让投资者完全有理由相信它的创新能力，还要拥有一大批专利产品。""只有那些拥有多种多样专利权和创新传统的企业，才拥有护城河。"一流的企业卖标准。"你在顾客心智中建立了品牌之后，你就掌握了一种标准，沃尔沃就掌握了汽车业中安全的标准。"

由此可见，多尔西所总结的专利型护城河是指企业拥有历史悠久的专利群和专利传统并在顾客心智中获得信任及品牌定位。比如 3M公司，拥有几百种产品和数千项专利。新冠疫情中最核心的用品——口罩，这一品类世界第一的品牌就是 3M。在此期间，3M 的品牌影响力不容忽视。

转换成本

企业的转换成本高，其中一个原因在于其商业模式或产品模式，比如银行账务管理、财务类软件等，一旦更换对企业的客户来说意味着要承担非常高的转换成本；再如，企业为客户提供服务，将自己的服务紧密整合到客户的业务中，也会形成非常高的转换成本。

另外一个主要原因，就在于这些品牌往往是品类开创者，凭借其开创者的先发优势、主导优势及长期聚焦优势，积累了大量客户和客户使用习惯，甚至还有人际关系。比如 Adobe 公司的 Photoshop 和 Illustrator 软件，以及支付平台支付宝、智能手机即时通信 app 微信等。

那些直接面对顾客的 to C 品牌，如餐饮企业和零售商的品牌，虽然转换成本不高，但如果占据了定位，也能够产生很强的心智预售能力，相当于另一种形式的"转换成本"。

网络效应

具备网络效应的企业，其产品或服务的价值会随着用户人数的增加而提高。因此，这类企业会极力推动其商业网络和规模的扩张，以这张庞大的经营网络作为核心配称支撑品牌主导该品类。比如 to C 电商淘宝网，这种庞大的网络具有稀缺性，竞争对手想要复制一个相当的网络并不是一件易事。绝大多数情况下，对手只能望而却步。

一个人使用产品或服务并不妨碍其他人使用。互联网可以把商品生产销售的边际成本降为零，边际成本的结构性改变，是网络经济对传统经济最重要的一个冲击。使用这些网络的人越多，它们的价值也就越大。

成本优势

成本优势的来源主要有 4 个方面：低成本的流程优势、更优越的地理位置、与众不同的资源和相对较大的市场规模。

进一步讲，我们还要考察这种流程优势是否能够被轻易复制。流程优势主要来自商业模式的独特运营配称，比如戴尔取消分销环节，以订单式直销实现存货最低，再比如前文详细分析过的美国西南航空公司。如果企业围绕战略定位形成了环环相扣的运营配称系统，那么竞争对手将几乎不可能模仿。有效的配称让企业所有活动互动并互相加强，紧密连接，同时带来竞争优势和可持续性，将模仿者挡在门外。

美国西南航空公司的老对手大陆航空公司（Continental Airlines）看到西南航空的成功后，推出了 Continental Lite 进行模仿，同时在其他航线保留其原有的全面服务定位。由于大陆航空不能舍弃原有定位而走上了战略骑墙的误区，导致运营活动不能相容且品牌定位失焦，最终 Continental Lite 损失数亿美元后停飞。

战略意味着有所为，有所不为，意味着取舍，是一种系统性思维。"除非与其他定位相比而形成取舍，否则任何一个战略定位都不可能持久。取舍不仅造成了选择的必然性，还保护企业免受重新定位者和骑墙者的侵害。"美国大陆航空试图通过效仿西南航空的一些局部活动与西南航空竞争，不仅脱离了一整套紧密连接的内在系统，还对自身运营产生负面影响，结果是灾难性的。

与法定许可类似，优越的地理位置和与众不同的资源这两点属于先天性的垄断优势而非市场性优势，我们此处不做专门讨论。市场规模优势不仅能带来成本优势和更高利润，还是品牌在品类中领先的重要运营配称和表现形式。

规模优势

相对于竞争对手更大的规模，类似前文所述的网络效应，是品牌领导地位的重要保障。"最关键的并不是企业的绝对规模，而是和竞争对手相比的相对规模。"相对规模更好地表明了企业在行业内的地位，企业只要在市场的某一局部超过其他竞争对手，就能形成强大的优势。因此选择一个相对小的品类或市场，做鸡头不做凤尾，形成对利基市场的统治也是一种规模优势。

进一步讲，要了解企业规模优势背后的固定成本与变动成本之比，这个比值越高，规模就越难复制，规模优势就越稳固。比如大规模的配送网络极难复制，是令人生畏的竞争优势，因为建立和运营配送网络需要一笔巨大的费用。

涪陵榨菜截至 2022 年底，拥有覆盖全国 30 多个省级行政区的销售网络，在全国设有 8 个销售大区、67 个办事处，1500 多家一级经销商，近 300 个地市级市场，1000 多个县级市场，产品远销欧洲、美国、日本等国家和地区。而其他榨菜品牌都是区域性的，铜钱桥的市场主要在东北，鱼泉的市场主要在北京和成都，备得福的市场主要在华北。涪陵榨菜年生产榨菜、泡菜能力达 20 万吨，市占率排第一，2018 年市场份额达 42%，较第二的鱼泉榨菜高 30 个百分点，且差距逐年增加。

桃李面包截至 2022 年底拥有 14 家全资子公司，在全国拥有 12 家专业现代化生产基地，合计产能 28 万吨，在东北、华北、华东、西南、西北等的 12 个中心城市及周边地区建立起 4 万多个零售终端，在"中央工厂 + 批发"模式的短保面包企业中遥遥领先。

企业领导者

符合定位股概念的公司领导者，也应该是贴近市场、具备良好战略思维、深谙定位之道的企业家。那些经常狂妄自大、夸夸其谈的企业家则很容易做出削弱公司定位的盲目举措。

1. 贴近市场一线的总指挥

关于领导力的书不计其数，但真正有价值的领导之道不过是德鲁克浓缩的几句话："成为有效领导者的基础是想清楚组织的任务，清晰可见地定义并建立这一任务。领导者设定目标、优先级，设定并维护标准。"成功的企业家是一个战略家。战略就是方向、布局和执行。

如何找到正确的战略方向？必须置身于市场环境中实地考察和思考，从市场一线发现趋势，从潜在顾客心智中获得灵感。我们在思考定位时，常常把自己当成一个专家，从专业角度分析。其实这时最重要、最需要的是把自己还原成一个普通顾客。定位不是拍脑袋拍出来的，而是到一线研究出来的。

沃尔玛创始人山姆·沃尔顿一生都在沃尔玛商店的第一线巡视，甚至半夜还与卸货的员工交流。他常自己从一家分店跑到另一家分店，每周至少有 4 天花在这类访问上，有时甚至 6 天。在一线才能听见炮火，才知道如何呼唤炮火。而我们很多企业是让远离炮火的人呼唤炮火。

定位理论强调"战术决定战略"，战术机会存在于市场一线潜在顾客的心智之中。最根本的"一线"就是潜在顾客心智。机会很难被发现，原因之一是它们存在于潜在顾客心智之中，你难以在办公室和会议室发现它们。随着公司越来越大，很多 CEO 与"前线"失去了联系，这是最致命的错误。原因之二是它们其实很简单且显而易见，看起来不像是机会。它们是角度———一个竞争性心智切入角度，可以是一桶更适合中国宝宝体质的奶粉、一项约定时间送货上门的超市服务、一瓶无添加的有机酱油、一种手工现做更新鲜的米皮，或是一种减半使用同样鲜度的鸡精。"营销的责任是利用那个角度或概念把它发展成一个战略，从而发挥它的力量。"

好的领导者是贴近市场一线、重视营销的总指挥。营销是所有行动的目的，营销太重要了，最好由老板和高级管理层处理，不能授权给低层员工。德鲁克说过："任何企业都有两个也只有两个基本功能，那就是营销和创新。"艾·里斯进一步指出："聚焦就是营销的目的。"

德鲁克把组织比作一个大型交响乐团，必须只有一个指挥。这也要求 CEO 及组织结构具有一定的集权性。定位需要洞察力、判断力和决断力，并非参与决策的人越多、越民主越好。因为一个分权的公司难以进行正确的战略聚焦，容易在市场变化中失去把握、主导下一代概念并顺势而为的机会。"好的聚焦很简单，但要识别好的聚焦很不简单。它需要判断力，当今世界最缺这个。"聚焦效果好的往往是那些集权型结构的公司。未来属于组织良好、聚焦清晰的公司，CEO最好同时也是首席营销官。当沃尔沃选择聚焦"安全"这个曾被底特律汽车城丢弃的概念作为品牌定位时，相信董事会一定也有很多反对意见，但之后汽车工业的发展验证了当时领导者的判断力和决断力。CEO的主要工作不是管理企业，而是把握未来，找到未来最有希望的一种产品、服务或概念，对它进行聚焦。

2. 良好的定位素养

在这个战略就是定位、战略就是竞争的时代，企业家需要完成从管理者向竞争战略家的角色转变。邓德隆说过："我们的企业家也经过了三代，第一代是厂长式的领导人物，第二代是管理者的角色，而竞争地点转移到心智以后，第三代企业家的首要特质是战略家。"瓜子二手车CEO杨浩涌说，一个优秀的企业一把手，其工作应该是"找定位、找人、找钱"。定位是一把手工程，不是一个公司的市场部要去解决的问题，而是所有人齐心协力围绕整个公司大的发展方向做相关战略的配称。

企业家必须自己要懂定位，否则会走弯路。看看网上公司领导者的讲话，他所传达的信息是否常常直接或间接紧扣其公司定位、差异、聚焦，比如"我们如何取胜"及"获胜的工具"等。

制定一个清晰的战略定位不是一件容易的事，会遇到组织及其成员的挑战，因为组织中会有很多力量反对选择和取舍，因此，必须仰

赖一位睿智、有力且愿意做出选择的领导者。领导者"不仅仅是各个
职能部门的总管家，其核心任务是战略，界定并传播企业的独特定
位，做出取舍，在各项运营活动之间建立起配称"。睿智的领导者还
会建立一个清晰的框架去指导战略，包括明确应该做什么，同时设定
"限制清单"明确不做什么。在战略中，选择不做什么与选择做什么
同样重要。CEO 们也应该认识到，再大的树也不可能长上天去，企
业可以通过并购、全球化加强自身定位并扩大该领域市场份额，也可
以通过基于自身优势开创新品类打造第二曲线，而不应该随意多元化
而失去战略焦点。企业还需要有良好定位素养的优秀管理层来持续增
加品牌护城河的宽度与深度，最好可以将品牌护城河的强化作为管理
层的经营成果。

二、以定量分析验证

数据是必不可少的，分析数据可以了解公司运营情况，并对定性
分析进行佐证和检验。当然也可以反过来，用数据分析筛选出一些公
司，然后再研究企业是否具有定位（品牌护城河），以及是否能继续保
持。但不变的是，定量分析是为定性分析服务的。

市场份额

相对于股票价格，市场份额才是衡量企业成功更好的标准。企业
要以定位准确清晰、持续聚焦、健康发展为目标，在这个基础上，市
场份额与合理利润增长就是结果，股价与市值增长就水到渠成。

定位理论对于市场领导者的判断是以心智份额为首要标准的，而非仅仅以市场份额为标准。心智份额可以通过调研排序估量，也可以进一步量化计算，但难以精确衡量。影响心智份额的因素包括：企业市场份额（可以用销售额或销售量计算，一般是用销售额计算），企业是否探索并确立品类或市场发展方向，企业是否制定行业标准，企业是否成为标杆或竞争对象等。心智份额最终决定市场份额。

市场份额可以分为绝对市场份额和相对市场份额两个指标：绝对市场份额，即该企业占整个市场销售总额或总量的百分比；相对市场份额，是指该企业的市场占有率与其同行业中的最大竞争者的市场占有率之比。只有市场领导者的相对市场份额可以大于1。

比如，在家用豆浆机领域，2018年九阳豆浆机的绝对市场份额（销售额）约为70%，美的豆浆机的绝对市场份额约为13%，九阳豆浆机的相对市场份额即70% / 13% = 5.38，是家用豆浆机市场的绝对领导者。

再看家用豆浆机市场规模及增速。决策狗数据显示，截至2018年2月，家用豆浆机最近12个月总销售额为10.63亿元，年同比增长率为40.51%，远超整体豆浆机市场增幅，市场增长空间较大。[一]在品类增长良好的态势下，品类领导者将获得更大利益。

还可以将市场份额分为良性市场份额和非良性市场份额。企业要特别注重保持良性市场份额。良性市场份额是依靠积极的因素增加顾客价值而赢得的市场份额，诸如性能、品质、服务等方面的提升，创

㊀ 来自搜狐网的文章，家用豆浆机行业分析：九阳豆浆机占据70%市场份额。

新和成本的控制等。而通过不建立在降低成本的基础上的降价促销，即单纯的价格战等获得的市场份额则是非良性的。良性市场份额可以持续，并且往往与较高利润相伴，是高利润的市场份额；而非良性市场份额则因薄利甚至亏损、模糊品牌定位等不能持续。

作为品类领导者，要理性看待市场份额，包括两方面：一是理性看待市场份额的均衡下降；二是要保持良性市场份额，不在份额下降或出现瓶颈时做出非良性行动。

对于新品类来说，伴随着品类成长，开创者的市场份额会由最初的100%逐渐下降，但蛋糕在变大。这个时候不要因市场份额下降而不安，而要在与追赶者保持距离的同时，带领竞争者共同做大品类蛋糕。"在一个成熟的品类中，领先者通常的份额不会超过50%，总要留些余地给第二品牌和一群更小的品牌。"一个品类的最理想状态就是有两个主导品牌存在。

顾客不是均质的，而是多元的，想用一个品牌吸引所有人是不可能的。美国最受欢迎的总统罗斯福竞选时，最高也就将近61%的得票率。艾·里斯说过，顾客有两种类型，相同的顾客面对不同商品会属于不同类型。有些顾客喜欢和别人买相同的品牌，另一些顾客则喜欢与众不同。这是因为不同人对不同商品的购买需求不同。希望随大流的人占多数，主导品牌吸引这部分人，但是，主导品牌也排斥了那些希望与众不同的少数人。

此外，也有很多高度聚焦于某一利基市场的公司，拥有非常高的市场份额，它们的市场份额超过50%，有的甚至是70%~90%，并在全球市场中深耕一个专业市场。比如福莱希（Flexi）公司，专注生产可伸缩牵引绳，一个产品有 300 多种样式，占据 70% 的国际市场份额，出口 100 多个国家。杰里茨（Gerriets）公司是世界上生产大幅舞台幕布的唯一厂家，在这一领域的全球市场份额为 100%。

资本回报率

拥有品牌护城河可以帮助企业长时间保持赢利。验证企业盈利能力的最佳方式就是看公司创造的利润与投资额的比值。当然，这要与企业为增强其定位及配称所进行的投资一起进行综合评价。

衡量资本的回报率，常见的财务指标有资产收益率（return on assets，ROA）、净资产收益率（return on equity，ROE）、投资资本回报率（return on invested capital，ROIC）。

ROA 是指企业每利用 1 美元所创造的收益。如果上市公司的所有资金都属于资产，使用这个指标显然最为恰当。但很多企业经常会进行债券融资，这就要求我们在考虑资本回报率时还要考虑另一个因素——ROE，也称股东权益回报率，即单位股东权益所创造的利润，等于净利润除以净资产，体现了公司对股东资金的使用效率。ROE 是巴菲特最关注的指标，他说："如果只能选择一个指标来衡量公司经营业绩的话，那就选 ROE 吧。"ROE 有一个缺陷，就是企业可以在盈利能力没有提高的情况下，通过大量举债提高 ROE，因此，应该把该指标与企业负债规模同时考虑。

ROIC 综合了 ROA 和 ROE 指标的优点，是投资于企业的全部资本实现的报酬率，不考虑资本的来源是资产还是负债。不同于 ROE，它剔除了高杠杆公司通过负债提高股东权益回报率的弊端，更加接近企业经营结果的真实状态。如果一个企业能持续多年实现高的 ROIC，就说明企业具有强大的盈利能力。坚实的投资资本回报率是识别护城河的重要数量指标之一，它衡量了一个企业是否能有效地利用其全部资产——厂房、人员和投资，为股东创造价值。占据定位的企业能够长期在竞争对手面前岿然不动，并凭借品牌溢价获得高利润。如果你选择了这样的企业，就相当于持有了能在未来较长时期内不会受到竞争对手侵袭的现金流。而不占据定位的企业则很容易在竞争对手攻击下受损，ROIC 大幅下跌。

公司价值

成功做投资，不仅要买好的，还要买得好。买得好就是要在股价低于其内在价值时买进。但股票估值并不容易，即使对专业人士而言也不简单。但好消息是，"在购买一家公司的股票之前，我们根本就没有必要知道企业的精确价值。你需要知道的，就是股票的当前价格是否低于正常价值"。比如一家公司的股价因为整体社会经济或行业遭遇危机，产生动荡而大幅下跌，但该公司的盈利能力及优势背后的逻辑并未发生改变，那么就会出现买入的机会。

如果有一定能力，可以在买入股票前，简单估计一下股票价值。公司价值，就是它所创造的预计未来现金流量的现值。影响企业估值的重要因素有四个：企业在未来所能创造的现金，实现这些预测现金流的可能性，企业运作需要的投资额以及企业能置竞争对手于门外的时间（经济护城河）。可以使用三种工具估算企业价值：价格乘数、收益率和内在价值。

长期来看，影响股票收益的因素有两个：一是由收益增长和股利决定的投资收益，反映了公司的财务状况；二是由市盈率（price-to-earnings，P/E）决定的投机收益，反映了投资者对股票的预期。股票未来的投机收益很难预测，但投资收益则有可能被合理估计。因此，要以投资收益为主要关注点，不要将股票收益增长寄托于投机收益。如果在享受投资收益的基础上，享受到了投机收益，则是可遇而不可求的幸事。

市销率（price-to-sales，P/S）是总市值与主营业务收入之比。这个指标适用于周期性企业或出于某种原因导致暂时亏损的企业。缺陷是销售额的价值可能会随企业利润率的变化而增减。市销率最适合用来寻找暂时出现亏损或净利率存在巨大改善空间的高净利率公司。

市净率（price-to-book，P/B）是公司股票市值与账面净资产或股东权益之比。一般账面净资产难以完整体现，甚至多数时候不体现企业的品牌价值——经济护城河的最重要内涵，更多代表了投资于企业的全部有形资产。P/B较适合金融服务业这类资产和负债多由货币资产构成的股票的估值。

市盈率是股票价格与每股收益之比。但收益本身是一个不易判断的指标，离开具体情况及比较，很难断定15倍市盈率是高是低。一般用法是，先观察公司在顺境和逆境时的表现，再考虑未来是否会好转，最后再估计公司的年均收益。

市现率（price cash flow ratio，PCF）是股票价格与每股现金流之比。这是一个非常简明好用的指标，因为现金流本身就足以反映企业的盈利能力，收益却要受制于各种会计调整，此外现金流往往比收益更稳定。市现率可用于评价股票的价格水平和风险水平。市现率越小，表明上市公司的每股现金增加额越多，经营压力越小。使用现金流的缺陷是没有考虑资产折旧，导致资产密集型企业的现金流大多高于收益，从而可能高估企业盈利能力。

收益率是把市盈率（P/E）倒过来，即用每股收益除以股票价格。比如市盈率为 15 的股票，其收益率为 6.7%，可以与债券等其他投资进行比较。

三、建立定位股票池

界定能力圈

俗话说，恐惧源于无知，信心堪比黄金。当股票在你眼里只是价格或 K 线，股价下跌会引起你莫名的恐慌。而当你能看懂股票背后的企业时，你就能更加理性地评估股价的波动，这就是信心的基石。出色的投资者都注重构建自己的能力圈，了解圈中精选的上市公司，看不懂的坚决不做。

巴菲特始终遵守的一个投资原则就是：不碰复杂的企业。他多次忠告投资者："一定要在自己理解力允许的范围内投资。"巴菲特就几乎不碰医药股和科技股，他认为自己没有能力预测这类科技公司的技术和未来发展趋势。

这种能力可以从两个方面来理解。首要的是认知能力，包括对某个上市公司所在行业的了解，尤其是一些专业性、技术性较高的行业，外行人很难懂。其次是精力，人们难以同时把很多上市公司及其行业了解清楚。即使你精通定位理论这个商业竞争的底层逻辑，能够在"隔行如隔山"中以"隔行不隔理"的商战法则洞察多个行业，但人的精力有限，正如定位理论中所强调的兵力法则一样，你无法在多个战线分散兵力的情况下提高胜利概率。

接下来，根据个人的能力圈，筛选符合定位的股票，建立定位股票池。符合定位的股票一般可分为两种：一是主动应用定位理论或聘请定位咨询公司进行战略定位的公司的股票，二是虽然没有主动定位但经营发展暗合定位理论的公司的股票。

主动定位

事实上，在商业竞争如此激烈的心智时代，已经没有要不要定位的问题，而是要么你是在正确地定位，从而赢得商战的胜机，要么你是在错误地定位，从而错误地配置企业资源，游走于失败的边缘。

企业的成果中心在企业外部，在潜在顾客的心智之中。曾经最有价值的企业内部资源诸如土地、厂房、设备、人才、技术、管理等，已将其决定性地位让于组织外部的心智资源。如果失去外部心智资源的牵引，其他所有资源都只是成本。

有一类企业的决策者了解了品牌定位的理论和原则，从而主动对企业品牌进行定位或重新定位。这类企业大多会聘请定位咨询公司进行战略定位、落地及护航，如果合作顺利，企业会更容易步入正轨，走上快车道。比如定位为"防上火饮料"的王老吉凉茶10年间销售额从2亿元增加到200多亿元，重新定位为"滋补国宝"的东阿阿胶10年间销售额从10亿元增加到70亿元，聚焦于"经济型SUV"的哈弗使长城汽车7年间销售额从百亿元上涨到千亿元，净利润从5亿元上涨到105亿元。这样的明星案例越来越多地出现，其背后往往有优秀的定位咨询机构参与。我们可以关注这类咨询机构与相关公司的战略合作，并对其定位方案进行评估，尽早把握投资的先机。

企业战略就是要将所有资源集中起来抢占一个品牌定位，使品牌成为顾客心智中某个品类的代名词，企业因此获得来自顾客心智中的选择力量。在企业的发展壮大过程中，来自内部思维及熵增现象的影响，会生发盲目扩张、品牌延伸等违背、偏离定位的做法，这些危险的做法在企业一方看起来却常常很"合逻辑"，因此需要定位咨询公司长期护航，以外部视角为企业纠偏，提升品牌认知管理水平。成功的企业需要定位咨询公司长期进行战略护航。

当然，经过定位咨询公司战略定位的企业并非一定能获得显著成功，或者能永远延续成功，但战略定位会从商战规律及系统的战略配称上使企业的成功得到显著保障。定位失利的原因通常是战略定位不准、竞争环境巨变、企业执行力或资源保障不足等。

暗合定位

定位理论是从无数成功的商业案例中总结出的商业逻辑和法则，是先有了无数成功的商业实践，而后才有了一些卓越的商业理论，这些商业理论不断发展、演变，形成了今天的定位理论。人们又依循着定位理论主动打造出一些成功的商业案例。

经营企业是优秀企业家的自身素质和能力，很多企业家并不是接触过这个理论并从理论出发，而是以其敏锐的商业洞察力捕捉到了市场和心智机会，或者以其优质的产品、技术、专利等经过相当时期的聚焦经营和品牌积累成为市场认可的领先者。暗合定位的公司，也是拥有定位的，比如空调霸主格力电器、视频监控设备全球第一的海康威视、LCD 屏全球第一的京东方、密码产业链国内第一的卫士通、300 年历史的御药老字号同仁堂、国酒美誉的贵州茅台、国宝名药片仔癀和云南白药等企业。

暗合定位的企业并非都对自身定位有着清晰的认识。有的企业有定位但自己没有意识到，这类企业通常无法充分发挥定位的效力，且有时容易走偏甚至抛弃定位而误入歧途。"企业常常在不自觉中破坏已有的成功定位，挥刀自戕的现象屡屡发生、层出不穷。当一个品牌破坏了原有的定位，或者企业运营没有遵循顾客心智中的定位来配置资源，不仅会造成顾客不接受新投入，还会浪费企业巨大的财产，甚至使企业毁灭。"比如春兰股份（600854.SH）盲目多元化，丢失空调品类定位，市值只有格力电器的百分之一。长城汽车通过聚焦皮卡成功之后，多线出击陷入多元化困境，在里斯战略定位咨询公司（Ries &

Partners Ltd.）的帮助下重新定位才又获得巨大成功。

有的公司意识到了自己拥有的定位价值，这类公司会较好地围绕定位配置资源，展现定位的效力。随着定位理论的普及，越来越多的企业与定位咨询公司合作主动定位，这无疑是一个影响深远的利好。比如 2019 年 2 月，茅台集团聘请了里斯战略定位咨询公司作为集团战略顾问，并启动了以"中国茅台"为核心的新的战略定位。

检测战略定位

德鲁克说："每个公司都需要简单、明确、一致的目标。它必须是易于理解且有足够挑战性的，这样才能建立共同的企业愿景。"我们可以从公司的宗旨来分析企业的战略和定位是否清晰。宗旨帮助公司定义成长方向，可以说，宗旨是企业定位的"护航器"，宗旨应该以不断实现、深化定位为目的和内容。比如，沃尔沃的定位是安全汽车，它的宗旨就应该是"沃尔沃旨在制造全世界最安全的轿车"。

然而，实际中绝大多数公司的宗旨都是相似甚至可以互换的陈词滥调。沃尔沃的"宗旨有 130 个词，安全为第 126 个词"。含混不清的宗旨表明公司的发展方向不明确。因此，沃尔沃公司宗旨的护航作用出现问题，需要及时校正。

必须把根本的业务战略放在宗旨中，它应该呈现你的差异化定位概念，并说明通过抢占这个概念，你如何保持领导者地位或面对竞争对手。宗旨要简单明确，确保公司的每个人都理解它。

一些高度聚焦、目标明确的公司往往有着清晰的企业目标或愿景，以表达争当或保持市场领导者的要求。比如：

全球领先的咖啡原料生产商 Neumann 公司声明："我们希望成为世界上最好的提供咖啡原料服务组合的公司。"

世界领先的解剖教学器材生产公司 3B Scientific 公司指出："我们希望自己成为世界第一并保持世界第一。"

世界领先的胶原蛋白生产商嘉利达（Gelita）公司的企业愿景是"我们希望保持世界第一的地位"。

愿景不仅能成为一种规范性力量，还使员工产生了一种使工作更有意义和目的的自我意识。

真正纯粹聚焦的企业其实并不多，尤其是上市公司这样的大型企业。有些企业表面上看是综合型企业，但其实它们仍然富有焦点。

3M 公司有成千上万的创新产品，但主要推动 3M 发展的是黏剂产品业务，真正赚钱的是即时贴和透明胶带等产品。3M 的产品开发其实一直有一个主线——对材料表面结构的控制，所以基本上所有的胶布、化学品、日用品都是通过改变其表面的微观结构和工艺，来实现产品的创新。比如说汽车尾部及高速公路的高反光材料和计算机防窥屏，其实都是结构改变实现的光学性能变化。而诸如头顶透射系统、硅胶乳房假体、数据存储、磁带、复印机和心脏手术设备等很多都不成功。因此 3M 在材料化工领域具有极深的技术深度，与聚焦止血的云南白药相似，属于一种技术聚焦型品牌。

我们判断一家公司是聚焦还是多元化，不能简单从表面判断，一定要回归顾客心智。如果简单从表面业务构成来判断，几乎很少有"纯种"业务的公司，即便定位极其强大的"国酒"茅台，也会屡屡涉足红酒、啤酒，只不过这个品牌跷跷板两端的力量太过悬殊，几乎不能影响茅台酒的定位。

伯克希尔－哈撒韦是一家由"股神"沃伦·巴菲特创立的多元控股公司，经营核心为保险事业，其投资业务通过在公司占有股份来实行，这些公司包括：美国特快邮递公司、穆迪评级公司、达美航空、美国银行、美国合众银行、可口可乐公司、富国银行、苹果公司、吉列公司等，曾经平均每年为股东创造20%以上的价值成长。由于"股神巴菲特"这个世界级的高势能心智资源存在，伯克希尔在客户心智中已成为一家股神巴菲特凭借顶级价值投资理念和方法论进行高水平、高回报投资的投资公司，简而言之就是"世界第一的投资公司"，而非以保险为主业的公司。保险业务成了投资的重要配称，并为巴菲特的投资提供资金保障。

因此，要善于抓矛盾中的主要方面，这是决定矛盾性质的因素。多元化不能仅从表面看，表面看格力电器也多元化，只不过品牌定位太强，多元化的业务没做起来所以影响不大，实际上还是聚焦的。关键要看是否失焦，聚焦或失焦要在客户心智中评估，并不能简单地以公司本身业务比重指标计量。

多元经营可以用多个品牌分别聚焦，并不会使企业失去焦点，里斯战略定位咨询公司称其为多品牌或多定位战略。

吉列公司持续占有全球剃须刀片市场 60% 以上的份额，这是它的核心业务。它同时还有金霸王电池、博朗小家电、欧乐 -B 口腔护理产品，相比于剃须刀，这些产品微不足道，并且都启用了不同的新品牌。

除了战略定位是否聚焦，我们还要结合本书第二篇中的知识点系统评判公司战略经营的各个方面。

第八章

企业战略定位监测

要想成为一个成功的投资者，只能靠提升自己的洞察力而非依赖运气。定位理论作为现代商战的底层逻辑可以提升投资中的洞察力。定位投资不再是紧盯股票 K 线，而更多是做企业研究，经常跟踪企业动态，从多维度监测企业战略定位是加强、弱化了还是偏航了。

一、警惕品牌延伸

品牌具有延伸弹性

品牌延伸就是把一个成功的品牌从初始品类扩展到其他新品类上。品牌延伸这一做法有其广泛的"市场"，人们有各种理由：品牌自信、充分发挥品牌价值、节约推广成本、代理商更易接受……

品牌延伸之所以可能，从根本上说还是因为品牌具有延伸弹性。这种弹性是从心智认知角度考量的，即顾客心智对于某品牌在品类间延伸的一种容忍度。品牌延伸弹性的大小受到几个因素影响：

一是品牌的定位强度。定位就是将品牌与某一品类及其特性进行强关联。关联越强，品牌定位及其光环效应越强，品牌的势能越强，品牌的延伸弹性就越大。例如，九阳代表了豆浆机，九阳通过品牌延伸销售的其他小家电如电磁炉、净水机等也能获得一定销量，并且对九阳品牌定位的稀释相对不那么强。

二是品类相关性。如果将一个品牌延伸至相关品类或同品类中的多个细分市场或细分品类，这种品类相关性就高于将一个品牌延伸至不同，甚至悬殊的品类。例如，娃哈哈在饮料品类中品牌延伸的品类相关性就高于将娃哈哈延伸到童装、儿童奶粉等品类。品类相关性高的品牌延伸成功率相对高于品类相关性低的品牌延伸。

三是竞争强度。品牌延伸弹性还受到其他品牌的竞争影响。在竞争激烈的品类或市场中，尤其是专家型品牌林立的市场中，品牌延伸弹性就相对要小，就更不能随心所欲地进行品牌延伸，那样只能迎来迅速的失败。而在竞争强度小的市场环境中，就可以进行品牌延伸，但企业要评估这种状况能延续多久，或者企业是否想做得长久。

四是该品牌背后企业的技术实力。品牌背后企业的技术实力同样对顾客心智有显著影响，技术实力大概可分为技术广度和技术深度，技术深度对顾客认知尤其具有深刻影响。

3M 就是一家以技术创新闻名的公司，号称"全球最创新的企业之一"，在全球共拥有 70 多个实验室、8200 多位研发人员，在科研和产品开发方面形成了超过 46 个门类的核心技术。围绕这些核心技术，公司开发了近六万多种产品，以满足不同客户的需要。3M 尽管产品线繁杂，但是产品开发其实一直有一个主线——对材料表面结构的控制，所以基本上所有的胶布、化学品、日用品，都是通过改变其表面的微观结构和工艺，来实现产品的创新，比如说汽车尾部及高速公路的高反光材料和计算机防窥屏，其实都是通过结构改变来实现光学性能变化。因此 3M 在材料化工领域极具的技术深度，也就在顾客心智中具有很强的品牌延伸弹性。

类似的公司还有华为，华为在信息与通信技术领域具有全球领先的技术实力，因此，华为的品牌延伸弹性就相应较大，华为相关技术的手机、笔记本计算机、平板计算机、终端路由器、交换机等产品都很畅销，甚至很多人都期望能够拥有一辆华为牌汽车[⊖]。

延伸是榨取而非建设品牌

品牌是某种产品或服务的名字。试想一个家庭的几个子女使用相同的名字会是什么结果？如果几种产品都使用同一个名字是不是有类似的结果？当然，这种类比似乎有些夸张，因为如果是产品或服务的话，品牌名后还会加上品类名以避免混淆，比如美的豆浆机、美的空调、美的电磁炉……

一些品牌延伸短期来看是成功的，这也助长了其"市场"，但长期来看则注定是效果不佳或失败的。从实践来看，各个品类市场份额占比最高的通常都不是延伸品牌。当然，如果品类中每个主要品牌都

⊖ 华为并没有亲自造车，而是通过合作模式打造了新能源汽车品牌赛力斯、AITO 问界。2022 年，网上曝出一些车主将赛力斯华为智选 SF5、AITO 问界 M5 的尾标换成"HUAWEI""华为""HarmonyOS"等 logo，这种直接增加华为相关标志的做法便流行开来。而这两款车都是华为联合小康股份打造的。不少车主直言就是冲着华为买车，还有车主将这种做法称为"注入灵魂"。

是延伸品牌，那么其中一个延伸品牌将可能成为领导者，但这种情况不会永远保持下去，专家型品牌迟早会出现。品牌的品类边界，最终是由顾客认知和市场竞争共同决定的，这个边界就是品牌的"疆域"。先锋电器聚焦取暖器，艾美特聚焦电风扇，它们强化了自身品牌认知并成为两个领域的专家型品牌，切割了主要竞争对手、通才型品牌美的的市场份额。

要毁灭一个品牌，最重要的方法就是把这个品牌名用在所有产品上，也就相当于将其"兵力"分散到多条战线，造成"中军空虚"。品牌延伸不仅使核心品牌受到侵蚀，夺走核心品牌的部分市场，还使企业丧失了主导新品类的机遇；同时，新产品也因使用老品牌而使顾客产生认知冲突、混乱而难以取得市场领先地位。品牌延伸的确是榨取品牌、透支品牌，而非建设品牌。很多大品牌都因为品牌延伸而趋于衰落。

定位，就是将品牌与某一品类及其特性进行强关联，关联越强品牌力越强，这个品牌越难从这个品类中挪到别的品类。一个品牌不能同时占据一个以上品类的位置，品牌会因为延伸而丧失焦点和独特性，导致面目全非。尽管它的竞争对手也可能同样因为品牌延伸而更加虚弱，暂时不能威胁其领先地位，但一个真正可怕的专业级对手迟早会出现的。延伸品牌敌不过专家型品牌。

做脑部手术的病人一定会去找脑外科专家而非全科医生。商业也如此，顾客更信赖专业品牌。竞争越激烈，越是专家型品牌才能生存。

品牌力量与品牌代表的品类数量成反比

我们在生活中往往存在一个观念——"整体大于或等于部分的总和"，而在商业世界里，往往是"部分大于整体"——太多的成功案例属于那些专注于一个领域的企业。因此"部分大于整体"等同于"专家型品牌强于通才型品牌"。拥有一个强大的品牌，方法是收缩和聚焦，而不是扩大产品线和延伸品牌。单独的品牌不会让顾客感到迷惑，即使只有两个品类共用一个品牌，尤其是两个强势品类，这个品牌的力量都至少会被一分为二。如果你为了卖出更多产品而扩大了产品线，短期可能会奏效，但长期一定会削弱品牌在顾客心智中的力量，从而弱化品牌帮助顾客选择的动力。

长虹曾经是彩电的代名词，但现在还生产空调、冰箱、洗衣机和电池，没有找到独特的定位，旗下四家上市公司四川长虹、长虹美菱、长虹华意、长虹佳华，加起来市值现在还不够 200 亿元。

这就是心智中的品牌跷跷板法则："一个名字不能代表两个截然不同的产品；当其中一个上升，另一个就会下降。"格力代表了空调，因此格力手机难以成功，假如格力手机真的成功了，那么格力就不再代表空调。同样，茅台代表酱香白酒，茅台红酒、茅台啤酒就难以成功，假如茅台红酒、茅台啤酒真的成功了，那么茅台就不再代表酱香白酒。格力、茅台不仅仅是个名字，还是一个拥有长期巨大价值的定位。

收缩和聚焦，品牌才会更强大。当你开始收缩时，好的局面就会出现。原因有二：一是顾客心智聚焦，认知清晰，促进选择；二是与运营有关，你只做一件事，当然会做得更好，顾客也是这么认为的。此外，你还能顺便降低采购、仓储等运营成本，继而为买卖双方带来更低的成本和更高的利润。结果，你有望主导某一品类，此时，品牌会特别强大。

风险二分法

根据"战略二分法"，我们可以推论出"风险二分法"。企业通常会面临品类风险和竞争风险。品类风险是企业专注的某个品类衰落引起的风险，即很多人担心把所有鸡蛋放入一个篮子的风险。竞争风险则是企业品牌因缺乏定位而在市场竞争中失败的风险。

很多人会担心把所有鸡蛋放入一个篮子的品类风险。但如果衡量品类风险和竞争风险的话，往往后者更加致命，因为多元化失败的风险要远远高于聚焦战略带来的品类风险。世界知名的软糖公司哈里波（HARIBO）小熊软糖 CEO 汉斯·雷格说："如果你只专注于自己真正能掌握的事情，实际上是减少了风险。"

当然，聚焦与多元化并不完全矛盾，为了应对可能的发展瓶颈及市场风险，如果市场领先者已经在一个品类打造出了主导品牌，可以选择在恰当时机推出第二品牌以捕捉新的品类机会。这里有三个要点：

一是既有品牌已经成了该品类的主导品牌；

二是推出新品类、新品牌的时机要恰当，避免成为出头鸟或错失先机；

三是别忘了聚焦，关键还是在于聚焦，不同的品牌要聚焦，不同阶段的企业要确保把资源聚焦在一个品类，避免同时发力多条战线。"企业多元化，品牌则保持专业化和聚焦。"

企业战略——捕捉品类机会，控制品类风险。

品牌战略——实现品类主导，控制竞争风险。

品牌延伸的"悲剧时刻"

定位理论反对品牌延伸，但为何有些品牌延伸并未失败？品牌延伸不至于失败的最关键的前提是对手都是延伸品牌，且尚未出现成熟的专家型品牌。一旦市面上出现了具有较高知名度的专家型品牌，专家型品牌将具有明显认知优势，延伸进入新品类的品牌就不是专家型品牌的对手。因为在顾客心智中，一个品牌通常代表的只能是某一个具体的品类。顾客倾向于认为专家型品牌更专业、更值得信赖，也更倾向于选择专家型品牌。

人们总会产生一些错觉，因为那些基于特定历史背景的成功案例做了错误的榜样。这些案例常常把人们引入歧途，一些曾经非常成功的企业和品牌总是以广泛延伸的品牌名称出现。"如果你想变得富有，你就必须做富人们在变得富有之前所做过的事情——你必须了解他们是如何致富的。"成功的品牌在起步时都是高度聚焦的，延伸品牌是它们成功后的副产品。当然，品牌延伸在一定时间内也使企业产生了盈利，但长期来看，都会削弱品牌定位和品牌力量，并最终遭到专家型品牌的巨大冲击。重新审视历史与现实，我们会清楚一点：在当今激烈的商战中，不会再有建设成功的多元化通才型品牌的机会了。

　　品牌延伸会使企业获得一时增长的快感，但最终会以悲剧收场。如图 8-1 所示，当某个品牌以明确的定位和长期聚焦在 A 时点占据了顾客心智之后，就获得了顾客的信赖。当这个品牌在 B 时点开始延伸至其他品类时，之前的顾客因为对其信赖也会选择购买推出的新产品，企业通过榨取品牌影响力获得最大收益，但 B 时点之后开始对这个品牌建立认知的新接触人群（其中年轻人占据主要部分）将越来越难以对该品牌建立清晰的定位认知，因为这个品牌代表了不同的品类。当到达时点 C 时，在 A～B 阶段对该品牌具有信赖度的老消费人群消费能力减弱甚至不再消费，新消费人群由于心智认知不清晰不会首选该品牌，那么该品牌延伸的"悲剧时刻"到来。如果有专家型品牌提前出现，"悲剧时刻"还会提前到达。

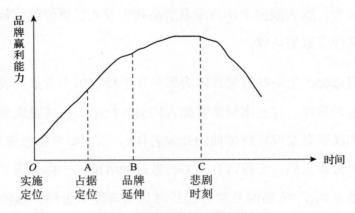

图 8-1　品牌延伸的"悲剧时刻"

　　当然，图 8-1 只是为了说明问题的一个抽象图示，现实中可能会有不同的结局。比如说金龙鱼，在 A 点通过"1∶1∶1 概念"开创并

占据调和油品类心智认知，在 B 点延伸出品金龙鱼大米，由于大米属
于弱势品类，金龙鱼就凭借其品牌信赖度占据了大米市场的相当一部
分市场份额。但此时，如果金龙鱼的所属企业认为，原有的调和油品
类趋向没落，大米市场有巨大潜力，所以应从认知传播上聚焦大米品
类，将金龙鱼锁定在大米品类，就可能使品牌在跷跷板效应下在 C 点
发生认知转换。

二、定位航向监测

创建品牌就是保持定位

一般而言，定位一旦确定，就要长期执行。罗马不是一天建成
的，品牌也是。不要根据市场的潮流"随机应变"，往往"待在原地"
保持定位（尤其当这个定位已经植入顾客心智）是最佳选择。重复是
一种力量，要一直在潜在顾客心智中重复"品牌＝品类（及其特性）"。
定位概念被重复得越多，品牌就会在顾客心智中生根、成长，变得越
有影响力。企业找到定位，通过聚焦，创造了一个让定位得以不断重
复的生态，使定位变得更有影响力。

改变要慎之又慎。聚焦是成功的关键，意味着坚持不失焦，还意
味着把主要精力和资源投入强化定位。

福特汽车曾经聚焦"安全"定位，结果一年后放弃了，"安全带
不来销量"成为底特律的标语。后来沃尔沃捡起了这个概念，连续坚
持了几十年，占据了顾客心智中"安全汽车"品类。沃尔沃多年来，

围绕"安全"研究开发了一系列功能设施，包括三点式安全带、安全气囊、安全车厢笼架、更坚固且更抗碎裂的夹胶玻璃、日间行驶车灯、背向式儿童安全座椅、可收缩转向柱、盲点检测系统、城市安全系统、行人识别系统等。这些不断推出的安全保障措施，使得沃尔沃牢牢占据了"安全"这个定位。

定位作为一种驱动力，在内部让员工对公司的核心业务和宗旨有明确的认知和信仰，当全体员工都在聚焦并重复同一个定位，便能产生激光般的力量。沃尔沃的工程师和设计师不需在其他问题上分散精力，只需要打赢"安全"这场战役。

企业在确定了品牌的定位之后，就要坚持下去。定位具有累积效应，占据定位是一个长期过程，企业在运营和传播方面要注重以定位为核心。除了极少数的例外以外，企业应该几乎不改变自己的基本定位战略，改变的只是战术，即那些用以实施长期战略的短期策略。这里面的窍门是，确定长期的基本战略并加以改进，寻找新的方法使它受人瞩目，设法去掉那些令人乏味的地方。换句话说，就好比不断找出新方法让山德士上校（即肯德基商标人物形象）表演吃炸鸡。在人们头脑里拥有一个位置，如同拥有一片有价值的地产。你一旦放弃了它，就可能再也无法把它弄回来了。一旦失去它，你就会像脱锚的船一样漂泊不定。

定位偏航的主要原因

定位偏航的主要原因，一是盲目多元化和品牌延伸。多元化发展战略是"别把所有鸡蛋放在一个篮子里"观念的产物，也是几乎所有大企业都坚信的理念。"当一个企业在没有护城河的领域寻求增长时，它往往是在给自己的竞争优势自掘坟墓。"德鲁克曾告诫说："集中经营是产生经济效益的关键。管理者需要把精力集中在尽量少的经营活动上，才可能产出尽量多的收入……如今，集中经营的原则是我们唯一经常违背的原则。"

二是企业对自身既有定位没有清晰的认识，加上有的 CEO 有一种个人英雄主义，在需要保持定位的阶段却要"有所作为"，为企业战略"打上个人烙印"。企业不清楚或者忘记了当初成功的原因，让出了当年靠运气占据的定位，会把曾经凭运气赚来的钱靠"实力"赔出去。很多成功的公司都犯过这种丢失金饭碗的失误。

增长只是正确行事的副产品

德鲁克说过"战略的真正标准在于市场竞争的差异性""经营成果是差异的结果""利润是对在有意义的领域做出了独特或至少是与众不同的贡献的报酬"。增长就其本身而言，并不是一个有价值的目标。增长只是正确行事的副产品，扩大市场份额，增长会随之而来。"正确的增长之道在于深化既有的战略定位，而不是拓宽定位或采取折中行为。"

按照是否符合品牌战略定位，企业的增长形式可以分为肌肉式增长、肥肉式增长和肿瘤式增长。

肌肉式增长也称为定位式增长，是符合品牌定位、能够强化品牌定位的增长，是由品牌定位的心智认知驱动获得顾客的主动选择或者优先选择的增长方式。格力电器品牌定位认知是空调专家，它生产的各种类型、型号的空调都属于肌肉型产品，带来的增长属于肌肉式增长。当然也要控制肌肉型产品的数量与质量，太长、太复杂的产品线带来的更多是选择困扰，尽量多打造爆款产品。在肌肉型产品中，最核心的可以称为核心品项，也有专家称其为"产品锤"⊖。

由于心智害怕混乱与复杂，品牌或新品类想要尽快进入顾客心智还得聚焦核心品项。顾客普遍既"怕选择多"费事，又"怕没得选"。对企业来讲，片面迎合顾客的表层心理现象、提供更多的备选产品的多产品策略，既增加成本又会给顾客认知和销售终端带来混乱，增加顾客选择困难。如何平衡、解决这个矛盾需要更深层次的思考。"怕没得选"源于一种对消费对象品质的担心，归根到底是"怕选错"。如果能让顾客消除这种担心，产品少一些，甚至一个产品都可以赢得顾客选择，让顾客感觉买得值、买得放心。因此，关键在于让顾客感知到你集中了优势资源倾心打造出了一款明星级产品，具体做法就是聚焦核心品项。聚焦核心品项是聚焦战略的进一步细化，也是品牌定位落地实施的必要环节，有利于进一步集中资源、明确主战场，并利于品牌或新品类在顾客心智中清晰建立认知。核心品项的选择要把握品类中最主流、最有价值的消费细分。

康师傅最初选择中国大陆顾客接受度最高的红烧牛肉面作为核心

⊖ 定位专家侯德夫认为，产品锤是强化品牌定位的核心单品。有产品锤的品牌往往很强大。产品锤有下面两个特征：①持续畅销，且不仅销量最大，还能给品牌创造丰厚利润，也就是并非靠低价赢得顾客选择；②产品外观具有辨识度并长期保持不变，给顾客留下稳固印象，成为顾客口头传播的指代，也就是产品具有视觉锤的作用。如茅台的飞天就是产品锤，其他高端酱香白酒如年份茅台、定制茅台是肌肉型产品。麦当劳的巨无霸汉堡是产品锤，其他汉堡则是肌肉型产品。

品项聚焦，奠定了方便面行业老大的地位；而在红烧牛肉面这个品项被康师傅占据的情况下，晚进入中国大陆市场几年的统一则不得不差异化地主推了鲜虾面这个中国大陆市场的非主流口味。哈弗 SUV 选择 10 万～14 万元这个主流大众价位推出哈弗 H6，紧扣"经济型 SUV"定位，以极高性价比获得极大成功，连续多年销量第一，成为国民神车。王老吉也通过聚焦"红罐"产品在国内市场超越可口可乐，还顺带打造出"红罐"凉茶这个视觉锤。

肥肉式增长是弱化品牌定位的增长，在竞争不激烈时，在品牌延伸弹性允许的范围内适当匹配一部分肥肉型产品也可以创造不错的销售额，但要控制好显露度和比例，否则会破坏品牌定位，演变为肿瘤式增长。

格力电器在销售空调的同时，也销售冰箱、洗衣机、热水器及其他生活电器，这些就属于肥肉型产品，相应的增长属于肥肉式增长。可口可乐公司销售可口可乐、芬达、雪碧等多个品牌的软饮料，但可口可乐是其核心认知产品，某年可口可乐公司某个大区销售额中雪碧超过了可口可乐，结果受到总部批评。

肿瘤式增长则是破坏品牌定位的增长。比如格力电器生产手机等产品，与空调等白色家电品类鸿沟过大，属于肿瘤型产品，带来的增长属于肿瘤式增长。

2022 年 6 月 7 日，格力电器召开 2021 年度股东大会，格力声称再度发力手机领域。会议上，格力电器董事长董明珠表达了对格力继续造手机的信心，并扬言格力手机不比苹果差。格力做手机始于董明珠与雷军在 2013 年的一次打赌，截至 2022 年，格力先后推出 6 款智能手机，包括格力手机 1 代，格力手机 2 代、格力色界手机、格力手机 3 代和更名后推出的大松 G5、G7。由于格力品牌定位的制约以及并未形成足够的差异，格力手机一直不能被市场认可。

不能被增长牵着鼻子走

被增长牵着鼻子走，可能对你的业务有害。当有人为实现增长而大肆损害品牌的心智认知时，就是对品牌犯罪。《财富》记者卡萝尔·卢米斯说过："对收入增长的草率预期往往导致目标落空、股票重创和财报造假。"

CEO 们追求增长是为了保住位子和拿更多薪酬。公司的首要目标应该是建立占优势的市场份额，然而太多公司想要在地位巩固之前夺取利润。管理层甚至中层员工也会因为其股票期权而不顾是否有利于企业长期战略而急于走捷径。

此外，由于金融资本的压力，很多公司关注增长，错过了全力以赴的机会。金融资本的增长压力推动企业扩张业务。企业用多元化、延长产品线、延伸品牌、满足更多人群实现短期增长的需求，却跌入品牌延伸陷阱。品牌由于代表的信息越来越多而失去焦点，顾客因为选择越来越困难而流失。小天鹅原来是中国洗衣机的领导者，在增长欲求的推动下，推出了小天鹅空调等产品，原有定位逐渐被破坏，让出了领导者的位置。

顾客不会因为你是大品牌就购买你，更多情况下，他们选择购买品类中的专家型品牌。拉长历史来看，更是这样。顾客心中想的是：专家公司肯定知道如何把产品做得比非专家更好。

一家企业想要做到持续增长非常困难，丽塔·麦奎斯（Rita McGrath）调查了 2347 家公司 10 年中的情况，仅有 10 家公司在这 10 年中每年增长超过 5%。但也有奇迹，比如开创功能性饮料新品类的红牛公司增长了 32 倍，高度聚焦的风电设备的制造商爱纳康和 IT 服务公司 Bechtle 分别增长了 33 和 35 倍。

对企业来说，上市可以解决企业融资问题，但也让企业面临了巨大的增长压力。为了增长而增长可能是个陷阱，短期增长往往有损于长期增长，让自己身份模糊不清是最糟糕的事情。

这种增长源于资本的要求和欲望，正如美国经济学家米尔顿·弗里德曼所说："我们没有增长的迫切需要，我们却有增长的迫切欲望。"增长的欲望是许多企业走上歧途的核心原因。

霸王集团通过其中药世家背景切入一个洗发水细分品类"中药防脱洗发乳"，占据品类认知并获得每年 10 亿元的销售额及高额利润，2009 年登陆港交所，但在上市前后迫于增长压力不断扩张，推出女性洗发水品牌"追风"、中草药护肤品牌"本草堂"及霸王凉茶等多个品类，企业资源分散，没有一个品牌能有效主导市场，上市后常年亏损。

事实上，一些没有上市的企业在这方面有优势，它们不必听命于资本市场的增长要求，比如辣酱品类的领导品牌老干妈，信息通信领域的领袖华为，还有国外的宜家、安利、玛氏等。开市客（Costco）

被誉为沃尔玛唯一敬畏的公司，其 CEO 詹姆斯·辛尼格就保持不受制于华尔街，他说："我关心股价，但是不会为了季度报表而损害公司组织和战略。"

企业最理想的状态是能够认清形势，在资本市场增长压力与自身定力间找到均衡，以正确的成果导向行事，带来良性增长的结果。

三、竞争环境监测

品类分化及趋势监测

作为行业领导者，一定要持续引领市场，告诉顾客买什么、怎么买。领导者需要领先，看到未来，定义行业发展方向，这个发展方向既是有利于顾客的，又是有利于行业多数企业的，制定方向并说服追随者跟进，引领品类（或行业）发展。

领导者要想保持这种引领作用和地位，一方面是要做到技术引领，另一方面要做到市场引领，市场引领的根本在于心智引领。从商业史上看，相当比例的技术领先者最终并未成为品类之王，关键原因在于企业未能根据心智规律率先制定品类战略——清晰地定义品类或者使用全新的品牌，最终赢得了技术之战，输掉了心智之战。

一家公司历史上的关键时刻，是"生长出分支"的时候。分化创造机会，同时也带来风险，想用同一个品牌名涵盖两个分支的公司会处于极其危险的境地。企业要保持品牌聚焦与进化，同时在品类分化时以新品牌去利用新品类的优势。记住一点，延伸品牌在心智中永远是一个业余选手。通常当品类分化时，公司应该将事业部进行分拆，独立发展。这对事业部和公司都有好处，将产生部分之和大于整体的效果。

要关注品类发展趋势，也就是行业发展趋势，这直接关系到上市公司赢利能力及其发展速度。当品类处于发展上升期时，品牌会享受更多品类发展期红利，企业也会相应获得更多收益；而当品类处于衰退期时，品牌及企业也会相应受到负面影响。例如，现在汽车正在由传统燃油车向新能源车过渡，燃油车品类就处于总体上的衰退期，各个品牌间的竞争也趋于激烈，赢利能力也在降低，而新能源车及相应产业链则处于品类发展上升期，会获得更多的资本青睐。

从美国道琼斯指数来看，除少部分类似卡特彼勒、杜邦、波音等老牌制造业公司外，其他大部分成分股已被联合健康、维萨、沃尔玛、迪士尼、麦当劳、可口可乐、宝洁、强生、辉瑞、摩根大通、高盛等消费类和服务类公司，以及默克、思科、IBM、微软、英特尔、苹果等高科技类公司占据，而且占绝对优势。

竞争对手监控

企业研究不仅包括研究企业本身，还包括观察其主要竞争对手，监控行业竞争动态。一家聚焦清晰的公司永远知道自己的对手是谁，对手在做什么，对手的哪些动作将对自己有所威胁，以及如何及时封杀这些威胁。

不同于前文所述对于竞争对手的界定要抓主要矛盾，瞄准主要竞争对手，对于竞争的监控，要广泛纳入各类竞争对手，包括品类内外的对手。我们经常听到一些话，诸如"毁灭你，与你何干"的跨界打劫，"我赢了所有对手，却输给了时代"等。例如，康师傅方便面的销量急剧下滑，但对手不仅仅是白象、今麦郎等，而是饿了么、美团等外卖电商平台。行业变迁与技术变革一样会伤害品牌的定位。

除了这些直接或间接的显性竞争对手外，还有一类竞争对手是隐性的，即不断变化着的顾客及其心智。竞争永远不能脱离心智而论，二者是统一的，是心智的竞争或竞争的心智。不断更新的顾客群体及其越来越差异化的心智，往往成了企业品牌定位及其传播的最大障碍。品牌面对新世代的顾客往往很无可奈何，有时刻意逢迎还不讨好。

重新定位以应对变化

定位并非只能一成不变。定位基于心智和竞争，因此，随着竞争和心智变化，企业还必须在必要时进行重新定位以应对变化和危机。调整或重新定位，即根据竞争变化调整潜在顾客心智中对品牌的认知。

占据一个定位的过程可以分为不同阶段。例如，初始阶段可以先通过抢占品类重要特性快速发展，然后诉求热销，等占据了市场销量第一的位置之后可以将物理优势转化为心智优势，诉求领先地位。

面对行业较为重大的变化甚至品类分化等局面时可以进行重新定位。面对变化，进化是关键。品牌是品类的表达，成功的品牌和某一品类在顾客心智中有着强关联。科技的进步和消费矛盾的演化推动着品类不断进化和分化，旧的品牌往往绑定于旧的品类，那么就需要出现相应的新品牌去占据那些新的品类。

重新定位过程中必须要做的一个重要决策，那就是如何处理品牌。一般有三种选择：一是沿用原品牌，二是推出子品牌（进入低端市场），三是创立新品牌。

用旧品牌去推动新品牌的这种"脚踏两只船"的通常做法是效果最差的。新定位往往诞生于新机遇，有时容易对既有业务构成威胁。但是大企业既富有又成功，有着比较稳定的既得利益格局，不愿意改变现状，不甘心自我攻击，所以抑制可能削弱自己"现金牛"的新技术发展，即使这个新技术是自己创造的。德鲁克称这种现象为"在昨天的祭坛上屠杀明天的机会"。

重新定位是重新调整人们的认知，而非改变人们的认知。与人们的心智相符是有效实施重新定位的关键。"心智不愿轻易被改变"，妄图改变心智而失败的商业案例比比皆是。《再造革命》中把人们拒绝改变的天性称为"企业再造过程中最复杂、最讨厌、最痛苦、最混乱的部分"。

2018年承德露露在京召开新品发布会，发布了全新的露露杏仁露，广告语是"早餐好营养，就喝热露露"。公司一共推出了5款新产品，改用新包装，突出早餐热饮品的定位，并在北方5个城市重点投放。对此，一些证券公司给出"建议买入，重点推荐"的评级，而我当时依据定位理论的心智模式对此提出了不同的判断。对于新定位顾客能否"买账"？这次发布会提出的"早餐喝热露露"的概念及"早餐热饮"这一定位究竟是否有效？我认为这基本上是一厢情愿，原因如下：第一，如果一个人真的忙得没时间吃早餐的话，那就更没有时间去烧热水煮露露，然后再倒出来喝这么烫的饮料了。第二，早餐喝热露露看起来确实是个空白市场，但需要人们改变认知和生活习惯，人们的早餐心智和习惯排在"心智阶梯"前三位的应该是粥、牛奶和豆浆，人们心智中认为这些食品或饮品已经足够养生和营养了，怎么还会有必要改变认知和习惯去选择杏仁露？毕竟"心智不愿轻易被改变"是心智模式的重要铁律，单方面的倡导往往一厢情愿，这屡屡被某些伟大品牌的营销败绩验证。

四、市场扩张与全球化战略

"品牌扩张"与"市场扩张"

"品牌扩张"与"市场扩张"，这两个概念需要正确区分并采取相应正确的行为。品牌扩张即品牌延伸，或产品线延伸，是用一个品牌代表许多产品或品类。市场扩张是将某品牌渗入更广的市场。

很多经营者习惯于通过产品线扩张并延伸品牌来谋求发展，然而，"真正有用的不是扩张你的品牌，而是扩张你的市场。"扩张品牌的结果是让品牌变得指代不明，在潜在顾客心智中变得模糊，变得虚弱；扩张市场的结果则是让品牌进入更多人心智，变得更强大。

在品牌定位及战略启动后，要持续进行战略护航，即保证战略这个一致性的营销方向。战略护航的核心有三：一是全力以赴执行战略保证定位方向，二是帮助企业把握品牌市场扩张的路径和节奏，三是监视竞争对手行动，及时阻击进攻。

扩张是否强化品牌主导市场

扩张的最终目的是使品牌主导市场，而不仅仅是扩大规模，做一只虚弱的巨兽，歌颂虚假的繁荣。市场扩张要有耐心，要先在一些区域成功打造品牌，再向其他市场拓展，一般有按照区域、人群、年龄段、分销渠道逐步展开等方式。

主导市场的一种方法就是快速扩张，可以通过投资，或合并、兼并等形式。好的合并或兼并对象是业务相似的竞争对手，强调增强品牌定位、主导市场。坏的合并或兼并，强调扩大规模和经营范围，或提高市场覆盖率，从而把不同的业务连接起来，但合并了业务不同的公司会削弱聚焦和定位。二者的区别在于是否能够通过合并加强品牌的聚焦和定位。

但更多的合并和兼并是多元化的过程，创造了不聚焦的综合性企业。对于这种不聚焦的企业，一个好的办法是反其道而行之，对其进行分拆或出售。德鲁克说："成功的经营需要关注机会而不是关注问题。"把精力和资源转移到核心业务和更大机会上，是成功的前提。另外，分拆的结果是要建立各具特色和定位的独立公司，最大程度增强各自品牌的获客能力。摩根大通研究了美国1985~1995年间77个分拆案例，结果显示在分拆后18个月内，这些公司股票价格平均跑赢大盘20%以上。

在全球化时代，企业要重视国外市场，理清国内、国外市场的关系。很多公司往往忽视国际市场，在国内市场不断推出新的产品和服务，甚至以多元化实现扩张。这不是个好主意，结果就是公司失去聚焦，失去聚焦就是失去定位，失去品牌的力量，最终失去顾客的选择。更好的选择是持续聚焦，进行海外扩张，以海外扩张的成果进一步为国内市场背书，强化品牌定位，达到双向强化。保持聚焦并进行海外扩张是扩张的正确方式和路径。

从战略定位的角度看，兼并不一定是坏事。当公司收购了直接竞争对手时，一方面增加了市场份额，增强了主导力量，另一方面减少了竞争。当公司收购另一个行业的另一家公司时，一方面会使品牌代表更多品类而削弱，另一方面还使管理效力因控制范围扩大而降低。前者是好的兼并，后者是坏的兼并。

原点期应先筑牢"基地市场"

由于市场认知程度、企业自身资源等因素限制，新品牌不可能一步到位占领整个市场。市场扩张必须遵循一定的战略路径与节奏。

在品牌开始战略扩张之前，有一个原点期的阶段，这个阶段品牌势能还相对较小，商业模式、运营配称都不够成熟，需要不断验证、完善并积累品牌势能。

新品牌的战略原点期应先筑牢"基地市场"，蓄足品牌势能。在市场扩张的战略原点期，聚焦尤其重要，要聚焦于特定市场、特定渠道、特定人群，相应的几个重要概念是原点人群、原点市场、原点渠道。

原点人群是新品牌的精准顾客，他们偏好新品牌、新品类的差异化价值，相对能容忍不足之处，能够为企业产生更多正面口碑、更少的负面口碑。原点市场就是原点人群较多的区域市场，且该区域市场竞争状况适宜，有助于尽快使企业占据并做出销量和品牌势能。原点渠道则是能够最有效接触原点人群的渠道。

王老吉定位为防上火饮料后，选择经常进食火锅、煎炸和热辣食品、容易上火、对"预防上火"概念敏感的商业餐饮人群。将目标顾客瞄准在某些高势能人群上，可以更有效地形成消费示范和风潮引导。

拓展期要把握好战略路径和节奏

拓展期要设计好战略路径和战略节奏，避免品类风尚化和"呼啦圈效应"。王老吉在打法上与"农村包围城市"策略相反，采取的是"先中心城市，后周围城市"策略，先从根据地市场"广东和浙南"开始，逐步北上，一步步渗透周边的江西、福建等省份，等具备实力后再大举进入全国市场。

所谓"呼啦圈效应"，就是指"忽然间流行，忽然间衰退"，也就是说，在品牌取得了一时的高速发展后就很快地走向了衰落，及至最后的全面消亡。那么，高速发展的品牌为什么会出现这种"呼啦圈效应"？这是因为这些高速发展的品牌未能及时把握好推进的节奏，过早地铺开发展，结果就吸引了过多的非适宜顾客。过多的非适宜顾客很容易对高速发展的品牌产生负面的口碑传播效应，进而影响到了高速发展的品牌自身的发展和其品类的发展。

埃弗雷特·罗杰斯（Everett M. Rogers）在《创新的扩散》中解释了创新扩散过程中的共性，不同时间阶段主流新增采用者不同，具备鲜明的识别特征，依次为创新者（发烧友）、早期使用者（时尚派）、早期大多数（实用者）、晚期大多数（挑剔客）和落后者（保守派），如图 8-2 所示。新品类的推出要遵循用户扩散规律，这样既能有效聚焦不同人群提高效率，又能避免后次人群过早尝试导致负面效应过早、过多传播。"高筑墙、广积粮、缓称王"就是这个道理，新品类、新品牌的发展要遵循事物发展规律，不断蓄积品牌势能，合理规划市场扩张进程和节奏。

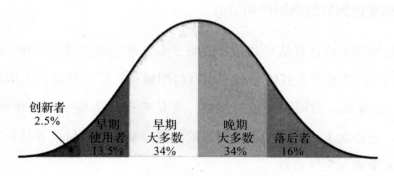

图 8-2　创新扩散过程中的采用者

打造全球品牌

与艾·里斯强调聚焦、全球化观念一致的，还有《隐形冠军：未来全球化的先锋》的作者赫尔曼·西蒙。赫尔曼提出了一个隐形冠军的战略模型如图 8-3 所示。

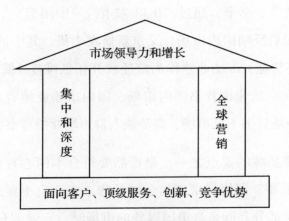

图 8-3　隐形冠军战略模型

资料来源：《隐形冠军：未来全球化的先锋》，机械工业出版社。

赫尔曼认为，"这一战略成功的实质性基础是一个行业内不同国家的客户有着相似的需求。隐形冠军的经验表明，在不同地区的相同市场里扩张要比在同一地区的不同市场里扩张更为容易。"

赫尔曼的见解非常深刻，未来属于全球化的专家型品牌。在很多品类中，全球品牌占据着主导地位。事实上，打造全球品牌是一个已经占据本国市场主导地位的品牌进行市场扩张、推动增长的最佳方法。"进口"对于发展中国家来说仍是一个神奇的词，一旦贴上这个标签，就意味着高档、优质，可以迅速提升顾客心智中的品牌价值认知。

在顾客认知中，全球品牌势能高于全国品牌，全国品牌高于区域品牌。打造全球品牌不仅可以突破本国市场天花板、快速扩大市场，还可以反过来强化本土市场的品牌声誉和地位。科罗娜啤酒以其墨西哥风情成为美国最畅销的进口酒，这反过来又促进了它在本国的市场销售，成为墨西哥市场中领先的高端啤酒品牌。近年来，国内已显品牌老化的波司登、李宁，通过"出口72国""中国李宁"在国际市场取得不错反响后反哺国内市场，又重新焕发生机。其中的普遍性，是用高维度（高势能）市场业绩作为信任状开拓低维度（低势能）市场，具体包括国际市场业绩背书国内市场，国内市场业绩背书区域市场，一二线市场业绩背书下沉市场，高势能人群市场业绩背书大众市场等。

打造全球品牌的要点之一，是产品要符合本国心智资源的认知。这一点至关重要。即使将来成为全球品牌，企业也不要忘记这一点。当可口可乐大部分利润来自美国以外的市场时，它强调自己是一个全球化品牌而非美国品牌。放弃美国传统是重大错误，可口可乐因为是"美国的正宗货"而获益匪浅。和人一样，每个品牌也有其"品牌籍贯"，并且与其国度或地域心智资源紧密相连。

将市场扩张到国外后，品牌如果能以本国独特的心智资源作为附加认知，就可能成为全球品牌。"德国制造"有着非常强的国度心智认知资源，这一标签所代表的品质为德国长期出口成功做出了巨大贡献。从定位理论来看，"德国制造"是一个国家品牌，代表着工艺精良、质量上乘。但曾经，"德国制造"也是劣质产品的标签○。借助着德国高精密机械制造的传统优势○及德国政府为这个国家品牌进行的

○ 1887年8月，英国议会通过侮辱性的商标法条款，规定所有从德国进口的商品必须标注"德国制造"字样，以此将价廉质劣的德国货与优质的英国产品区分开来。这也被视为是"德国制造"的起源。
○ 德国许多地区都有着几百年历史传承的技艺，如黑森州一直以来都以制造高精密机械的钟表闻名，现在该地区的几百家医疗技术公司都是由制造传统的精密机械起家。西门子前董事爱德华·克鲁巴西克曾说："德国在21世纪获得成功的技术基础，可以一直追溯到中世纪。"

良好战略定位配称（包括：政府对制造业的科研创新和成果转化的重视、制造业在 GDP 中的高比重、几十个地域特色产业集群、双轨制的职业培训体系等），100 多年后的今天，"德国制造"早已不再是低劣产品的标签，它随着西门子、奔驰、宝马、拜耳、汉高、阿迪达斯等品牌的成长成了享誉全球的高品质产品的代名词。"中国制造"也有一条类似德国的轨迹。[⊖]赫尔曼·西蒙统计了世界范围内的隐形冠军公司总数为 2734 家，德国拥有 1307 家，稳居世界第一，远超第二名美国的 366 家和第三名日本的 220 家，中国以 68 家居第 8 位。

全球化品牌要更加聚焦。"市场越大，专业化程度越高""产品线就越要收窄"。这是由供需矛盾决定的，越大的市场供需矛盾越复杂，越需要专业化的分工和品牌满足分化的需求。此时，企业足够专业才能生存。

⊖ 曾经有美国食品广告中标注着" China Free"，意思是说本产品不含来自中国的元素，还有国外公司在欧盟申请注册" Not Made in China"商标。如今，"中国制造"在世界市场中的认知在逐渐改变。

第四篇

案　例

第九章

To B 类定位股
案例分析

一、杰克股份

1. 聚焦中小服装企业，确立"快速服务"定位

杰克股份是一家生产工业缝纫机和自动裁床的全球化企业。从 2006 年开始，其市场占有率一直提升，2009 年收购国际著名裁床企业德国奔马，切入高端缝纫机市场。而当时竞争对手普遍追求大型服装企业订单，产品线齐全，全线发力，没有品牌特色。

总裁阮积祥多年前接触过定位理论，2012 年与战略定位咨询公司合作，从全球工业缝纫机发展分化历程入手剖析市场竞争态势与中国缝纫机发展的全球趋势，判断服装产业未来将从标准化、批量化、规模化的大企业模式向个性化、小批量、多单次的中小企业模式发展。杰克股份决定与竞争对手错开生态位展开竞争，将核心资源向中小型客户聚焦，企业规模做大后不盲目延伸产品线，保持了品牌定位差异化。

由于中小企业与大型企业不同，对快速服务有显著需求，因此

杰克股份将品牌定位确定为"快速服务",定位口号为"快速服务100%"。杰克股份主动将定位理论导入企业战略及运营,并运用到企业文化,坚持"聚焦、专注、简单、感恩"的核心价值观,秉承"让天下没有难做的服装"的企业使命。

2. 围绕"快速服务"建立运营配称体系

运营配称系统是基于差异化定位选择的一整套不同的运营活动以创造一种独特的价值组合,目的是将差异化定位提升至战略层面,构筑竞争壁垒。除上文提及的目标客群、企业文化等,以下主要从产品研发、产品线规划、核心品项、产品特性、视觉锤、打造全球品牌等方面来进行分析。

(1)以组织优化、产品研发支撑定位

成立战略与市场规划中心,设立"产品族总经理",强化 PMT 团队,坚持全体系研发,进一步强化产品研发体系,以组织优化支撑整个产品规划。每年投入上亿元研发费用,每年发明专利数远超同行,截至 2022 年底,公司共拥有有效专利 2601 项,其中发明专利 1098 项,连续 10 年专利申请数居于行业领先地位。其中,自主研发的裁片分离技术实现行业零突破,走在日本企业前面。

(2)简化产品线,聚焦核心品项

针对产品线复杂、平台规划不合理问题,把五个平台整合成一个,整个技术平台有无油、自动剪线等技术,各个产品型号形成共享。产品线规划以最大程度简化用户认知和选择为标准,重点以价格

作为区分，推出核心品项，实现聚焦集中发力，市场占有率提升至50%。随着聚焦效果及品牌光环效应的显现，公司专注核心品类的同时，也带动了其他品类的销量。

（3）选择产品特性"快速服务100%"为品牌定位

产品开发始终围绕"快速服务"，聚焦中小客户，在"快速服务100%"上不断创新，将这一定位植入顾客心智。杰克不断优化升级各项快速服务举措，先于行业提出服务标准，并搭建科学的快速服务流程及先进信息管理平台，实现更加规范、系统的管理。杰克缝纫机能做各种厚度的布料而无须更换或调整任何部件，以适应中小企业什么服装都做的实际。公司推出快修平台"一键下单，轻松保修"的服务软件，以及相关的培训课件与视频，帮助客户线上学习与解决问题。杰克缝纫机会通过语音导航功能告诉操作者如何使用，包括出现了什么故障、怎么维修，实现80%的故障通过语音导航指导用户自己维修。实现全球零件供应，设立十多家海外办事处，实现人、零配件和备用机"三个本地化"，更快速地响应及解决服务问题。

（4）将视觉锤植入产品

以前，所有缝纫机都长得差不多，杰克将视觉锤理念引入，在缝纫机机身做了特殊外观及花纹设计，形成了产品自身的特色视觉锤，在同业客户工厂内极具视觉冲击，逐渐使客户形成一种心智认知的视觉青睐。

（5）保持聚焦，兼并收购，打造全球品牌

在很多品类中，都是全球品牌占据着主导地位。打造全球品牌是一个已经占据本国市场主导地位的品牌进行市场扩张、推动增长的最佳方法。2014 年，杰克股份以"快速服务"的战略定位在国内市场取得显著成效后，开始进行全球布局，之后收购了两家意大利公司，均为智能缝纫机制造的细分领域冠军。截至 2022 年底企业拥有全球 150 多个国家的经销商及 8000 余家经销网点，为快速服务客户提供了良好保障。

杰克股份连续多年全球销量第一，成为行业的"隐形冠军"，是全球缝纫设备行业产销规模最大、综合实力最强的全球化企业。

受多种因素影响，据中国缝制机械协会初步估算，2022 年全行业工业缝纫机总产量约为 630 万台，同比下降约 37%，百余家骨干整机企业累计生产工业缝纫机 441 万台，同比下降 32.58%。而杰克股份在 2022 年度实现营业收入 55 亿元，同比下降 9.12%，归属于上市公司股东净利润达到 4.9 亿元，同比增长 5.84%，体现出良好的品牌竞争力。

（资料来源：1. 杰克科技股份有限公司官网；2. 杰克控股集团总裁阮积祥在 2017 年 5 月 11 日第三届定位中国峰会演讲《聚焦的力量》；3. 杰克科技股份有限公司 2022 年年度报告。）

二、三棵树

1. 把握趋势，聚焦"健康环保涂料"品类

中国是全球最大的涂料生产国，巨大的经济总量和高速的增长态

势，为中国涂料界创造了巨大的市场机遇，中国也是全球涂料市场中涂料用量增长最快的国家。截至2023年，国内涂料市场分散，行业集中度还很低，无绝对垄断者，未来整合空间巨大。在世界涂料这个万亿级市场中，已经存在两个千亿级市值企业，未来随着中国崛起，也必然会出现千亿级市值的中国涂料企业。

随着人民日益增长的收入水平和对美好生活的需要，个性消费、品质消费及服务消费正成为大趋势，加之越来越严格的国家环保标准，这些都在快速推动国内涂料市场的整合，一大批不符合要求的中小涂料企业将被关闭和合并。

以上趋势及行业结构为以绿色健康为主打品牌及具有个性化定制能力的企业提供了极好的发展空间和整合机遇。此外国际涂料企业进入成熟期后的衰退整合期，增长较为缓慢，也为快速崛起的中国品牌企业提供了全球化的整合机遇。

三棵树一直以来坚持聚焦于以装修漆、工程漆、木器漆、辅料为核心主业的健康环保节能新材料的产品和服务，通过资本运营，形成了纵向一体化，适度横向多元化的生态产业链集团，进入防水、保温、UV板、互联网家装等领域。

在品牌定位方面，三棵树以"健康、自然、绿色"为核心理念，并在技术、生产、销售、品牌等环节持续深化此理念，树立了健康环保涂料的领先品牌形象，与竞争对手形成了错位竞争的格局。

2. 围绕"健康环保涂料"品类建立运营配称

（1）以组织优化、技术研发支撑定位

三棵树构建了完备的科研与技术研究基础设施，总部研发中心面积达 6000 平方米，拥有国家认定的企业技术中心、博士后科研工作站和 CNAS 国家认可实验室，配置了 200 多台世界领先的科研设备，分析测试平台已形成八大分析技术学科领域，由诺贝尔化学奖得主杰马里·莱恩教授担任首席技术顾问，致力于将"健康、自然、绿色"的品牌理念贯穿产品开发的整个过程，不断将新技术、新材料、新工艺应用到产品创新和迭代优化的过程中，巩固产品核心竞争力。公司参与了 103 项国家和行业标准的制定，拥有 700 多个授权专利，研制了 30 多个一级保密配方，目前已研发近 10 000 种产品，打造了绿色建材一站式集成系统，覆盖了内外墙涂料、防水、保温、地坪、基材、胶黏剂等多个领域。以极致健康、极致性能和极致应用的理念推出一体化产品体系，以领先的信息技术开启个性化全屋涂料定制模式，以及为工程地产提供系统化的涂装及防水保温一体化解决方案。

（2）打造 C 端品牌，强化 B 端竞争力

三棵树的客户不仅在 B 端还在 C 端。B 端客户一般忠诚度低，出现质优价廉的替代品牌会容易转换。而 C 端则不同，通过在 C 端建立品牌定位，能够强化品牌竞争力，并以此产生"拉动效应"提升对 B 端客户的议价能力。因此，三棵树坚持在 C 端打造"健康环保涂料"品类的强大品牌，借助冬奥势能，开展全渠道整合营销，大力组

织全国性、区域性以及行业头部品牌的联盟动销活动，并形成了 517 健康漆节、618 美好生活节等一系列具备全国及行业影响的品牌活动 IP，实现从"隐形冠军"到"心智首选"。

（3）打造"技术品牌"，支撑产品品牌

"马上住"是三棵树旗下家装一站式服务品牌，集健康产品、方案定做、专业涂刷、无忧售后等服务为一体，以健康环保、快速入住为优势，以更快速、更安全、更贴心、更省钱的互联网家装服务模式，让客户远离家装烦恼，达到健康家居马上住的效果。截至 2022 年末，公司拥有"马上住"服务授权网点 717 家，马上住项目启动至此，已经走进了近 25 万个家庭。

三棵树以"健康+""鲜呼吸"系列产品，配合"马上住"一站式服务，提出"8 小时净味住新家"的独特销售主张，为顾客提供"1 小时接单的响应受理，8 小时健康入住服务理念"，推出欧盟级"健康+"产品系列，一年的服务质保。通过产品与技术服务品牌的协同效应，公司进一步强化了三棵树健康漆的品牌定位，坚持 10 多年长期聚焦健康漆的定位传播，"三棵树，马上住，8 小时净味住新家"的定位广告语深入人心，成就了三棵树健康漆的定位认知及领导品牌地位。

（4）构建全方位渠道和网点

三棵树一开始注重某些细分领域的专业化经营、品牌化运作及销售渠道建设，先行避开国际涂料集团企业的传统优势市场，实力强大后，再逐步拓展全国市场。在市场开拓方面，公司选择差异化营销策略，家装漆将三四线城市及其周边县镇作为公司主要的目标市场，力争做县镇第一品牌，工程漆主要通过与百强地产商建立战略合作关系进军一二线城市，力争成为该领域前三。

公司推进与合作伙伴共赢模式，以构建独特的经销商盈利模式和装修漆单店盈利模式为核心，打造数万个装修漆网点，构筑百强地产及千强经销商渠道，形成省市县镇村及线上线下多层级全渠道的立体营销网络。

公司持续加大电商投入，进行线上线下全渠道、一体化的布局，满足顾客多触点、跨场景家装建材的体验与购买需求，与天猫、京东、拼多多、国美、苏宁等平台建立了商城合作，连续三年在天猫打造517健康漆节，与目标顾客深入互动，在天猫基础行业建材中销量居于前列；在营销触点方面，在百度、抖音、微博、大众点评等互联网传播平台加大投放力度，以求更快速、更精准地触达消费群体。

（5）保持聚焦，发力打造全球品牌

随着业绩规模的不断扩大，三棵树在中国乃至亚洲、全球涂料行业的地位也在逐步上升。三棵树立足中国市场，在战略节奏安排上，先做强国内市场，再发力全球市场。2018年，三棵树正式组建国际事业部，2019年成立上海中心，形成福建、上海"双总部"运营模式的格局，初步确定以东南亚和非洲为核心进行突破，并同步布局欧洲、北美洲、中东地区。2018年，公司先后通过中国绿色产品认证、德国蓝天使认证、美国GREENGUARD金级认证。

三棵树"健康、自然、绿色"的品牌形象已经深入人心，占领了消费者"健康"涂料品牌心智。2021 年，三棵树成为中国首个营收破百亿元的民族涂料企业。从 2013 年的 9.819 亿元，增长至 2022 年的 113.38 亿元，三棵树近十年来营收增长了约 11 倍，十年来年复合增长率高达约 31% 相当于再造了差不多 11 个三棵树，连续三年蝉联中国民族涂料第一品牌。

随着综合实力的不断提升，三棵树在中国乃至亚太、全球涂料行业的地位也在逐步攀升。在《涂界》2022 全球涂料企业 100 强排行榜中，三棵树以 14.044 亿美元销售收入排名第 13 位，首次挺进全球 15 强。

（资料来源：1. 三棵树官网；2. 三棵树涂料股份有限公司 2022 年年度报告；3.《涂界》2022 全球涂料企业 100 强排行榜。）

三、福耀玻璃

1.《聚焦》破解多元化迷途

福耀集团（简称福耀），1987 年成立于福州，1993 年在上海证券交易所主板上市，一路发展顺风顺水。然而，1991 年福耀开始搞多元化，先后涉足装修公司、加油站、配件公司、高分子公司、贸易公司等。

定位理论指出，聚焦是成为第一的必由之路，专家型品牌强于通才型品牌。涉足多元业务之后，福耀面临多线作战，竞争越来越激烈，曹德旺开始反思：公司的经营方向有没有迷失？

这个时候，两个朋友对他的决策起了关键作用。曹德旺拿着财务报表拜见香港证券交易所的朋友，对方直截了当地说："你这个是垃圾股。投资者喜欢玻璃就会投资玻璃，喜欢房地产会投资房地产，可你小小公司什么都做，谁敢买你的股票。一个公司要专业化，才可以写出好的招股书。你应该看自己擅长什么，其他就重组掉。"一句话惊醒梦中人，曹德旺回头一看，曾经涉足的工业村、房地产项目，已然成了包袱。

另一个朋友知道福耀面临困境，送了一本定位书系中的《聚焦》。曹德旺立刻被书中内容吸引，领悟了一个道理：企业经营要聚焦，专业化是现代化的一个特征。

2. 抓住细分品类趋势，高度聚焦汽车玻璃成龙头

纵观国际汽车玻璃行业，集中度极高，前五大生产商市场份额超过了 80%，市场呈现出典型的寡头竞争格局。但从细分产品结构来看，各大厂商除了在汽车玻璃领域进行业务布局之外，还纷纷布局了浮法玻璃、平板玻璃、建筑玻璃、高性能玻璃等其他领域。

定位理论认为，专家型品牌能够集中利用资源，聚焦一款产品、一种利益及一个概念，形成激光效应和足够的穿透力，能形成最佳或更强的专业能力，也更易进入心智并留下烙印。

于是，在汽车行业即将蓬勃发展的前夜，领悟了聚焦法则的曹德旺，做出了决定福耀玻璃命运的决策：在玻璃这个大赛道中，选择汽车玻璃这个细分品类作为主业，以"打造全球最具竞争力的汽车玻璃

专业供应商"为奋斗目标。

有了"汽车玻璃"的清晰战略定位，福耀集团便很容易判断哪些资源投入是有效的，哪些资源投入是浪费的，随后根据定位做了一系列运营配称，主要有：

以提高行业段位为目标进行了全面重组和改造；清理了遍布全国的几百家销售部；改组公司董事会，引进董事制度以完善公司治理机制；采集各项生产指标，制定成本控制目标；加强技术研发，引进新技术；扩展市场，进军海外；收购了国内几个亏损的生产厂家并扭亏为盈；统一东北汽车玻璃市场价格；建立市场秩序，援助原料供应商；持续推动汽车玻璃朝安全舒适、节能环保、智能集成方向发展，隔热、隔音、抬头显示、可调光、防紫外线、憎水、太阳能、包边模块化等高附加值产品占比持续提升；收购德国 SAM 铝亮饰条资产，进一步强化汽车玻璃的集成化能力；随着新能源、智能、节能汽车推广，推动汽车玻璃朝着安全舒适、节能环保、造型美观、智能集成方向发展，等等。

在清晰定位的指引及运营配称的保障下，福耀开始爆发出巨大能量，国际市场占有率不断提升。2015 年又在香港证券交易所上市，公司国内外市场结构更趋合理，市场结构进一步均衡，抗区域市场风险能力增强。2018 年，福耀玻璃跃升至全球汽车玻璃第一名，已成为全球最具规模的汽车玻璃专业供应商，国内市占率逾 65%，全球市场占有率达到 25%。

福耀玻璃目前已在国内 16 个省市以及美国、俄罗斯、德国、日本、韩国等 11 个国家和地区建立现代化生产基地和商务机构，并在中美德日设立 11 个研发设计中心，全球雇员约 2.9 万人。福耀产品得到全球知名汽车制造企业及主要汽车厂商的认证和选用，包括宾利、奔驰、宝马、奥迪、通用、丰田、大众、福特、克莱斯勒等，为其提供全球 OEM 配套服务和汽车玻璃全套解决方案，并被各大汽车制造企业评为"全球优秀供应商"。

3. "汽车玻璃"专家品牌助长强盈利能力

高度聚焦的专家型品牌不仅具有更强的专业能力，还具有更强的盈利能力。定位理论认为，企业持续聚焦并不断深化自身的定位，能比以缺乏独特性身份进入其他领域获得更快增长和更丰厚利润。市场愿意为高度聚焦的公司开出更高的价格。

在主要竞争对手中，福耀玻璃的业务最为集中，汽车玻璃营收占比高达 95%，表现出极高的聚焦度。福耀玻璃营业收入年增长率大概保持在 10%，在盈利能力上，净资产收益率保持在 15%～20%，综合毛利率达到 42.76%，明显高出国外企业，稳居第一位。在综合净利率和汽车玻璃营业利润率方面，国外企业普遍低于 10%，而福耀玻璃则保持在 15% 以上。

当前汽车"电动化、网联化、智能化、共享化"（新四化）已成为汽车产业发展的潮流和趋势，汽车市场进入需求多元、结构优化的新发展阶段，新能源汽车渗透率不断提升，智能汽车也已经进入大众化应用的阶段，汽车不再是一个简单的交通工具，现在的汽车正朝着一个可移动的智能终端转变。汽车新四化的发展使得越来越多的新技术集成到汽车玻璃中，对汽车玻璃提出新的要求，同时也为汽车玻璃行业的发展提供了新的机遇，推动汽车玻璃朝着"安全舒适、节能环保、造型美观、智能集成"方向发展，智能全景天幕玻璃、可调光玻璃、抬头显示玻璃、超隔绝玻璃等高附加值产品占比在不断提升。福耀在行业的技术领导地位，为公司汽车玻璃销售带来结构性的机会。

（资料来源：1.福耀集团官网；2.福耀玻璃工业集团股份有限公司 2022 年年度报告；3.《全方位深度解读汽车玻璃五大巨头竞争现状 全球化竞争趋势突显》来自搜狐网 https://www.sohu.com/a/270433201_114835；4.《玻璃大王曹德旺：战略就是做第一》来自搜狐网 https://m.sohu.com/a/343307394_120099075。）

四、华夏银行

目前我国全国性股份制商业银行的品牌定位大多不够聚焦，同质化程度很高。在日趋白热化的市场竞争环境下，只有在顾客心智中占据差异化的定位，才是商业银行生存及长久发展之道。

1. 华夏银行坚守"中小企业金融服务商"品牌定位

1992 年 10 月，华夏银行在北京成立；1995 年 3 月，实施股份制改造，正式成为全国性股份制商业银行；2003 年 9 月，在上海证券交易所挂牌上市。

2008 年由于美国次贷危机的爆发，最终引发了全球性的经济危机，实体经济中的中小企业经营面临巨大压力。同年，国家提出要解决中小企业问题，特别是要解决中小企业融资困难的问题。基于此，华夏银行制定"2008～2012 年五年发展规划纲要"，全面打造"中小企业金融服务商"品牌，提高银行为实体经济服务的能力。2009 年 5

月，华夏银行正式推出"中小企业金融服务商"品牌。华夏银行这一定位不仅符合市场现实及长远需求，更是顺应了国家政策鼓励、支持的方向。

此后，在华夏银行"2013～2016 年发展规划纲要""2017～2020 年发展规划纲要"中，都一再提出深化"中小企业金融服务商"的战略重点工作。到 2022 年底，华夏银行已经在 122 个地级城市建立了 44 家一级分行和 78 家二级分行，营业总机构数量达到 987 家。在"中小企业金融服务商"定位指引下，华夏银行资产规模稳步增长，盈利能力得到提升，业务结构不断优化。

2. 围绕"中小企业金融服务商"建立运营配称体系

（1）内部组织配称

为加强对小微企业的服务，华夏银行专门成立了服务小微企业的区域特色分行和特色小型支行，建立专业小企业服务梯队，紧跟小微企业实际需要。2016 年，华夏银行将"中小企业信贷部"更名为"小微企业金融部"，突出了从注重为小微企业提供融资服务转变为为其提供综合金融服务。

（2）业务模式配称

为更好地服务小微企业，华夏银行在业内首推"平台金融"业务模式。通过互联网技术的运用，将支付融资系统和企业系统两大系统实时对接，在基于平台客户和其上下游、体系内的小微企业客户以及个人客户之间的交易相关信息下，为小微企业经营者和个人客户提供在线的融资服务和资金支付服务，通过具有"小、快、灵"特点的在线金融服务缓解了小微企业客户的融资难题。

（3）产品创新配称

华夏银行依据"中小企业金融服务商"品牌定位，着力于解决小微企业的综合金融问题，根据不同成长阶段、不同行业小微企业的实际需要，专门推出高度贴合小微企业特点的特色金融产品，将互联网思维和技术融入金融创新中，研发出"年审制"贷款等线下产品以及"网络贷"等线上产品，产品皆深受小微企业喜爱。华夏银行通过线上线下互联互通、融资支付灵活组合的方式，旨在为小微企业提供更好、更专业的综合金融服务。华夏银行率先在全国性商业银行中发行小微企业 ABS（资产支持证券），募集资金总规模为 10.4 亿元，进一步盘活资产存量，增加可投放贷款规模，推出首款结算产品"龙 E 达"，针对教育和物流两个重点行业，配套推出子产品"校 E 通"和"物 E 通"。

（4）服务模式配称

围绕定位聚焦经营，历时七年探索，华夏银行建立了独属的"专业化经营、流程化管理、个性化考核、立体化营销"的小微企业服务机制和专项考核激励机制。对小微企业贷款业务实行独立的客户划分和评级体系，以及独立于其他贷款业务的小企业信贷评审系统、审批流程和信贷计划。华夏银行构建专属小微企业的特色金融服务体系——"龙舟计划"，通过研发具有小微企业特色的融资产品，进一步创新建立从线上到线下的"O2O"特色产品体系。华夏银行还推出"无还本续贷"服务，采用延期、展期等方式，可实现无须全部或部分归还贷款本金，重新为客户发放贷款的业务，有效解决小微企业"倒贷"问题。

（5）公共关系配称

至 2017 年，华夏银行已经连续 8 年举办了"华夏之星"公益系列活动，累计为 2000 多家小微企业经营者提供了展示自身品牌形象以及进一步提高自身经营能力的公益平台，并深度培养了近 100 位精英小企业家与华夏银行并肩同行。华夏银行在帮助小微企业"圆梦"华夏的同时，巩固了"中小企业金融服务商"的品牌形象，荣获"2021 年金融服务中小微企业优秀案例奖""2022 年中国金融发展论坛年度普惠金融奖"等。

3. 华夏银行定位实施效果分析

华夏银行自 2009 年 5 月正式确立"中小企业金融服务商"为品牌定位以来，不断为小微企业提供资金上的支持，全面提升对于小微企业的金融服务水平，业务绩效不断提升。从 2010 年到 2022 年，小微企业贷款余额每年都有明显的增加，小微企业贷款增速每年也都高出全行贷款的平均增速，同时，小微企业贷款占华夏银行全行贷款的比例也在逐年提高。

从表 9-1 看，华夏银行以"中小企业金融服务商"为品牌定位发展以来，业务规模、经营效益、总资产排名不断得到提升。虽然其中会有诸多因素的影响，但从战略上坚持"中小企业金融服务商"定位对于华夏银行近年来取得的进步具有重要意义和作用。

表 9-1 华夏银行 2008～2022 年相关数据指标

年份	营业收入 （亿元）	营业利润 （亿元）	资产总额 （亿元）	排名
2008 年	176.11	40.34	7 316.37	313
2009 年	171.30	48.11	8 454.56	177
2010 年	244.79	80.28	10 402.30	122
2011 年	335.44	125.24	12 441.42	115
2012 年	397.78	172.02	14 888.61	97
2013 年	452.19	206.60	16 724.47	94
2014 年	548.85	238.91	18 516.28	90
2015 年	588.44	249.34	20 206.04	79
2016 年	640.15	261.09	23 562.35	72
2017 年	663.84	261.17	25 089.27	67
2018 年	722.27	267.83	26 805.80	65
2019 年	847.34	275.63	30 207.89	67
2020 年	953.09	271.53	33 998.16	65
2021 年	958.70	314.93	36 762.87	64
2022 年	938.08	336.95	39 001.67	59

注：数据来源于华夏银行股份有限公司 2008～2022 年历年年度报告以及英国《银行家》杂志；排名为华夏银行在英国《银行家》杂志公布的全球银行 1000 强榜单中按照总资产的排名。

（资料来源：1. 赵晓明和彭红花的《商业银行品牌定位评价与分析——以华夏银行"中小企业金融服务商"定位为例》；2. 华夏银行股份有限公司 2022 年年度报告。）

五、东方雨虹

1. 专注防水铸就行业隐形冠军

东方雨虹成立于 1995 年，是国内防水行业最早上市的龙头企业，以主营防水业务为核心延伸上下游及相关产业链，20 余年来潜心只做防水一件事，是集防水材料研发、制造、销售及施工服务于一体的专业化防水系统综合服务商。

公司建立了行业第一个企业自己的防水专家团队和防水技术研究所，针对不同的建筑和不同的防水部位，建立有针对性的防水系统，解决工程的防水问题。

公司控股上海东方雨虹、东方雨虹北美有限责任公司等 50 余家分公司和子公司，现已拥有 28 个生产研发物流基地、80 余条先进生产线。其中，从美国 R&D、意大利 Boato 引进卷材生产线 50 余条，引入德国克劳斯玛菲高分子防水材料生产设备，采用德国爱立许、西门子和拜耳概念设计等技术，实现全流程自动化生产，树立了高产能、高精度、高稳定性的标杆，零售渠道销售网络遍布全国，实现 300 公里辐射半径，24 小时使命必达。

东方雨虹防水产品及专业服务成功应用于房屋建筑、高速公路、城市道桥、地铁及城市轨道、高速铁路、机场、水利设施等众多领域，包括人民大会堂、鸟巢、水立方等中国标志性建筑，以及京沪高铁、北京地铁等国家重大基础设施建设项目。

东方雨虹 1997 年从湖南走进北京市场，2008 年在深交所上市，成为国内建筑防水行业首家上市公司。东方雨虹 2018 年营业收入突破 140 亿元，是防水行业率先突破百亿元的企业，连续 10 年年复合增长率在 35% 左右，增速远超行业增速和同行企业，铸就了建筑防水隐蔽工程领域的"隐形冠军"。

2. 面对 C 端启动"防水专家"新定位

（1）加强产品技术研发

东方雨虹全力搭建高质量科研创新体系，获批建设特种功能防水材料国家重点实验室，截至 2022 年底，累计拥有有效专利 1522 件，其中发明 425 件，国外有效专利 12 件。

2018 年 4 月 28 日，雨虹防水召开品牌战略发布会，确立"防水专家"新定位。雨虹防水全新品牌形象和新店也同期亮相，全新产品包括获得欧洲权威 EC 环保标准认证的明星产品雨虹 400 彩色高弹、自主修复能力超强的雨虹 300 自修复、装备全新防水透气技术的雨虹 300 彩色超柔、雨虹 200 金标柔韧、雨虹 100 通用型、雨虹 100S 易涂型。

（2）针对 C 端建立品牌

B2B 企业虽然不直接和终端顾客接触，但是也要注重在 C 端打造品牌。B 端客户忠诚度较低，一旦出现质优价廉的替代产品会轻易转换。在 C 端用户心智建立品牌定位，才能强化竞争力，提升对 B 端客户的议价能力，达到以 C 端拉动 B 端，从"隐形冠军"到"心智首选"的效果，实现"全球民用防水行业最有价值企业"的愿景。

在家居生态中做好防水至关重要，但这一点却没有引起相应的重视。相关资料显示，我国房屋屋面渗透率为 95.33%，地下室渗透率为 57.51%，卫生间的渗透率为 37.48%。东方雨虹从 2018 年开始贯彻民建优先的经营理念，进一步占领中国民用防水市场，2022年民建集团实现营业收入 60.78 亿元，同比增长 58%。

（3）"雨虹防水"品牌定位

"雨虹防水"是东方雨虹的主干品牌，也作为民建领域与 C 端对接的品牌，其定位是"防水专家"，战略目标是成为"防水品类之王"，选择了"专注防水 20 年"作为语言钉，并将"鸟巢防水供应商"作为砸语言钉的高势能"锤子"。

3. 以"防水系统服务商"升级运营配称

人们购买防水材料，目的是解决建筑物的渗漏问题。这意味着除了防水材料生产，东方雨虹在工程施工、设计介入、售后保护和维护方面都要具备较强的服务能力。东方雨虹在行业中率先推动了以智能制造、技术研发、服务为核心的"防水系统服务商"升级。

（1）专业培养产业工人

防水服务施工是个系统工程，需要从选材、施工、管理等各方面去保障。为确保施工人员素质和施工质量，东方雨虹专门成立"职业技术学院"培养具有国际竞争力的产业工人，在全国布局 30 余个分校区，开展职业技能等级认定培训及考试，并拥有建筑建材行业"防水工""瓷砖镶贴工""油漆工"等 19 个相关工种的企业职业技能等级认定资质。公司 2013～2022 年连续 10 年主办"雨虹杯·匠人心"全国建筑防水职业技能大赛，与全国 12 所职业技能院校开展校企合作，成立"东方雨虹大师工作室"。

（2）提升售后服务品质

防水工作并非一劳永逸，更要注重售后服务和定期维护。整个防水工程，设计、选材、施工、成品保护、售后服务，各个环节缺一不可。东方雨虹从产品到服务全方位提升内涵，以专卖店为载体，结合现场服务管理系统，向终端业主提供"雨虹防水维修服务""雨虹美缝服务""雨虹防水施工服务"等专业化服务，进一步提升品牌在终端消费者心中的影响力，切实解决终端消费者的实际需求。

（3）全方位市场拓展

建筑防水行业市场庞大，不仅一般的建筑工程，市政设施、轨道交通等都需要做防水保护。对于防水服务来说，最明确的业务领域首先是各类工程，东方雨虹在这方面加大力度扩张，此前已经进入高铁、高速公路和地铁等需要防水的建筑市场，提供一体化的防水服务，之后又通过研发一些新产品开拓公路、铁路隧道市场。除了传统业态外，东方雨虹还对互联网装修等领域进行探索。

（资料来源：1. 东方雨虹官网；2. 北京东方雨虹防水技术股份有限公司 2022 年年度报告；3.《雨虹防水提速战略布局，鸟巢开启"5 新"发布》来自华讯财经 http://finance.591hx.com/article/2018-04-27/0000011188s.shtml。）

第十章

To C 类定位股案例分析

一、长城汽车

1. 聚焦成就皮卡品类王

20 世纪 90 年代，个体和私营经济蓬勃发展，皮卡作为坚固、耐用、高性价比的交通工具，正符合个体户和私营业主的需求。长城汽车魏建军考察美国和泰国市场后，发现了皮卡的市场机会：国外皮卡销量高，更加流行；而国内由于人们没有使用皮卡的习惯以及定价较高等原因，皮卡销量并不高。于是长城汽车在 1995 年扭转经营方向，由原来的汽车改造、轿车生产等业务转为皮卡制造，并且在各个环节压缩成本，将定价严控在 10 万元以内，保证大部分私营业主买得起，以高性价比突出长城皮卡的优势。1996 年，长城汽车正式推出第一辆省油、结实的"迪尔"皮卡，采取高性价比策略迅速占领国内市场，并于 1998 年成为全国销量第一并一直保持至今，出口 100 多个国家，出口量连续 20 年位居国内皮卡品牌第一。

长城汽车通过长期聚焦，已将皮卡品类及长城品牌成功植入顾客心智，拥有明确定位，成为皮卡品类的主导品牌。提及皮卡这一品类，顾客心智中首先关联的正是长城皮卡，提起长城汽车，心智中关联的也是皮卡。从目前看，长城汽车也将"长城"这一品牌赋予了皮卡品类，并将其2019年新推出的高端皮卡品类命名为"长城炮"，定位为"全球化乘用大皮卡"。真正强大的品牌都是某一品类的代表和主导者。

正是长城汽车早期聚焦成为皮卡专家型品牌，才使其在国内外市场不断打开局面，实现了企业资本快速增长，也使得长城汽车管理层认识到聚焦对于企业的重大意义，使聚焦在其发展过程中成了企业经营和品牌的基因。

2. 盲目多元化，定位失焦，陷入困境

成为"皮卡大王"后，长城汽车遇到了新的战略考验。为实现成为主流车企的目标，长城汽车2006年开始多元化扩张，投资数十亿元进入轿车市场，并开发MPV等产品。然而出击更多品类的策略并没有给长城汽车带来预期的销量和利润业绩。由于轿车市场常年被合资品牌控制，长城汽车短期内在技术、口碑、品牌等方面都难以与其抗衡，大败收尾。2007年上市的精灵轿车月销量只有区区200辆。多线作战也导致原本处于品类领先地位的哈弗SUV由于资源分配不足，缺少匹配的运营配称，销量下滑至第五名。此时，长城汽车同时经营着皮卡、轿车、SUV、MPV等多个品类，拥有迪尔、赛铃、赛酷、哈弗、风骏、精灵、炫丽、酷熊、嘉誉9个子品牌，但年销量却不足13万辆，位居全球汽车企业第37位，在中国自主汽车企业排名倒数

第二。多战线作战违背兵力原则，长城汽车在多个品类消耗资源不能取得有效突破，跌入了"品牌延伸陷阱"，品牌也在顾客心智认知中失焦，企业经营陷入困境。

从定位理论分析，长城汽车该阶段在其主副品牌的构架中，开创了多个不能占据品类优势地位的副品牌，也违背了定位理论中的"数一数二"原则，各个副品牌在其品类中都很弱小，不能主导该品类，使得长城汽车成了灌木型品牌结构，而未成长为大树型品牌结构。

3. 聚焦经济型 SUV 哈弗封神

2008 年，长城汽车进行定位战略咨询，否定了多元化发展道路，计划先保持皮卡和轿车生产，停止生产 MPV 以及其他非主要业务，将资源和运营力量集中在 SUV 细分品类上。2009 年，美国通用汽车公司宣布破产，也给了长城汽车巨大警醒，更加坚定了聚焦 SUV 的信心。

2010 年，"先立后破"的推进策略初见成效。一开始，长城汽车尝试着把一些卖得不好的轿车改装成 SUV，改装成 SUV 后销量比原来高出一倍，且售价更高。长城汽车正式决定重新进行品牌定位，赋予 SUV 品类独立品牌——哈弗。

实施聚焦品类战略后效果非常显著。早在 2005 年就上市的哈弗 SUV 在多元化拓展的道路上曾经销量一路下滑，排名甚至滑出前三，但是在实施聚焦品类战略后的第一年，由于资源集中，配套服务完善，哈弗 SUV 销量一路飙升，很快又坐上了全国 SUV 销量第一的宝座，而此时国民"神车"哈弗 H6 还未上市，可见其定位与战略的正确性。

2011 年，哈弗 H6 上市，标志着长城汽车第三代 SUV 诞生，售价定于 10 万～15 万元之间，紧扣"经济型 SUV"定位，性价比极高，2016 年销量破百万大关。哈弗 H6 的成功，确立了哈弗品牌在顾客心智中"经济型 SUV"领导者的地位，与中端 SUV 代表品牌 Jeep、高端 SUV 代表品牌路虎一样，在顾客心智中得以注册。

4. 违背心智规律，哈弗高端延伸失利

由于哈弗品牌的成功，长城汽车往高端 SUV 发展的想法初见端倪。2013 年，长城汽车推出哈弗 SUV 旗舰版 H8，价格在 20.18 万～23.68 万元之间，定位于中大型"豪华 SUV"。2014 年，哈弗 H9 上市，定位于"高端 SUV"，定价 20 万元以上，突破自主品牌价格天花板。

然而豪华高端的 SUV 哈弗 H8、H9 销量惨淡，其根本原因在于，H8、H9 与哈弗品牌已经在顾客心智中确立的"经济型 SUV"定位不符。从价格上来看，20 万元以上的定价已经达到多数合资品牌 SUV 的价位。哈弗品牌已经占据了顾客心智中"经济型 SUV"的位置，由心智模式中的"心智不愿轻易被改变"及"心智厌恶混乱与复杂"等规律可知，顾客不认同哈弗这一较低势能的"经济型 SUV"品牌可以支撑豪华高端的 H8、H9 等产品，将经济型的 H6 车型与豪华高端的 H8、H9 车型归于哈弗品牌之下，会造成品牌认知混乱。

5. WEY 品牌定位中国豪华 SUV 重新起航

2016 年，长城汽车启用新品牌"WEY"，率先推出中国第一个自主豪华 SUV，定位"中国豪华 SUV 开创者"。新品牌上市初期，公司利用公关传播迅速积累了高关注度，初步建立起品牌影响力，两款明星单品 vv5 和 vv7 更是在上市半年内长期占据汽车之家紧凑型和中型 SUV 热门车型关注度榜首，上市仅 8 个月后，品牌累计销量就超过十万辆。

从定位理论看，长城汽车放弃了使用哈弗来做"高端"SUV 品牌，退而选择启用 WEY 这个新品牌来代表"高端"SUV 这一新品类，这种做法是符合定位理论的底层逻辑——心智认知规律的。随着 WEY 的不断发展壮大，长城汽车集团的品牌矩阵将得到逐步完善，会进一步释放 SUV 聚焦战略的潜能。

从定位理论出发对长城汽车品牌战略进行研究，我们发现，长城汽车的成功，正是得益于其在定位理论的导引下，通过研究各个品类未来趋势与心智机会，以专家型品牌聚焦不同细分品类，并通过集合企业运营配称及传播配称系统占据顾客心智中各细分品类的认知空白，确立各品牌品类领导者地位。

二、德邦股份

1. 开创大件快递细分品类

德邦快递（简称德邦）创始于 1996 年，经过在物流领域近 26

年的深耕细作，建立了坚实的网络基础、成熟的运作模式、完善的服务流程、高效的管理团队、强大的人才储备。公司把 30 公斤～1 吨之间较零散货物的运输作为自己的专长，将目光锁定于广大中小客户，从事"既不算快递，也不属于整车运输"的零担物流，由此开辟出一片真正属于自己的蓝海——公路零担物流，成为行业龙头。

德邦在进行行业趋势分析时发现，欧美市场逐渐变为快递增多、物流减少，国内快递行业进入壁垒大幅提升，竞争处于白热化阶段，但快递企业货重主要集中在 0～3 公斤重量段，大件快递或许是目前切入快递市场为数不多的入口，大件快递（货重在 3 公斤以上的快递）作为新崛起的细分领域，仍是实际中及心智中的空位市场，没有品牌主导。根据中国电子信息产业发展研究院发布的《2022 年中国家电市场报告》，2022 年国内家电行业线上渠道销售额占比达 58.2%。电商发展驱动快递市场分化出大件服务，耐用消费品等大件的电商销售不断增长，催化大件配送市场增长，上楼接送货是大件快递的第一需求。大件快递在末端收派及中转环节有较大的操作难度，其特殊性需要快递企业采用适用大件物品的信息网络、分拣设备及配送体系，有很强的进入壁垒。德邦干线物流是中国最强的，凭借原有的零担网络和运营经验，辅以合伙制网点，可以在大件快递市场获得先发优势。

2013 年 11 月，德邦进入快递市场，开创"大件快递"品类，以 3～30 公斤大件快递为主，与顺丰等快递企业形成差异化竞争，口号是"大件快递发德邦，上至 60 公斤，100% 免费上楼"。

2018年1月，公司成功通过IPO上市。2018年7月2日，"德邦物流"更名为"德邦快递"，主攻3～60公斤大件快递市场。公司大件快递板块经过四五年的培育期，规模效应初步显现，盈利能力后续有望逐步提升。

"大件快递发德邦"，让德邦快递从一个没有特色的普通快递公司，一下子脱颖而出，并有了一线快递公司的感觉，这就是通过"聚焦"建立优势认知的好处。公司将快递产品定位为"中国性价比最高的重货快递"，并以"100%免费上楼"作为差异化和利益点，强化末端的服务能力，以此构建更高的竞争壁垒，增强客户黏性。

大件快递品类因起步较晚，行业在技术、网络管控、规模量级等方面的发展落后于小件快递，且规模效应较弱。作为品类开创者，德邦在大件快递品类的竞争中已具备先发优势，2018年总营收达230.25亿元，其中快递收入113.97亿元，首次超过快运业务，实现从0到100亿元的突破，成为公司第一大主营业务。德邦快递仅用5年时间，便获得了先发优势。2022年，快递业务实现收入207.85亿元，增长5.33%，占公司总收入比重提升至66.21%。

2. 围绕"大件快递"建立运营配称体系

德邦主攻大件快递市场，主要基于当前快递行业存在的"大件歧视"——对于大件快递，快递行业普遍存在不想送、不能送和不好送的认识。"不想送"是指快递员主观意愿上对于大件快递比较排斥，相对于小件，大件快递在提成上没有优势，导致快递员更愿意送小件；"不能送"是指一些企业由于客观原因或自身硬件条件限制，无法受理大件快递业务，当前很多快递企业主要采用三轮车进行末端配送，导致很多大件快递无法配送；"不好送"是指很多大件快递难以搬运，不好送货上楼，导致用户服务体验较差。

行业痛点也是行业机遇，基于这样的认识，德邦针对大件快递在收、转、运、派各环节的业务痛点逐个突破，不断完善大件快递配称体系，运输品质及服务质量稳步提升，快递网络不断延伸，业务量稳步增长。公司加大投入构建大件快递的运营配送体系，包括三大系统与六大支撑。三大系统包含智慧场站、智慧运力系统和智慧末端，基于大数据算法和IT技术应用，实现中转、运输和末端的高效有序。在三大系统核心能力之上，还有大件服务基因、全链匹配的专业化设备、雾化覆盖的服务网络、高效的运输网络、全方位的安全保证以及人才激励机制等六大支撑体系，用以提升用户体验。

仅仅作为品类开创者，还不足以帮助德邦快递主导大件快递品类。随着零担快递化的加速，大件快递市场容量逐渐扩大，会有更多竞争者涌入，竞争将面临白热化。面对顺丰、中通这样大体量的竞争对手，要成为真正的"大件之王"，德邦必须持续强化规模效应，以更快的速度在产品、末端服务等关键战略配称环节进行战略性投入，搭建一套围绕大件快递的环环相扣的战略配称体系，确保100%免费上楼，以此建立更高的竞争壁垒。

（资料来源：1.德邦快递官网；2.德邦物流股份有限公司2022年年度报告；3.《德邦物流更名德邦快递，差异化定位大件快递市场》来自中国交通新闻网 http://www.zgjtb.com/2018-07/03/content_203292.htm。）

三、李宁

1. 品牌成于时代趋势与独特基因

李宁是 20 世纪最杰出的运动员之一，在运动生涯中先后摘取 14 项世界冠军，创造了世界体操史上的神话，被誉为"体操王子"。退役后，李宁于 1990 年以自己的名字创立了体育用品品牌。

当时体育运动服饰市场有众多品牌，存在同质化问题。作为知名运动员，李宁创办的品牌具有明显的品牌差异和优势。李宁品牌先后赞助了跳水、体操、乒乓球国家队，利用创始人影响力及以奥运会为主的体育营销，在全国快速提高知名度。李宁品牌也正与消费者的民族自豪感相契合。中国运动员在奥运会上相继夺得冠军，不仅引发中国人的民族自豪感，作为国家队运动服装品牌的李宁也承载了国人的民族情感，成为国内运动第一品牌。

2004 年 6 月，李宁公司成为首家在港股上市的内地体育用品公司。

2. "90 后李宁"品牌战略转型失利

2008 年北京奥运会开幕式上，李宁以"空中飞人"点燃"鸟巢"奥运主火炬，给李宁品牌带来空前曝光，李宁公司在 2008 年之后两年迎来发展巅峰。财报显示，李宁公司 2009 年净利润 9.45 亿元，同比上涨 31%，较上市时增长近 10 倍。2010 年，归母净利润增至 11.08 亿元峰值，市场占有率超越阿迪达斯，离冠军耐克一步之遥。

北京奥运会后很快迎来转折。2010 年顶峰过后公司业绩断崖式下跌。同年 12 月 20 日，股价攀上历史最高峰的李宁公司一日之内跌去 23%，市值蒸发近 45 亿港元，创下上市以来最惨跌幅。为了挽回局势，李宁公司开始全力推行高端化 + 年轻化。

2011 年初，公司砍掉了全部单价 299 元以下的 SKU，取而代之的是革新性的高价产品。年轻化则是转而面向正年轻的 90 后群体，试图从年轻消费群中取得更多的市场份额以保持高增长。那时代际差异显著的 90 后开始崭露头角，但还未成为消费主力。李宁公司召开了盛大的新闻发布会，向媒体阐释品牌重塑计划、新 logo、新口号 " Make the Change" "90 后李宁" 新品牌概念，同时价格向国际品牌看齐，由原来二三线城市为主调整为重点布局一二线城市……

市场是试金石。"90 后" 消费者对李宁品牌年轻化并不认同，心智仍被阿迪达斯和耐克等国际品牌占据。新李宁不仅没吸引到 90 后消费者，反而把原来主流的 "70 后" 和 "80 后" 客户群体挡在门外。2011 年在中国市场，耐克、阿迪达斯分别实现销售收入同比增长 18%、23%，李宁销售收入为 89.29 亿元，同比下滑 5.6%，净利润跌掉一半。

与此同时，安踏、361、鸿星尔克、乔丹等众多竞争品牌纷纷抢占市场，李宁腹背受敌，高不成低不就，陷入尴尬境地。

李宁公司对品牌战略定位的理解过于简单化，忽视了竞争与心智这两个关键因素，将品牌年轻化升级简单理解为 logo 和口号的改变，而产品、技术、运营活动等关键运营配称依然与国内同类产品高度同质化。

在激烈的市场竞争中，任何不以竞争为导向、不符合潜在顾客认知，在没有提升产品品质、设计研发能力的情况下，只从自身运营角度、企业愿望出发进行战略和品牌传播，进行战略转型的路都是行不通的。

3. "中国李宁"重新定位及运营配称体系

（1）"中国李宁"重新定位年轻化国潮品牌

2015 年，李宁启动了大规模的年轻消费者调研，经过重新深度思考，李宁公司将品牌定位调整为年轻化国潮品牌，品牌策略也开始发生变化，向更潮流和多样的风格进行探索。2017 年 10 月底，李宁首次提出"中国李宁"概念。随后，品牌在微博中创建"中国李宁"和"中国李宁原创"。同时，印有"中国李宁"logo 的文化衫出现在大众视野中，方块字加中国红复古醒目。

围绕新的品牌战略，在产品、定价、公关、传播等方面开展工作。

（2）强化产品设计研发引领国潮能力

在产品设计上发力，保持运动品牌初心，加入时尚、潮流元素，尤其是注入文化，使得时尚有坚实的传统文化基础，形成引领国潮的能力。在设计潮流之外，李宁还致力于产品科技研发，加大研发投入，研发费用率维持在 3% 左右，将李宁鞋服共 80 多个科技按平台功能整合打造 SHELL 科技平台，研发出以"李宁弓""李宁云""李宁弧"为首的减震科技、轻质回弹科技及创新型产品，结合人体—服装—环境的运动穿着体验，建立全面的 AT 服装科技系统，近两年在 3D FITTING 板型科技、随动防护科技、蜂巢保暖科技、超轻面料科技方面不断创新，帮助用户提升运动表现。

（3）纽约时装周高势能国际发布

2018 年，李宁品牌登上纽约时装周，以"悟道"系列重新定义了中国文化与时尚的融合，是第一个登陆纽约时装周的中国运动品牌。时装秀落幕当天，"李宁"微信指数暴涨 700%；发布会结束后 3 天内，李宁纽约时装周推文曝光总量超 1500 万次。纽约时装周之后，"中国李宁"系列产品掀起一股"国潮"。2018 年，"中国李宁"服装系列销售量超过 550 万件，售罄率超过 70%；鞋系列销售量超过 5 万件，售罄率超过 70%。之后李宁又接连登上 2019 年巴黎时装周、纽约时装周以及 2020 年的巴黎时装周，继续在国际舞台展现国牌能量。

（4）匹配品牌议价能力提升产品价格

纽约时装周之后，"悟道"等秀场同款产品在国内迅速断货。"中国李宁"这四个字为李宁实现了梦寐以求的品牌溢价能力，一件 T 恤定价 300 元左右，帽衫卫衣 500～900 元，秋冬系列超过 1000 元，比"李宁"标签的衣服贵了一倍多。

（5）全方位进行品牌年轻化、时尚化传播

为了让品牌形象越发年轻化、国际化，李宁与红旗汽车、中国有嘻哈冠军合作，为品牌形象注入时尚潮流与中国文化灵魂。李宁与小米合作，推出智能跑鞋，与运动 app 结合，科技感的跑鞋受到很多年轻人追捧。李宁充分利用社交媒体矩阵、限量定制款、与大明星IP跨界营销等流行品牌传播策略，丰富了以前只有传统的赛事和运动员赞助式营销。

李宁续约赞助了NBA巨星韦德，推出的"韦德之道"系列高端篮球鞋销售情况良好。之后陆续签约新生代球员R.J.汉普顿、NBA球员德安吉洛·拉塞尔、牙买加百米飞人阿萨法·鲍威尔等体育明星，签约歌手华晨宇成为李宁运动时尚产品代言人，演员肖战为运动潮流产品全球代言人。

（6）全方位进行品牌专业化传播

品牌聚焦"篮球、跑步、羽毛球、训练、运动生活"五大品类，赞助体育赛事，提升专业化形象，传播李宁体育精神。李宁聚集热爱篮球的年轻人，举办"3+1"街头篮球赛、TOP24篮球精英赛、少年CBA全国挑战赛、粉色风暴女子篮球城市赛等；签约成为中国男子职业篮球联赛（CBA）2012～2013年至2026～2027年15个赛季的装备赞助商；发起并独家冠名的国内首个联赛形式的路跑赛事"李宁10公里路跑联赛"，已在全国范围内举办了上百场比赛，吸引着越来越多的专业跑者和跑步爱好者的加入；另外还积极赞助羽毛球和乒乓球国家队、国际马拉松、世界羽联，李宁产品知名度和关注度随之提升，同时体育服装专业化的品牌定位形象也深入人心。

4. 从"中国李宁"看"中国品类"机会的崛起

2017年半年内李宁终结亏损状态，实现了40亿元营收。2018年李宁公司营收超过 105 亿元，净盈利同比增长 39%，达 7.15 亿元。2023 年 1 月，李宁公司位列《2022 胡润中国 500 强》第 71 位。李宁品牌定位从经历惨败到凤凰涅槃重生，成为企业重新定位的典范。如今提到李宁，人们更多联想到的是"潮流""时尚"等标签。

"中国李宁"的成功固然离不开公司在设计上的投入，但根本原因还是得益于"国潮"这股神秘的消费潮流。早几年，飞跃和回力也依靠"国潮"在年轻人中走红。能被年轻人青睐的"国潮"产品，既要符合时尚潮流，又要具有一种国货的风格。李宁品牌 DNA 中鲜明的"中国"和"体育冠军"气质，与这股国潮风恰好匹配。而此时，"90 后"作为中国新生力量的消费能力正在提升，他们更具有文化自信，因此偏爱国风，对国货的接受能力更强。随着中国国力的整体上升和消费能力的提高，国际品牌占据高、中端，国内品牌占据低端市场的铁律开始动摇，本土品牌的差异性特点有了施展拳脚的可能性。

李宁的再次崛起，从大势上来看是吃到了中国崛起的时代红利，回顾历史能发现，一个国家越强大，它的心智资源越丰富。当消费者在购买某类商品时，会下意识认为大国的商品质量更好或者价值更高，从而产生消费偏好。在此背景下，所有全球性的品类都有打造"中国"品类的机会，都有机会借助强势的中国国家心智资源，打造出强大的带有中国特色的"中国"品类。

（资料来源：1. 李宁公司官网；2. 李宁有限公司 2022 年年度报告；3.《李宁：换标后的十年迭代》来自砺石商业评论，https://baijiahao.baidu.com/s?id=1660467724672706063&wfr=spider&for=pc。）

四、桃李面包

1. 聚焦"短保面包"品类，定位"新鲜"，受益健康大趋势

面包在欧美市场是以主食形态出现的，而在中国市场始终以佐食形态存在，更多是三餐外的辅助零食。在日本平均每7000人就有一家烘焙店，在中国香港地区平均每1.35万人有一家烘焙店，而内地平均每15万人才有一家烘焙店。近年来，随着西式食品的渗透及人均消费水平提高，国内烘焙市场发展势头强劲，零售额年复合增长率达12%左右。目前，我国烘焙食品市场集中度较低，市场规模排名前五的企业加总占比仅为15.9%。

面包行业分为几种业态：一是长保面包，保质期为3～6个月，用了较多的防腐添加剂。二是短保面包，保质期很短，又分为连锁店模式和"中央工厂＋批发"模式两种业态，后者代表品牌便是桃李面包。短保面包仅含有少量甚至不含防腐剂，更有利于身体健康。随着消费升级，顾客越来越看重面包的新鲜程度，更加偏好短保面包，对长保面包消费形成一定替代效应，新鲜将会成为预包装面包生产企业的核心竞争力之一。

桃李面包创立于1995年，聚焦面包二十余载，面包收入占比达到98%以上，是公司收入和利润的主要来源。2006年以东北为基点开始全国化之路，在实现北方城市基本覆盖后，开启南方市场积极扩张。针对行业发展趋势，2014年，桃李面包开始启动"新鲜送达"的品牌战略，聚焦处于高速增长阶段、潜力巨大的"短保烘焙"市场，将品牌定位确定为"日配"，即"每日新鲜送达"。桃李面包在重

点城市率先提出"每日新鲜送达"配送目标,并加速渠道下沉,在多地推出日配店授牌活动,建立一套科学完善的物流管理体系,使更多的顾客能够购买到新鲜的桃李面包,旨在让桃李面包"新鲜送达"这一全新的服务理念落到实处。

正是满足了顾客对新鲜面包不断增长的需求,桃李面包日配店也促进了桃李面包的销售业绩增长,真正实现厂家与零售终端互利双赢共成长,从而进一步扩大桃李面包的市场占有率。在"中央工厂 + 批发"模式的短保面包企业中,竞争对手是世界知名烘焙食品生产企业宾堡,但宾堡的营收不足 10 亿元,体量只有桃李的 20% 不到,无论是品牌还是其他方面,均不是桃李的对手。所以,从行业角度来说,桃李面包处于一个稳健扩大的行业中,且抢先一步占据品类领先地位。2015 年,桃李面包成功上市,之后还被评为"中国烘焙行业2016 年度领导品牌"。目前,桃李面包在国内面包行业市场占有率超过 10%,稳坐国内短保烘焙市场的头把交椅。

2. 围绕"短保面包"建立高效的运营配称体系

(1)高效的"中央工厂 + 批发"模式

桃李面包采用"中央工厂 + 批发"模式进行生产和销售,2017年以来,公司终端数以每年 2 万~3 万家的速度持续增长,具有显著的规模经济优势,渠道渗透力强。截至 2022 年底,公司在全国 22 个区域建立了生产基地并投入使用。

桃李面包建立了独特的配送体系和机制,让最优秀的员工成为经销商和配送商，公司持股人数比例很高，内部配送团队的积极性非常高，上下一心是公司未来发展的核心动力。为了让顾客第一时间吃到新鲜面包，每日凌晨3点前，工厂将新鲜的面包备好，配送车辆凌晨3点到工厂提货，送至各个分销站，依靠独一无二的运营体系实现"日配"，配送速度通常比竞争对手早一两天，这是竞争对手很难复制的。虽然"中央工厂＋批发"模式也在达利园和好丽友等大型企业中得到发展，但由于品牌定位不同，桃李面包还是通过聚焦短保面包避免了直接竞争。

（2）高性价比＋爆品赢得大众市场

桃李面包不做线上烘焙，也没有品牌连锁店，而是坚持将"中央工厂＋批发"模式发扬光大，在面包的细分品类和品项选择上，坚持少而精的模式，经过近20年的发展，其主要核心品项也只有软式面包、起酥面包、调理面包三大系列30余种产品。这种聚焦和克制也得益于其"中央工厂"的生产模式，生产过程由总部统一把关，标准化的生产一方面保证了产品质量和成本，另一方面也能提高生产效率，增强规模效应。

桃李面包以"让更多的人爱上面包"为使命，将企业打造成为具有鲜明定位的大众品牌。在别人拼命抢占高端市场的时候，桃李面包坚持走群众基础更广泛的大众消费市场路线。桃李面包重视单品生产销售规模而不追求品种数量，大规模生产可降低单位生产成本，直接销售给商超等终端又可大幅降低公司销售费用。凭借优质的原料、先进的工艺、严格的质检，保障了面包的新鲜、美味、健康。这种模式产生了很好的效果，使产品品质比小作坊好，价格又比面包房低，顾客切实感知到高性价比，让桃李面包品牌深深扎根于顾客心中，赢得大众化市场，醇熟和天然酵母的销售收入均已达亿元级规模。

（3）聚焦深化传统分销渠道

当众多面包品牌盯着 KA 卖场、专卖店、精品超市等高端渠道奋力拼杀时，桃李面包特立独行，将精力聚焦到顾客接触最多、购买更加方便的社区超市、BC 类门店、小卖场，通过深度分销将产品卖给更多顾客。截至 2022 年底，公司拥有 37 家子公司，建立了 31 万个零售终端，不断深化传统分销模式。在利润上，桃李面包毛利率远低于连锁店模式，但净利率则明显高于竞争对手，可高达 12%～15%。

（资料来源：1. 桃李面包官网；2. 桃李面包股份有限公司 2022 年年度报告。）

五、劲仔食品

1. 洞察市场机会，升级小包装鱼仔休闲零食品类

劲仔食品（简称劲仔）创始人周劲松出生于汨罗江畔，从小就特别钟爱家乡美食火焙鱼和宫廷酱干，把"儿时味"做成口袋零食的梦想伴随其成长。1992 年，周劲松进入食品生产、加工、销售行业，2010 年，返乡创业进军以淡水鱼为主的风味鱼加工和销售行业。公司所在地岳阳有加工各种风味鱼的传统，全国 70% 以上的鱼制品产自岳阳。

经过深入调研发现，传统大块装淡水鱼、风味鱼、特产鱼产品，

其包装、味道、食用方便性等都有局限，通常作为出差礼物带给亲朋好友，销量受到消费场合限制，而小包装小鱼仔品类能很好地满足消费者休闲食用的场景，如看电视、玩电脑、课间工间小憩、旅行、方便面伴侣、开胃等场合，是更有价值和潜力的市场。当时小鱼仔存在价格便宜、卖相不好、品质不稳定等问题，经过评估，劲仔决定重新规划品牌和产品定位，放弃以淡水鱼为主原料的风味鱼，聚焦发展高品质休闲小鱼仔品类，做新品类创建者。

根据中商产业研究院相关统计数据，卤制品行业规模从 2016 年的 1982 亿元增长至 2020 年的 2540 亿元，年复合增长率为 6.3%，休闲卤制品增速大于卤制品整体水平，预计 2023 年休闲卤制品市场规模有望达 1924 亿元。休闲小鱼仔零食是一个具备全国性心智认知资源的定位，核心价值是闲暇时刻让嘴巴有点事做，或者感觉嘴里没有味道时刺激一下，在这方面，小鱼仔和瓜子、鸭脖、面筋、豆干等休闲食品并无差别。于是劲仔避开竞争红海市场，突破传统观念，将湖湘卤味与现代工艺创新融合，针对家庭、旅游、聚会、办公等场景消费需求，开发出更多小包装、礼品化、高品质的高附加值产品，有香辣、麻辣、酱汁、糖醋等多种符合全国消费者口味的鱼类、豆制品类、禽类卤味零食。新品投放目标市场渠道后，市场反响强烈，第一年，在广东、河南销售都超过亿元。2020 年 9 月 4 日劲仔食品在深交所主板挂牌上市。

2. 聚焦卤味零食，以技术创新引领行业标准

劲仔小鱼深受消费者欢迎，最终还是因为其突出的产品力。

（1）紧扣年轻休闲零食市场，聚焦卤味零食矩阵

卤味从餐桌渗透至零食场景，行业品牌化的趋势明显，包括高校大学生在内的年轻消费群体，成为休闲卤味市场消费主力。大学生更青睐健康、口感丰富、营养多元的知名零食品牌。劲仔食品紧抓高校年轻消费者需求，全面布局市场，让"鱼零食""卤味零食"专业化品牌形象深入人心。

在深耕卤味零食主赛道的过程中，劲仔食品不断引入包括豆干、肉干、魔芋等品类，围绕核心品项，形成"小鱼+"产品矩阵，进一步满足年轻消费者的多元化需求，逐步形成"休闲鱼制品、豆制品、禽类制品"三大品类，"小鱼、豆干、肉干、鹌鹑蛋、魔芋、素肉"六大产品系列；"厚豆干"产品一经推出就获得市场的认可，核心区隔点是产品的厚，口感软弹、劲道；禽肉制品品类上市以来快速发展，成为亿元级品类，"小蛋圆圆爆汁鹌鹑蛋"成功入选"iSEE全球创新品牌百强榜"。

（2）高标准选料打造爆款品项

劲仔小鱼将传统名菜火焙鱼和百年周氏家族于清康熙年间的宫廷酱卤技艺进行创新融合，选用具有地理标志证明商标的"金乡辣椒"、甘肃陇南海拔1200米以上的"大红袍"花椒、中国八角之乡天然无硫八角等为辅料，研发出独有的秘方卤制工艺，兼顾传统风味和口味，确保劲仔小鱼味道经典、地道。

劲仔打造了高于行业标准的8重原料筛选标准，是行业内唯一一家有权依据企业自身制定的质检标准来筛选鱼胚，并延伸参与上游供

应商加工鱼胚过程的企业。大多数鱼类零食企业选用湖鱼、河鱼作为原材料，但淡水鱼一经加工鲜味极易流失，为了提升口感和品质，劲仔"舍近求远"，精选了口感更佳、营养价值更高的全球纯净海域优质新鲜深海鳀鱼为原料，自建海鱼生产基地。在小鱼规格和品种上设定了甄选标准，精选长度在4～7厘米之间的优质鳀鱼，再经过8道严苛的精选工艺去头去尾，取精华段精制产品。

（3）技术领跑行业

真空休闲食品行业属于劳动密集型企业，生产流程多变化、少标准。劲仔联合设备厂商，定制开发智能化产线设备，研发自动化全新生产线，实现生产效率和规模大幅提升，推动了行业发展。公司目前拥有岳阳、平江两大智能化生产基地，90%以上产品均为自主制造，数字化产线水平领跑行业；设立食品研究院，与知名高校合作，不断改进生产工艺与技术，先后开发"豆干质构改良技术""油炸鱼质构改良技术""风味小鱼加工技术""风味豆干加工技术""自动化设备生产技术""专用风味调味卤制技术"等30余项行业领先专利技术；有湖南省科技厅认定的首个"健康休闲食品工程技术研究中心"，荣获中国食品工业协会科学技术奖一等奖、二等奖。

（4）引领行业健康升级

劲仔自建原料基地，全程化冷链运输，精细化仓储，智能化生产，不断完善智慧供应链体系，积极推进食品溯源系统建设，确保食品安全和品质，于2021年"第十九届中国食品安全大会"荣获"2020～2021食品安全诚信单位"。

辣卤行业传统生产工艺中，添加防腐剂是保持鲜品风味的关键。随着健康趋势崛起，劲仔突破辣卤行业工艺瓶颈，首创防腐剂 0 添加生产线，原材料和辅料均做到防腐剂 0 添加，开创鱼类零食行业技术先河。此外，劲仔建立了严苛的仓储环境和自动化纯净产线，确保防腐剂 0 添加技术顺利实现。劲仔还带动行业一起严控产品加工过程中的盐量，推动整个行业减盐 30%；启动减脂策略，通过降低产品脂肪含量更好地满足消费者需求。

（5）制定引领行业标准

劲仔深海小鱼生产基地率先通过 BRCGS（食品安全全球标准）、IFS（国际食品标准）两大国际食品标准认证。劲仔也成为 A 股上市休闲食品公司中为数不多的获得双欧洲标准认证的企业。2021 年，劲仔与中国水产流通与加工协会等 12 家单位和企业共同编制并正式发布《风味熟制小鱼干》团体标准，是全国首个小鱼零食标准，在确保小鱼零食安全、美味的基础上，让小鱼零食变得更加健康，对盐分进行严格控制，要求产品含盐量不超过 3%，符合休闲食品高端化、健康化发展潮流，有利于产业高质量发展。

（6）全产业链布局

劲仔的智慧供应链体系覆盖上游原材料布局、生产加工和销售，全产业链的布局让劲仔实现了产销两端盈利。一边向上游延伸产业布局，一边向下游精耕渠道，劲仔逐渐构筑了坚实的竞争壁垒。劲仔深度践行"一带一路"等国家政策，积极在沿线国家寻找优质鳀鱼原料，并于 2017 年筹建肯尼亚原料生产基地，为其产业链上游布局和国际化发展打下了重要基础。

3. 强化品牌定位传播，打造品牌护城河

劲仔采取广度扩张和渠道深耕相结合，牵手全家、711、美佳宜等知名便利店，新增铺货覆盖店面超 30 000 家，传统流通渠道、KA 卖场、BC 类门店、CVS 便利店多元渠道布局已然形成，实现铺市率和单店销量综合提升。

强化向 C 端消费者传达品牌定位，持续打造企业品牌护城河。独家冠名"天天向上"栏目，创作广告语"天天劲仔，快乐向上"，极大提升了劲仔小鱼品牌知名度。虽然投入很高，但从迅速在全国市场抢占赛道品牌定位优势地位这个战略目的来说还是相当值得的。同时，紧跟年轻消费群体关注点，发布 Z 世代群体热衷的活动形式、话题内容，积极整合新媒体矩阵，全方位触达年轻消费者。

2017 年至 2022 年，劲仔休闲鱼制品品类销售规模稳居休闲鱼制品领域行业第一。线上渠道销量连续多年均为即食鱼类零食行业第一，并晋升海味零食第一。核心单品"劲仔小鱼"全球热销 90 亿包，远销全球 30 国，被专业机构认证为"全球销量领先的卤味零食"。在"劲仔小鱼，全球销量领先的卤味零食"战略定位的赋能下，高频高效的线下地推活动正在成为品牌特色活动。2021 年劲仔小鱼的消费者活动超 13 000 场，有效传播品牌定位。

卤味零食赛道是近年来休闲零食市场的热门板块，《2021 卤制品行业消费趋势报告》显示：近几年休闲卤制品消费发展势头良好，预

计在未来 5 年将以每年 13% 的增长率持续提升，到 2025 年市场规模将突破 2200 亿元。总体来看，目前休闲鱼制品还处于行业分散、快速发展的阶段，劲仔小鱼已取得市场先机。在这个千亿赛道中，劲仔小鱼已经成了当之无愧的卤味零食领军品牌。

（资料来源：1. 劲仔食品官网；2. 劲仔食品集团股份有限公司 2021、2022 年年度报告；3.《万场活动引爆全国，助推劲仔小鱼成全球卤味零食领导者》来自消费者市场 https://www.sohu.com/a/516348886_120808812；4.《全国首个小鱼零食标准出炉》来自人民科技官方账号 https://baijiahao.baidu.com/s?id=1701350428272865639&wfr=spider&for=pc。）

参考文献

[1] 里斯，特劳特 . 定位：争夺用户心智的战争：经典重译版 [M]. 邓德隆，火华强，译 . 北京：机械工业出版社，2017.

[2] 特劳特 . 什么是战略 [M]. 火华强，译 . 北京：机械工业出版社，2011.

[3] 特劳特，里夫金 . 与众不同：极度竞争时代的生存之道 [M]. 火华强，译 . 北京：机械工业出版社，2008.

[4] 里斯 A，里斯 L. 品牌的起源 [M]. 火华强，译 . 北京：机械工业出版社，2017.

[5] 里斯 A，里斯 L，张云 .21 世纪的定位 [M]. 寿雯，译 . 北京：机械工业出版社，2019.

[6] 里斯，特劳特 . 商战 [M]. 邓德隆，火华强，译 . 北京：机械工业出版社，2018.

[7] 特劳特，里夫金 . 简单的力量：穿越复杂正确做事的管理指南 [M]. 谢伟山，苑爱冬，译 . 北京：机械工业出版社，2011.

[8] 里斯，特劳特 . 营销革命：经典重译版 [M]. 邓德隆，火华强，译 . 北京：机械工业出版社，2017.

[9]   里斯 A，里斯 L. 品牌 22 律 [M]. 寿雯，译 . 北京：机械工业出版社，2013.

[10]   里斯 . 聚焦：决定你企业的未来 [M]. 寿雯，译 . 北京：机械工业出版，2018.

[11]   里斯 A，里斯 L. 公关第一广告第二 [M]. 罗汉，虞琦，译 . 上海：上海人民出版社，2004.

[12]   特劳特 . 重新定位：重译版 [M]. 邓德隆，火华强，译 . 北京：机械工业出版社，2017.

[13]   里斯 . 视觉锤：视觉时代的定位之道 [M]. 王刚，译 . 北京：机械工业出版社，2013.

[14]   德鲁克 . 管理的实践 [M]. 齐若兰，译 . 北京：机械工业出版社，2018.

[15]   德鲁克 . 卓有成效的管理者 [M]. 许是祥，译 . 北京：机械工业出版社，2019.

[16]   德鲁克 . 成果管理：珍藏版 [M]. 朱雁斌，译 . 北京：机械工业出版社，2009.

[17]   金，莫博涅 . 蓝海战略：扩展版 [M]. 吉宓，译 . 北京：商务印书馆，2016.

[18]   鲁梅尔特 . 好战略，坏战略 [M]. 蒋宗强，译 . 北京：中信出版社，2017.

[19]   奥斯特瓦德，皮尼厄 . 商业模式新生代：经典重译版 [M]. 黄涛，郁静，译 . 北京：机械工业出版社，2016.

[20]   多尔西 . 巴菲特的护城河：降低风险，提高获利的股市真规则 [M]. 刘寅龙，译 . 北京：中国经济出版社，2019.

[21] 基希勒三世.战略简史：引领企业竞争的思想进化论 [M].慎思行，译.北京：社会科学文献出版社，2018.

[22] 西蒙.隐形冠军：未来全球化的先锋 [M].张帆，等译.北京：机械工业出版社，2015.

[23] 波特.什么是战略 [J].哈佛商业评论，1996，11-12.

[24] 赵晓明.定位理论体系：品牌战略定位的系统方法论 [M].北京：经济管理出版社，2021.

[25] 邓德隆.2 小时品牌素养：详解王老吉成功之道 [M].北京：机械工业出版社，2011.

[26] 张云，王刚.品类战略：定位理论最新发展 [M].北京：机械工业出版社，2017.

[27] 邓德隆.大决战：邓德隆谈定位 [J].哈佛商业评论，2020，4.

[28] 冯卫东.升级定位 [M].北京：机械工业出版社，2020.

[29] 鲁建华.定位屋：定位从观念到体系 [M].上海：东方出版中心，2015.

[30] 何岩，朱悦.中国新蓝筹：未来十年最大投资金矿 [M].北京：机械工业出版社，2019.

[31] 刘永佶.黑格尔哲学 [M].北京：中国社会科学出版社，2017.

[32] 刘永佶.中国政治经济学方法论 [M].北京：中国社会科学出版社，2015.

[33] 赵晓明，王诗莹.长城汽车 SUV 品牌战略研究 [J].品牌研究，2019,12（下）.

[34] 赵晓明.品牌理论演变的本质区别及发展前沿猜想 [J].合作经济与科技，2014，7（上）.

[35] 赵晓明，菅浩翔 . 品牌理论进入以定位理论主导的融合阶段：以瓜子二手车和人人车广告战为例 [J]. 河北工程大学学报（社会科学版），2018，4.

[36] 记豪 . 传统 VI 已死，视觉锤时代来临 [R/OL]. [2018-12-12]. https://mp.weixin.qq.com/s/Nps-1l6WAy_X3CBEPoYDkA.

[37] 好妞妞食品饮料网 . 今麦郎凉白开：仅用 3 年，完成年销 20 亿，未来展望百亿单品！ [R/OL].[2019-09-27]. http://www.3490.cn/news/36574.html.

[38] 郭禹千寻 . 老乡鸡战略定位全解析（下）[R/OL]. [2018-10-22]. https://mp.weixin.qq.com/s/HyMFWXnmdIdq882XKP7K7w.

[39] 刘传奇 . 警告九毛九：打脸西贝，太二酸菜鱼正走向平庸 [R/OL]. [2019-08-05]. https://mp.weixin.qq.com/s?__biz=MzkxOTMwMjI1Nw==&mid=2247484860&idx=1&sn=66a632ddfb15ebfe6ce416e0b85e6e93&source=41#wechat_redirect.mp.

[40] 张云 . 预调酒品类，何以从风口化成泡沫？ [R/OL].[2016-06-29]. http://www.dingweililun.com/artcle/id/1136.html.

[41] 林伟生 . 深度、客观拆解西南航空一个定位执行 50 年的商战史 [R/OL]. [2019-06-18]. http://www.dingweililun.com/artcle/id/1887.html.

中国证券分析师丛书

"新财富""水晶球""金牛奖""金麒麟"获奖明星分析师为
投资者打造的证券分析实战指南。

一本书读懂建材行业投资
ISBN: 978-7-111-73803-9
价格: 88.00 元

荀玉根讲策略
ISBN: 978-7-111-69133-4
价格: 88.00 元

王剑讲银行业
ISBN: 978-7-111-68814-3
价格: 88.00 元

吴劲草讲消费行业
ISBN: 978-7-111-71184-1
价格: 88.00 元

巴菲特系列

分类	译者	书号	书名	定价
坎宁安作品	王冠亚	978-7-111-73935-7	超越巴菲特的伯克希尔：股神企业帝国的过去与未来	119元
	杨天南	978-7-111-59210-5	巴菲特致股东的信：投资者和公司高管教程（原书第4版）	128元
	王冠亚	978-7-111-67124-4	巴菲特的嘉年华：伯克希尔股东大会的故事	79元
哈格斯特朗作品	杨天南	978-7-111-74053-7	沃伦·巴菲特：终极金钱心智	79元
	杨天南	978-7-111-66880-0	巴菲特之道（原书第3版）	79元
	杨天南	978-7-111-66445-1	巴菲特的投资组合（典藏版）	59元
	郑磊	978-7-111-49646-5	查理·芒格的智慧：投资的格栅理论（原书第2版）	69元
巴菲特投资案例集	杨天南	978-7-111-64043-1	巴菲特的第一桶金	79元
	杨天南	978-7-111-74154-1	巴菲特的伯克希尔崛起：从1亿到10亿美金的历程	79元

推 荐 阅 读

序号	中文书号	中文书名	定价
1	69645	敢于梦想：Tiger21创始人写给创业者的40堂必修课	79
2	69262	通向成功的交易心理学	79
3	68534	价值投资的五大关键	80
4	68207	比尔·米勒投资之道	80
5	67245	趋势跟踪（原书第5版）	159
6	67124	巴菲特的嘉年华：伯克希尔股东大会的故事	79
7	66880	巴菲特之道（原书第3版）（典藏版）	79
8	66784	短线交易秘诀（典藏版）	80
9	66522	21条颠扑不破的交易真理	59
10	66445	巴菲特的投资组合（典藏版）	59
11	66382	短线狙击手：高胜率短线交易秘诀	79
12	66200	格雷厄姆成长股投资策略	69
13	66178	行为投资原则	69
14	66022	炒掉你的股票分析师：证券分析从入门到实战（原书第2版）	79
15	65509	格雷厄姆精选集：演说、文章及纽约金融学院讲义实录	69
16	65413	与天为敌：一部人类风险探索史（典藏版）	89
17	65175	驾驭交易（原书第3版）	129
18	65140	大钱细思：优秀投资者如何思考和决断	89
19	64140	投资策略实战分析（原书第4版·典藏版）	159
20	64043	巴菲特的第一桶金	79
21	63530	股市奇才：华尔街50年市场智慧	69
22	63388	交易心理分析2.0：从交易训练到流程设计	99
23	63200	金融交易圣经II：交易心智修炼	49
24	63137	经典技术分析（原书第3版）（下）	89
25	63136	经典技术分析（原书第3版）（上）	89
26	62844	大熊市启示录：百年金融史中的超级恐慌与机会（原书第4版）	80
27	62684	市场永远是对的：顺势投资的十大准则	69
28	62120	行为金融与投资心理学（原书第6版）	59
29	61637	蜡烛图方法：从入门到精通（原书第2版）	60
30	61156	期货狙击手：交易赢家的21周操盘手记	80
31	61155	投资交易心理分析（典藏版）	69
32	61152	有效资产管理（典藏版）	59
33	61148	客户的游艇在哪里：华尔街奇谈（典藏版）	39
34	61075	跨市场交易策略（典藏版）	69
35	61044	对冲基金怪杰（典藏版）	80
36	61008	专业投机原理（典藏版）	99
37	60980	价值投资的秘密：小投资者战胜基金经理的长线方法	49
38	60649	投资思想史（典藏版）	99
39	60644	金融交易圣经：发现你的赚钱天才	69
40	60546	证券混沌操作法：股票、期货及外汇交易的低风险获利指南（典藏版）	59
41	60457	外汇交易的10堂必修课（典藏版）	49
42	60415	击败庄家：21点的有利策略	59
43	60383	超级强势股：如何投资小盘价值成长股（典藏版）	59
44	60332	金融怪杰：华尔街的顶级交易员（典藏版）	80
45	60298	彼得·林奇教你理财（典藏版）	59
46	60234	日本蜡烛图技术新解（典藏版）	60
47	60233	股市长线法宝（典藏版）	80
48	60232	股票投资的24堂必修课（典藏版）	45
49	60213	蜡烛图精解：股票和期货交易的永恒技术（典藏版）	88
50	60070	在股市大崩溃前抛出的人：巴鲁克自传（典藏版）	69
51	60024	约翰·聂夫的成功投资（典藏版）	69
52	59948	投资者的未来（典藏版）	80
53	59832	沃伦·巴菲特如是说	59
54	59766	笑傲股市（原书第4版·典藏版）	99

推荐阅读

序号	中文书号	中文书名	定价
55	59686	金钱传奇：科斯托拉尼的投资哲学	59
56	59592	证券投资课	59
57	59210	巴菲特致股东的信：投资者和公司高管教程（原书第4版）	99
58	59073	彼得·林奇的成功投资（典藏版）	80
59	59022	战胜华尔街（典藏版）	80
60	58971	市场真相：看不见的手与脱缰的马	69
61	58822	积极型资产配置指南：经济周期分析与六阶段投资时钟	69
62	58428	麦克米伦谈期权（原书第2版）	120
63	58427	漫步华尔街（原书第11版）	56
64	58249	股市趋势技术分析（原书第10版）	168
65	57882	赌神数学家：战胜拉斯维加斯和金融市场的财富公式	59
66	57801	华尔街之舞：图解金融市场的周期与趋势	69
67	57535	哈利·布朗的永久投资组合：无惧市场波动的不败投资法	69
68	57133	憨夺型投资者	39
69	57116	高胜算操盘：成功交易员完全教程	69
70	56972	以交易为生（原书第2版）	36
71	56618	证券投资心理学	49
72	55876	技术分析与股市盈利预测：技术分析科学之父沙巴克经典教程	80
73	55569	机械式交易系统：原理、构建与实战	80
74	54670	交易择时技术分析：RSI、波浪理论、斐波纳契预测及复合指标的综合运用（原书第2版）	59
75	54668	交易圣经	89
76	54560	证券投机的艺术	59
77	54332	择时与选股	45
78	52601	技术分析（原书第5版）	100
79	52433	缺口技术分析：让缺口变为股票的盈利	59
80	49893	现代证券分析	80
81	49646	查理·芒格的智慧：投资的格栅理论（原书第2版）	49
82	49259	实证技术分析	75
83	48856	期权投资策略（原书第5版）	169
84	48513	简易期权（原书第3版）	59
85	47906	赢得输家的游戏：精英投资者如何击败市场（原书第6版）	45
86	44995	走进我的交易室	55
87	44711	黄金屋：宏观对冲基金顶尖交易者的掘金之道（增订版）	59
88	44062	马丁·惠特曼的价值投资方法：回归基本面	49
89	44059	期权入门与精通：投机获利与风险管理（原书第2版）	49
90	43956	以交易为生Ⅱ：卖出的艺术	55
91	42750	投资在第二个失去的十年	49
92	41474	逆向投资策略	59
93	33175	艾略特名著集（珍藏版）	32
94	32872	向格雷厄姆学思考，向巴菲特学投资	38
95	32473	向最伟大的股票作手学习	36
96	31377	解读华尔街（原书第5版）	48
97	31016	艾略特波浪理论：市场行为的关键（珍藏版）	38
98	30978	恐慌与机会：如何把握股市动荡中的风险和机遇	36
99	30633	超级金钱（珍藏版）	36
100	30630	华尔街50年（珍藏版）	38
101	30629	股市心理博弈（珍藏版）	58
102	30628	通向财务自由之路（珍藏版）	69
103	30604	投资新革命（珍藏版）	36
104	30250	江恩华尔街45年（修订版）	36
105	30248	如何从商品期货贸易中获利（修订版）	58
106	30244	股市晴雨表（珍藏版）	38
107	30243	投机与骗局（修订版）	36